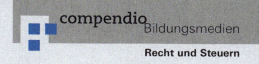

Das schweizerische Steuersystem
Eine praxisorientierte Einführung mit zahlreichen Beispielen

Reto Arnold, Katya Federspiel und Nicole Bregy

Das schweizerische Steuersystem
Eine praxisorientierte Einführung mit zahlreichen Beispielen
Reto Arnold, Katya Federspiel und Nicole Bregy

Grafisches Konzept: dezember und juli, Wernetshausen
Satz und Layout, Korrektorat: Mediengestaltung, Compendio Bildungsmedien AG, Zürich
Druck: Edubook AG, Merenschwand

Redaktion und didaktische Bearbeitung: Nicole Bregy und Rita-Maria Züger

Artikelnummer: 17437
ISBN: 978-3-7155-4584-4
Auflage: 11., überarbeitete Auflage 2020
Ausgabe: U2030
Sprache: DE
Code: XS 001

Artikelnummer E-Book: E-17662
ISBN E-Book: 978-3-7155-4676-6
Code E-Book: XSE 001

Alle Rechte, insbesondere die Übersetzung in fremde Sprachen, vorbehalten. Der Inhalt des vorliegenden Buchs ist nach dem Urheberrechtsgesetz eine geistige Schöpfung und damit geschützt.

Die Nutzung des Inhalts für den Unterricht ist nach Gesetz an strenge Regeln gebunden. Aus veröffentlichten Lehrmitteln dürfen bloss Ausschnitte, nicht aber ganze Kapitel oder gar das ganze Buch fotokopiert, digital gespeichert in internen Netzwerken der Schule für den Unterricht in der Klasse als Information und Dokumentation verwendet werden. Die Weitergabe von Ausschnitten an Dritte ausserhalb dieses Kreises ist untersagt, verletzt Rechte der Urheber und Urheberinnen sowie des Verlags und wird geahndet.

Die ganze oder teilweise Weitergabe des Werks ausserhalb des Unterrichts in fotokopierter, digital gespeicherter oder anderer Form ohne schriftliche Einwilligung von Compendio Bildungsmedien AG ist untersagt.

Copyright © 1997, Compendio Bildungsmedien AG, Zürich

Die Printausgabe dieses Buchs ist klimaneutral in der Schweiz gedruckt worden. Die Druckerei Edubook AG hat sich einer Klimaprüfung unterzogen, die primär die Vermeidung und Reduzierung des CO_2-Ausstosses verfolgt. Verbleibende Emissionen kompensiert das Unternehmen durch den Erwerb von CO_2-Zertifikaten eines Schweizer Klimaschutzprojekts.
Mehr zum Umweltbekenntnis von Compendio Bildungsmedien finden Sie unter: www.compendio.ch/Umwelt

Inhaltsverzeichnis

	Vorwort	6
Teil A	**Grundlagen des Steuersystems**	**9**
1	**Einnahmequellen des Staats und Grundsätze des Steuersystems**	**10**
1.1	Staatseinkünfte	10
1.2	Steuereinnahmen und Finanzausgleich in der Schweiz	11
1.3	Grundsätze des Steuersystems	12
2	**Steuerrechtsverhältnis**	**16**
2.1	Steuerhoheit	16
2.2	Steuersubjekt	18
2.3	Steuerobjekt	20
2.4	Bemessungsgrundlage	21
2.5	Steuermass	22
Teil B	**Direkte Bundessteuer**	**29**
3	**Steuerpflicht**	**30**
3.1	Natürliche Personen	30
3.2	Juristische Personen	33
3.3	Umfang der Steuerpflicht	35
3.4	Beginn und Ende der Steuerpflicht	36
3.5	Familienbesteuerung	37
4	**Einkommenssteuer natürlicher Personen**	**40**
4.1	Einkommen aus unselbstständiger Erwerbstätigkeit	41
4.2	Einkommen aus selbstständiger Erwerbstätigkeit	44
4.3	Einkommen aus beweglichem Vermögen	48
4.4	Einkommen aus unbeweglichem Vermögen	51
4.5	Einkommen aus Vorsorge	53
4.6	Übrige Einkünfte	56
4.7	Abzüge vom steuerbaren Einkommen	56
4.8	Zeitliche Bemessung	61
4.9	Steuerberechnung	61
4.10	Pauschalbesteuerung (Besteuerung nach dem Lebensaufwand)	62
5	**Gewinnsteuer juristischer Personen**	**68**
5.1	Saldo der Erfolgsrechnung	69
5.2	Geschäftsmässig nicht begründete Aufwendungen	69
5.3	Geschäftsmässig nicht begründete Abschreibungen	71
5.4	Geschäftsmässig nicht begründete Rückstellungen	72
5.5	Kapitaleinlagen	72
5.6	Anschaffungen und Wertvermehrungen	73
5.7	Der Erfolgsrechnung nicht gutgeschriebene Erträge	74
5.8	Umstrukturierungen	75
5.9	Verlustverrechnung	76
5.10	Wirtschaftliche Doppelbelastung von Kapitalgesellschaften	76
5.11	Zeitliche Bemessung	77
5.12	Steuerberechnung	77
6	**Quellensteuer**	**81**
6.1	Steuerrechtlicher Wohnsitz / Aufenthalt in der Schweiz	81
6.2	Kein steuerrechtlicher Wohnsitz / Aufenthalt in der Schweiz	83

7	**Steuerverfahren**	**86**
7.1	Organisation der Steuerbehörden	86
7.2	Verfahrensgrundsätze und Amtspflichten	88
7.3	Verfahrensrechte des Steuerpflichtigen	89
7.4	Veranlagungsverfahren	90
7.5	Rechtsmittelverfahren	93
7.6	Verjährungsfristen	100
7.7	Steuerstrafrecht	101

Teil C	**Weitere Steuern des Bundes**	**109**
8	**Mehrwertsteuer**	**110**
8.1	Prinzip der Allphasen-Nettoumsatzsteuer mit Vorsteuerabzug	111
8.2	Allgemeine Bestimmungen	112
8.3	Steuersubjekt	114
8.4	Bemessungsgrundlage und Steuersätze	117
8.5	Steuerabrechnung	117
8.6	Steuerverfahren	120
9	**Verrechnungssteuer**	**123**
9.1	Steuerobjekt	123
9.2	Steuersubjekt	125
9.3	Steuerberechnung	126
9.4	Steuerverfahren	127
10	**Stempelabgaben**	**134**
10.1	Emissionsabgabe	135
10.2	Umsatzabgabe	135
10.3	Abgabe auf Versicherungsprämien	137

Teil D	**Steuern der Kantone und Gemeinden**	**139**
11	**Einkommens- und Vermögenssteuer natürlicher Personen**	**140**
11.1	Steuerpflicht	140
11.2	Einkommenssteuer	141
11.3	Vermögenssteuer	141
11.4	Steuerberechnung	146
11.5	Interkantonale Steuerausscheidung	147
12	**Gewinn- und Kapitalsteuer juristischer Personen**	**152**
12.1	Steuerpflicht	152
12.2	Gewinnsteuer	153
12.3	Kapitalsteuer	153
12.4	Steuerberechnung	154
12.5	Steuererleichterungen für Unternehmen, Vereine und Stiftungen	155
13	**Erbschafts- und Schenkungssteuer**	**159**
13.1	Steuerhoheit	159
13.2	Erbschaftssteuer	159
13.3	Schenkungssteuer	162
13.4	Bemessungsgrundlage und Steuermass	163
14	**Grundstückgewinn- und Handänderungssteuer**	**165**
14.1	Grundstückgewinnsteuer	165
14.2	Handänderungssteuer	171

15	**Weitere Kantons- und Gemeindesteuern**	**174**
15.1	Kopf-, Personal- oder Haushaltungssteuer	174
15.2	Kirchensteuer	174
15.3	Feuerwehrersatzabgabe	175
15.4	Motorfahrzeugsteuer	175
15.5	Hundesteuer	175
15.6	Kurtaxe	175
15.7	Lotteriesteuer	175
15.8	Steuer auf Geldspielgewinnen	176
15.9	Kantonale Spielbankenabgabe	176
15.10	Vergnügungssteuer	176
15.11	Stempelsteuern und Registerabgaben	177
15.12	Wasserzinsen	177

Teil E	**Anhang**	**179**
	Antworten zu den Repetitionsfragen	180
	Stichwortverzeichnis	191

Vorwort

Es gibt wohl angenehmere Pflichten, als die Steuererklärung auszufüllen und Steuerrechnungen zu bezahlen. Auch fragen sich viele, warum es in der Schweiz so viele verschiedene Arten von Steuern braucht und wohin all diese Einnahmen wohl fliessen. Je nach Standpunkt kritisieren die einen, ein paar wenige würden zu stark von allzu tiefen Steuern profitieren, und wehren sich andere gegen die ständig wachsende Steuerbelastung in unserem Land.

Ein besonderes Merkmal des schweizerischen Steuersystems ist seine föderalistische Struktur: Der Bund wie auch die Kantone und Gemeinden haben das Recht, bestimmte Steuern zu erheben. Dies erschwert es vielen Bürgerinnen und Bürgern, sich die notwendigen Grundkenntnisse über die einzelnen Steuern anzueignen.

Mit diesem Lehrmittel wollen wir Ihnen darum die Zusammenhänge unseres Steuersystems aufzeigen, Ihnen die wichtigsten steuerlichen Fachbegriffe erläutern und die Grundlagen der verschiedenen Steuern anhand der gesetzlichen Bestimmungen und typischer Praxisbeispiele näher bringen.

Inhalt und Aufbau des Lehrmittels

Im **Teil A** behandeln wir die **Grundlagen des Steuersystems:** die Einnahmequellen und deren Bedeutung für die Finanzierung des Schweizer Staatshaushalts, die allgemeinen Anforderungen an ein funktionierendes Steuersystem und die Voraussetzungen für ein Steuerrechtsverhältnis.

Im **Teil B** widmen wir uns der **direkten Bundessteuer,** die jährlich durch die Kantone unter Aufsicht des Bundes erhoben wird. Bei den natürlichen Personen basiert sie auf dem Einkommen, bei den juristischen Personen auf dem Gewinn. Das Vermögen der natürlichen und das Eigenkapital der juristischen Personen werden bei der direkten Bundessteuer hingegen nicht besteuert.

Im **Teil C** stellen wir drei **weitere Steuern des Bundes** vor, die viele von uns im Berufs- und Privatleben betreffen: die Mehrwertsteuer, die Verrechnungssteuer und die Stempelabgaben.

Im **Teil D** führen wir in die bekanntesten **Steuern der Kantone und Gemeinden** ein: Die Einkommens- und Vermögenssteuer bzw. die Gewinn- und Kapitalsteuer ergänzen auf Kantons- und Gemeindeebene die direkte Bundessteuer. In bestimmten Fällen werden die Erbschafts- und Schenkungssteuern sowie die Grundstückgewinn- und Handänderungssteuern fällig.

Im **Teil E** stellen wir Ihnen die **Antworten zu den Repetitionsfragen** zur Verfügung, damit Sie Ihr erworbenes Wissen überprüfen können, und das **Stichwortverzeichnis,** das Ihnen die Suche nach einzelnen steuerlichen Fachbegriffen erleichtern soll.

Zur aktuellen Auflage

In dieser Auflage haben wir alle Aktualisierungen berücksichtigt, die zum Zeitpunkt des Erscheinens bekannt waren. Diese betreffen in Kapitel 1 die Steuereinnahmen des Bundes, in Kapitel 4 und 5 einzelne Aktualisierungen zur Einkommens- und zur Gewinnermittlung bei der direkten Bundessteuer (Dividendenbesteuerung, Abzüge), in Kapitel 6 die Änderungen bei der Quellenbesteuerung per 01.01.2021, in Kapitel 9 und 15 die Aktualisierungen bei der Verrechnungssteuer und bei den kantonalen Steuern auf Gewinnen aus Geldspielen, Lotteriegewinnen und Geschicklichkeitsspielen, in Kapitel 12 den Wegfall der privilegierten Besteuerung für Holding- und Verwaltungsgesellschaften sowie die neuen Massnahmen zur Entlastung der Besteuerung von Unternehmen aufgrund des Bundesgesetzes über die Steuerreform und die AHV-Finanzierung (STAF).

In eigener Sache

Für eine fundiertere Auseinandersetzung mit einzelnen der in diesem Lehrmittel vorgestellten Steuern empfehlen wir Ihnen die weiterführenden Titel aus unserem Verlag: «Die Direkte Bundessteuer», «Die Mehrwertsteuer» und «Die Verrechnungssteuer und die Stempelabgaben».

Haben Sie Fragen oder Anregungen zu diesem Lehrmittel? Sind Ihnen Tipp- oder Druckfehler aufgefallen? Über unsere E-Mail-Adresse postfach@compendio.ch können Sie uns diese gerne mitteilen.

Wir wünschen Ihnen viel Spass und Erfolg beim Studium dieses Buchs!

Zürich, März 2020

Reto Arnold, Autor
Katya Federspiel, Autorin
Nicole Bregy, Autorin und Redaktorin
Rita-Maria Züger, Redaktorin

Teil A Grundlagen des Steuersystems

1 Einnahmequellen des Staats und Grundsätze des Steuersystems

Lernziele

Nach der Bearbeitung dieses Kapitels können Sie ...

- die wichtigsten Einnahmequellen des Staates aufzählen.
- die finanzwirtschaftlichen, sozialpolitischen, volkswirtschaftlichen und rechtsstaatlichen Grundsätze eines Steuersystems erklären.

Schlüsselbegriffe

Doppelbesteuerung, Eigentumsgarantie, Ersatzabgaben, Finanzausgleich, finanzwirtschaftliche Grundsätze, Gebietshoheit, Gebühren, Geldstrafen, Gemeinwesen, Glaubens- und Gewissensfreiheit, Grenzsteuersatz, Kausalabgaben, NFA, privatwirtschaftliche Einkünfte, Rechtsgleichheit, rechtsstaatliche Grundsätze, sozialpolitische Grundsätze, Staatseinkünfte, Steuergerechtigkeit, Umverteilungsfunktion, volkswirtschaftliche Grundsätze, Vorzugslasten, Willkürverbot, Wirtschaftsfreiheit

Für die Finanzierung der verschiedenen öffentlichen Aufgaben benötigt der Staat finanzielle Mittel. In diesem Kapitel erfahren Sie, aus welchen Quellen der Staat diese beschafft.

Ein funktionierendes Steuersystem ist nach bestimmten finanzwirtschaftlichen, sozialpolitischen, volkswirtschaftlichen und rechtsstaatlichen Grundsätzen aufgebaut. Diese Grundsätze werden nachfolgend ebenfalls vorgestellt.

1.1 Staatseinkünfte

Der Staat als das öffentliche Gemeinwesen – in der Schweiz der Bund, die Kantone und die Gemeinden – braucht Finanzmittel, damit er seine vielfältigen öffentlichen Aufgaben erfüllen kann. Diese Mittel beschafft er vorwiegend aus drei Quellen: aus privatwirtschaftlichen Einkünften, aus öffentlichen Abgaben und aus Geldstrafen.

Abb. [1-1] Staatseinkünfte

1.1.1 Privatwirtschaftliche Einkünfte

Privatwirtschaftliche Einkünfte erzielt der Staat aus seinem eigenen Vermögen, aus seinen Beteiligungen an gewerblichen Betrieben sowie an gemischtwirtschaftlichen Unternehmen:

- Erträge des **eigenen Vermögens** (Vermietung von Immobilien, Verpachtung von Land, Ertrag aus Aktien und Obligationen usw.)
- Erträge aus Beteiligungen an **gewerblichen Betrieben** (Verkehrsbetriebe, Elektrizitätswerke, Staatsdruckereien usw.)
- Erträge aus Beteiligungen an **gemischtwirtschaftlichen Unternehmen** (Nationalbank, Kantonalbanken, Versicherungen usw.)

1.1.2 Öffentliche Abgaben

Die wichtigste Einnahmequelle des Staates sind die öffentlichen Abgaben. Voraussetzung für die Erhebung von öffentlichen Abgaben ist die **Gebietshoheit**. Darunter versteht man die Zuständigkeit, in einem bestimmten Territorium **Gesetze und Vorschriften** zu erlassen und ihre Erfüllung durchzusetzen. Eine öffentliche Abgabe darf nur erhoben werden, wenn und soweit sie auf einer gesetzlichen Grundlage beruht. Die Gebietshoheit steht in der Schweiz sowohl dem Bund als auch den Kantonen und den Gemeinden zu.

Bei den öffentlichen Abgaben unterscheidet man zwischen Kausalabgaben und Steuern.

Kausalabgaben werden vom Abgabepflichtigen **für spezielle Leistungen** des Gemeinwesens erhoben. Es gibt folgende drei Arten von Kausalabgaben:

- **Gebühren** für bestimmte Dienstleistungen der öffentlichen Verwaltung (z. B. für die Ausstellung von Ausweisen oder für den Eintrag einer Liegenschaft ins Grundbuch) oder für die Beanspruchung einer öffentlichen Einrichtung (z. B. Schulgelder oder Müllabfuhr)
- **Vorzugslasten** für bestimmte Sondervorteile (z. B. Jagdpatentgebühren oder Gebühren für den Bau einer Strasse zum eigenen Grundstück)
- **Ersatzabgaben** als geldwerter Ersatz für die Nichterfüllung einer dem Bürger auferlegten persönlichen Dienstleistungspflicht (z. B. Militärpflichtersatz)

Steuern erhebt ein öffentliches Gemeinwesen aufgrund seiner Gebietshoheit. Sie dienen hauptsächlich zur Deckung des Finanzbedarfs und sind von den natürlichen und juristischen Personen, die dieser Gebietshoheit unterstehen, voraussetzungslos zu entrichten. Im Unterschied zu den Kausalabgaben erbringt das Gemeinwesen **keine direkten Gegenleistungen** für die Steuern. Es ist also unerheblich, ob ein Steuerpflichtiger die mit den Steuern finanzierten Leistungen jemals in Anspruch nimmt.

1.1.3 Geldstrafen

Die Einnahmen aus Geldstrafen entstehen aus vollstreckten **Bussen,** z. B. Verkehrsbussen, gerichtlichen Bussen oder Steuerbussen.

1.2 Steuereinnahmen und Finanzausgleich in der Schweiz

Die Schweiz zählt im internationalen Vergleich nicht zu den Hochsteuerländern. Innerhalb der Schweiz sind jedoch sehr grosse Unterschiede bei den Steuerbelastungen festzustellen, besonders bei den Einkommens- und Vermögenssteuern bzw. den Gewinn- und Kapitalsteuern. Der Hauptgrund für diese unterschiedlichen steuerlichen Belastungen liegt in der **föderalistischen Ausgestaltung** des Schweizer Steuersystems: Alle 26 Kantone haben ein **eigenes Steuergesetz** sowie unterschiedlich hohe steuerlich zulässige **Abzüge** und **Steuertarife.**

Damit aber die Steuerbelastungsunterschiede zwischen armen und reichen Kantonen nicht zu gross werden, gibt es in der Schweiz den **interkantonalen und interkommunalen Finanzausgleich.** Dadurch erhalten die finanzschwachen Kantone und Gemeinden Ausgleichszahlungen, die es ihnen ermöglichen, ihre Steuerbelastung möglichst tief zu halten bzw. zu senken.

Die geltende **Neugestaltung des Finanzausgleichs und der Aufgabenteilung (NFA)** wurde per 01.01.2008 eingeführt. Im Zusammenhang mit dem NFA gingen einzelne Aufgaben ganz in die Verantwortung des Bundes über (z. B. Nationalstrassen), andere in jene der Kantone (z. B. Sonderschulen). Der NFA ist so ausgestaltet, dass insgesamt weder dem Bund noch der Gesamtheit der Kantone eine Mehrbelastung entsteht.

Der Finanzausgleich gemäss NFA sieht vier Ausgleichsgefässe vor:

1. **Ressourcenausgleich:** Ausgleich der unterschiedlichen Finanzkraft der Kantone gemäss der sog. aggregierten Steuerbemessungsgrundlage (2019: total rund CHF 4.217 Mia.; grösster Geberkanton: Zürich, grösster Nehmerkanton: Bern)
2. **Geografischer Lastenausgleich:** Entschädigung der Bergkantone für die mit der schwierigen Topografie zusammenhängenden Lasten wie etwa erhöhte Aufwendungen beim Strassenbau (2019: total rund CHF 362 Mio.)
3. **Soziodemografischer Lastenausgleich:** Unterstützung der besonderen finanziellen Belastung der städtischen Kantone hinsichtlich Armut, Alter, Ausländerintegration und Kernstadtproblematik (2019: total rund CHF 362 Mio.)
4. **Härteausgleich:** Verminderung von Härten, die durch den Übergang vom alten zum neuen Ausgleichssystem entstehen (2019: total rund CHF 280 Mio.)

1.3 Grundsätze des Steuersystems

Unter dem Steuersystem versteht man die **Gesamtheit der in einem Land erhobenen Steuern.** Ein gut funktionierendes Steuersystem sollte finanzwirtschaftliche, sozialpolitische, volkswirtschaftliche und rechtsstaatliche Grundsätze befolgen.

Abb. [1-2] **Grundsätze des Steuersystems**

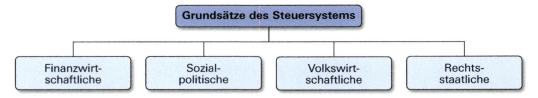

1.3.1 Finanzwirtschaftliche Grundsätze

Den **Finanzbedarf des Staates zu decken,** ist das primäre Ziel eines Steuersystems. Dies lässt sich nicht durch eine einzige Steuer erreichen, weil jede Steuer Vor- und Nachteile hat.

Aus Sicht des Staates sollte ein modernes Steuersystem folgende Voraussetzungen erfüllen:

Die Steuerbelastung darf **ein bestimmtes Mass nicht überschreiten,** weil es sonst keine Mehreinnahmen mehr gibt oder die Einnahmen sogar zurückgehen. Als **Steueroptimum** bezeichnet man jenen Punkt, ab dem die Steuereinnahmen nicht mehr proportional steigen.

Für den einzelnen Steuerpflichtigen wäre das Optimum eine möglichst tiefe Belastung. Zu hohe Steuersätze verschlechtern die «Opferbereitschaft» bzw. die **Steuermoral.** In diesem Zusammenhang spricht man auch von der **Grenzsteuerbelastung.** Steuerpflichtige sind nicht motiviert, mehr Einkommen zu erzielen, wenn dieses zusätzliche Einkommen grösstenteils wegbesteuert wird, oder sie versuchen, auch illegale Vorkehrungen zu treffen, um die Steuerbelastung möglichst klein zu halten.

Beispiel

Markus Tobler, verheiratet, erzielt ein steuerbares Einkommen von CHF 80 000. Für das Jahr 2020 beträgt der Tarif für Verheiratete bei der direkten Bundessteuer CHF 1 071 bei einem steuerbaren Einkommen von CHF 80 000.

Erhöht sich dieses auf CHF 95 000, beträgt der Tarif CHF 1 718. Die steuerliche Mehrbelastung beläuft sich auf CHF 647.

Der Grenzsteuersatz für diese Einkommenssteigerung beträgt somit 4.31% (647 / 15 000) bei der direkten Bundessteuer. – Es ist allerdings zu beachten, dass die effektive Steuerbelastung um einiges höher wäre, wenn man die Kantons- und Gemeindesteuern miteinbezieht.

Das Steuersystem soll zudem so **flexibel** sein, dass es sich den sich ändernden Bedürfnissen des Gemeinwesens rasch anpassen lässt. Darüber hinaus soll das Steuersystem über die Jahre hinweg für möglichst **stabile Erträge** sorgen.

Die **Verwaltung** und der Bezug der Steuern sollen möglichst **rationell organisiert** sein und möglichst niedrige Erhebungskosten verursachen. Daher ist auf Steuern zu verzichten, bei denen sich die Erträge im Vergleich zu den Erhebungskosten nicht lohnen.

1.3.2 Sozialpolitische Grundsätze

Aus sozialpolitischen Überlegungen hat ein Steuersystem auch eine **Umverteilungsfunktion:** Finanziell schwächer Gestellte sollten weniger belastet werden als finanziell besser Gestellte. Diese Umverteilungsfunktion zeigt ihre Grenzen im Steuerwiderstand der finanziell besser Gestellten. Eine als zu hoch empfundene Steuerbelastung vergrössert die Bereitschaft zur Steuerhinterziehung und Steuerflucht und löst somit unerwünschte Wirkungen aus.

Das Schweizer Steuerrecht untersteht dem fakultativen oder obligatorischen **Referendum** und die Schweizer Bürger verfügen über ein Initiativrecht. Steuerpolitisch kann somit eine Mehrheit des Volks bestimmen, was in unserem Land als steuerlich gerecht gelten soll.

Beispiel

Gemäss der amtlichen Statistik der Schweiz weisen ca. 48% aller Steuerpflichtigen ein steuerbares Einkommen von unter CHF 60 000, etwa 38% ein steuerbares Einkommen zwischen CHF 60 000 und CHF 120 000 und ca. 14% ein steuerbares Einkommen von über CHF 120 000 bei der direkten Bundessteuer aus.

Aufgrund der progressiven Ausgestaltung der Tarife bei der direkten Bundessteuer kommen ca. 14% der Steuerpflichtigen für ca. 74% der Steuerleistung auf und die restlichen ca. 86% der Steuerpflichtigen nur für ca. 26% der Steuerleistung.

1.3.3 Volkswirtschaftliche Grundsätze

Steuern greifen in das volkswirtschaftliche Geschehen ein. Der Steuerzahler wird wirtschaftlich geschwächt. Diese negative Beeinflussung ist so auszugestalten, dass er das Gedeihen der Volkswirtschaft als Ganzes nicht behindert.

So sollte eine Steuer nicht in das **Volksvermögen** eingreifen. Das heisst beispielsweise, dass die Vermögenssteuer grundsätzlich nicht höher ausfallen soll als der damit erzielte Vermögensertrag.

Als Grundlage einer gesunden Finanzpolitik gilt zweifellos die Anpassungsfähigkeit der Steuerbelastung an die **konjunkturelle Wirtschaftslage.** Darum sollte man die Steuern in Zeiten der Rezession grundsätzlich senken und auf die Reserven zurückgreifen, die während der Hochkonjunktur geschaffen wurden. Die Verwirklichung dieses Postulats scheitert allerdings immer wieder an der politischen Realität.

1.3.4 Rechtsstaatliche Grundsätze

Das Verfassungsrecht legt nicht nur die Grundlagen für die Besteuerung fest, sondern setzt ihr auch Schranken. Die schweizerische Steuergesetzgebung ist durch die in der Bundesverfassung verankerten Gestaltungsprinzipien gemäss Abb. 1-3 gekennzeichnet.

Abb. [1-3]   Rechtsstaatliche Grundsätze

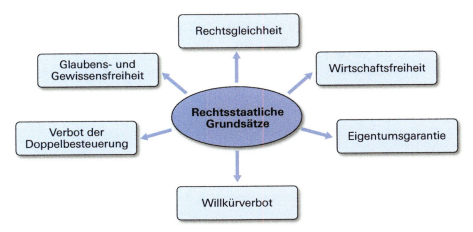

Der Bund und die Kantone müssen sich demnach an folgende verfassungsmässige Grundsätze halten:

- **Rechtsgleichheit** (BV 8 und BV 127.2): Der Grundsatz der Rechtsgleichheit verlangt im Steuerrecht, dass die Besteuerung nach der wirtschaftlichen Leistungsfähigkeit eines Steuerpflichtigen zu erfolgen hat.
- **Wirtschaftsfreiheit** (BV 27): Der Grundsatz der Wirtschaftsfreiheit darf durch steuerrechtliche Vorschriften und Massnahmen nicht beeinträchtigt werden. So müssen z. B. Gewerbesteuern durch allgemeine Interessen gerechtfertigt sein und einen angemessenen Gewinn zulassen.
- **Eigentumsgarantie** (BV 26): Es handelt sich hier um das Verbot der konfiskatorischen[1] Besteuerung. So darf die Steuerbelastung nicht grösser sein als das erzielte Einkommen und der erzielte Vermögensertrag.
- **Willkürverbot** (BV 9 und BV 127.1): Für die Besteuerung ist eine gesetzliche Norm erforderlich und die Auslegung dieser Norm darf nicht willkürlich sein.
- **Doppelbesteuerungsverbot** (BV 127.3): Die Besteuerung eines Steuerpflichtigen durch zwei oder mehrere Kantone mit einer gleichen oder gleichartigen Steuer in der gleichen Zeit und für das gleiche Steuerobjekt ist nicht zulässig.
- **Glaubens- und Gewissensfreiheit** (BV 15): Kirchensteuern dürfen nur von Personen erhoben werden, die dieser Religionsgemeinschaft angehören. Nach der Praxis des Bundesgerichts können sich allerdings nur natürliche Personen, nicht aber juristische Personen, die auch Kirchensteuern zu entrichten haben, auf die Glaubens- und Gewissensfreiheit berufen.

Zusammenfassung

Die **Finanzierung der Aufgaben** des öffentlichen Gemeinwesens erfolgt über privatwirtschaftliche Einkünfte, öffentliche Abgaben und Geldstrafen. Die wichtigste Einnahmequelle sind die öffentlichen Abgaben: die **Kausalabgaben** (Gebühren, Vorzugslasten und Ersatzabgaben) sowie die **Steuern.**

Aufgrund der 26 verschiedenen Steuergesetze in den Kantonen gibt es in der Schweiz grosse Unterschiede in der Steuerbelastung. Durch den **interkantonalen und interkommunalen Finanzausgleich** versucht man, diese Unterschiede zu beheben. Dabei erhalten die finanzschwachen Kantone und Gemeinden Ausgleichszahlungen.

Als **Steuersystem** bezeichnet man die Gesamtheit der in einem Land erhobenen Steuern.

---

[1] Konfiskatorisch stammt vom lateinischen «confiscare» und bedeutet die entschädigungslose staatliche Enteignung von Personen.

Ein gut funktionierendes Steuersystem sollte die folgenden Grundsätze befolgen:

- **Finanzwirtschaftliche Grundsätze:** Finanzbedarf des Staates decken unter Berücksichtigung des Steueroptimums und der Grenzsteuerbelastung, flexibel bleiben und zugleich stabile Erträge erzielen, möglichst effiziente Eintreibung und Verwaltung der Steuern
- **Sozialpolitische Grundsätze:** Umverteilungsfunktion zwischen finanziell Besser- und Schlechtergestellten und zugleich Steuergerechtigkeit anstreben
- **Volkswirtschaftliche Grundsätze:** keine negative Beeinflussung der volkswirtschaftlichen Entwicklung, der Konjunktur und des Volksvermögens
- **Rechtsstaatliche Grundsätze:** Rechtsgleichheit, Wirtschaftsfreiheit, Eigentumsgarantie, Willkürverbot, Doppelbesteuerungsverbot und Glaubens- und Gewissensfreiheit

Repetitionsfragen

1 Welches ist der Unterschied zwischen einer Kausalabgabe und einer Steuer?

2 Um welche rechtsstaatlichen Grundsätze geht es in den folgenden Aussagen?

A] Die staatliche Enteignung durch die Besteuerung ist nicht zulässig.

B] Bei der Auslegung der gesetzlichen Normen dürfen die Rechte des Steuerpflichtigen nicht missachtet werden.

C] Die Besteuerung darf nicht ungeachtet der wirtschaftlichen Leistungsfähigkeit des Steuerpflichtigen erfolgen.

3 Inwiefern erfüllt die direkte Bundessteuer die sozialpolitischen Grundsätze eines modernen Steuersystems?

4 Was versteht man unter einer Grenzsteuerbelastung von 8% bei der direkten Bundessteuer?

2 Steuerrechtsverhältnis

Lernziele	Nach der Bearbeitung dieses Kapitels können Sie … • die fünf Voraussetzungen für die Erhebung von Steuern erklären. • für Steuerbeispiele die Steuerhoheit, das Steuersubjekt, -objekt, die Bemessungsgrundlage und das Steuermass bestimmen.
Schlüsselbegriffe	Bemessungsgrundlage, Bundesverfassung (BV), direkte Steuern, Doppelbesteuerung, indirekte Steuern, Progression, proportionale Besteuerung, Rechtsfähigkeit, Steuerfuss, Steuerhoheit, Steuermass, Steuerobjekt, Steuerpflicht, steuerrechtliche Zugehörigkeit, Steuersubjekt, Steuerträger, StHG, überschiessende Progression

Das schweizerische Steuersystem ist durch eine **föderalistische Struktur** geprägt: Der Bund, die Kantone und die Gemeinden erheben Steuern. Als Voraussetzung dafür muss ein Steuerrechtsverhältnis vorhanden sein.

Das Steuerrechtsverhältnis besteht aus fünf Elementen:

1. Steuerhoheit: Wer hat die rechtliche Befugnis, diese Steuer zu erheben?
2. Steuersubjekt: Wer ist verpflichtet, diese Steuer zu bezahlen?
3. Steuerobjekt: Wofür muss man diese Steuer bezahlen?
4. Bemessungsgrundlage: Welcher Wert wird dieser Steuer zugrunde gelegt?
5. Steuermass: Wie hoch ist die Steuerbelastung im Verhältnis zur Bemessungsgrundlage?

Abb. [2-1] **Fünf Elemente des Steuerrechtsverhältnisses**

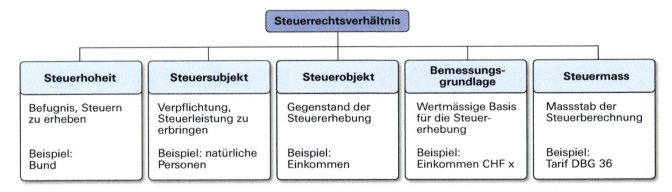

2.1 Steuerhoheit

Unter der Steuerhoheit versteht man **die öffentlich-rechtliche Befugnis, Steuern zu erheben.** In der Schweiz steht dieses Recht dem Bund, den Kantonen und den Gemeinden zu.

Selbstverständlich kann aber nicht jedes Gemeinwesen nach seinem Gutdünken Steuern erheben. Die entsprechenden Bestimmungen finden wir in der **Bundesverfassung (BV).** So bestimmt BV 3: «Die Kantone sind souverän, soweit ihre Souveränität nicht durch die Bundesverfassung beschränkt ist, und üben als solche alle Rechte aus, welche nicht der Bundesgewalt übertragen werden.» Die BV spricht somit dem Bund das Recht zur Erhebung gewisser Steuern zu und den Kantonen ab. Die **dem Bund vorbehaltenen Steuern** dürfen von den Kantonen nicht erhoben werden.

Die Tatsache, dass die Verfassung den Bund zur Erhebung einer Steuer ermächtigt, schliesst nicht ohne Weiteres das Recht der Kantone aus, ebenfalls eine gleichartige Steuer zu erheben: Dazu bedarf es eines **ausdrücklichen Verbots**. So darf gemäss BV 134 nur der Bund

- die Mehrwertsteuer,
- die besonderen Verbrauchssteuern,
- die Stempelabgaben und
- die Verrechnungssteuer erheben.

Ein solches Verbot besteht jedoch **nicht für die direkten Steuern** (z. B. Einkommenssteuer, s. Kap. 2.3.1, S. 20), obwohl die Verfassung den Bund ermächtigt, eine solche Steuer zu erheben. So kommt es, dass sich Bund und Kantone auf diesem Gebiet konkurrenzieren.

Die Steuerhoheit der Kantone betreffend die direkten Steuern wird durch BV 129 eingeschränkt und vom Parlament mit dem **Bundesgesetz über die Harmonisierung der direkten Steuern der Kantone und Gemeinden (StHG)** umgesetzt. Das StHG ist ein Rahmengesetz; es legt die Grundsätze fest, nach denen die kantonalen Gesetzgebungen auszugestalten sind. Darüber hinaus gilt das StHG auch für die **Gemeinden,** weil diese auf der Basis der kantonalen Gesetzgebungen verschiedene Steuern erheben dürfen, wie z. B. die Einkommens-, Vermögens-, Gewinn-, Kapital-, Quellen- oder Grundstückgewinnsteuern.

Ausgenommen von der Harmonisierung bleiben die Bestimmungen der Steuertarife, der Steuersätze und der Steuerfreibeträge.

2.1.1 Steuern des Bundes

Die vom Bund erhobenen Steuern umfassen sowohl direkte als auch indirekte Steuern.

Abb. [2-2]   **Steuern des Bundes**

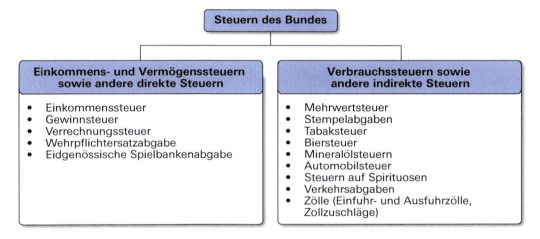

Ertragsmässig liegt beim Bund das Schwergewicht bei den **Verbrauchssteuern** (indirekten Steuern), d. h. bei der Mehrwertsteuer und den Zöllen (Einfuhrzölle und Treibstoffbelastung). Die **direkten Steuern** (Einkommens-, Gewinn-, Verrechnungssteuer usw.) hingegen machen nur rund einen Drittel der Fiskaleinnahmen des Bundes aus.

2.1.2 Steuern der Kantone und Gemeinden

Die Steuern der Kantone lassen sich in **Einkommens- und Vermögenssteuern** sowie in **Besitz- und Aufwandsteuern** einteilen. Die Gemeinden erheben mehrheitlich die gleichen Steuern wie die Kantone. Vielfach partizipieren die Gemeinden auch am kantonalen Steuerertrag oder erheben Zuschläge zur kantonalen Steuer.

Abb. [2-3]   Steuern der Kantone und Gemeinden

Bei den Kantonen sind die **Einkommens- und Vermögenssteuern** für natürliche Personen und die **Gewinn- und Kapitalsteuern** für juristische Personen die bedeutendsten Steuerquellen.

2.1.3 Interkantonale Doppelbesteuerung

BV 127.3 schreibt vor: «Die interkantonale Doppelbesteuerung ist untersagt. Der Bund trifft die erforderlichen Massnahmen.» Diese Bestimmung resultiert daraus, dass zwei oder mehrere Kantone als Folge ihrer Souveränität Gleiches zur gleichen Zeit besteuern könnten.

BV 127.3 ermächtigt den Bund, in einem **Bundesgesetz** die erforderlichen **Bestimmungen zur Vermeidung einer interkantonalen Doppelbesteuerung** festzulegen. Dieses Gesetz kam bisher noch nicht zustande. Das **Bundesgericht** hat aber in einer jahrelangen Rechtsprechungspraxis konkrete Doppelbesteuerungsregeln geschaffen, die dafür sorgen, dass ein Steuerpflichtiger nicht doppelt besteuert wird. Das interkantonale Steuerrecht ist daher im Wesentlichen ein sog. «Richterrecht».

2.2 Steuersubjekt

Als Steuersubjekt bezeichnet man die Verpflichtung zu einer bestimmten Steuerleistung.

2.2.1 Steuersubjekt und Steuerträger

Bei jeder Steuer stellt sich die Frage, wer die Steuern abliefern muss und wer die Steuern schliesslich zu tragen hat. Wir sprechen deshalb vom Steuersubjekt und vom Steuerträger:

- Das **Steuersubjekt** ist diejenige Person, die in einem Rechtsverhältnis zum Gemeinwesen steht und für die **Entrichtung des Steuerbetrags** verantwortlich ist. Wir sprechen darum auch vielfach von einer Steuerpflicht bzw. vom Steuerpflichtigen.
- Der **Steuerträger** ist diejenige Person, die die Steuer schliesslich **effektiv tragen** muss. Vielfach sind Steuersubjekt und Steuerträger identisch.

Abb. [2-4]   Steuersubjekt und Steuerträger

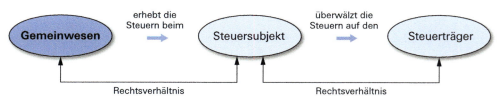

Beispiel	**Steuersubjekt und Steuerträger sind identisch:** Stefan Maurer wohnt in Bern und arbeitet bei der Holzbau AG. Er erzielte letztes Jahr ein steuerbares Einkommen von CHF 56 000. Das steuerbare Vermögen betrug per Ende Jahr CHF 120 000. Stefan Maurer ist Steuersubjekt und schuldet auf dem Einkommen und Vermögen die Staats- und Gemeindesteuern sowie auf dem Einkommen die direkte Bundessteuer. Stefan Maurer muss diese Steuern selbst tragen und kann sie nicht auf jemand anderen abwälzen. **Steuersubjekt und Steuerträger sind nicht identisch:** Die Garage Brenner verkauft Benno Meier einen Neuwagen für CHF 55 000. Der Garagist (Steuersubjekt) rechnet mit dem Bund die Mehrwertsteuer auf dem Verkaufspreis des Neuwagens (Steuerobjekt) ab, überwälzt diese jedoch auf den Käufer Benno Meier (Steuerträger). Im Preis von CHF 55 000, den Benno Meier bezahlt, ist die Mehrwertsteuer enthalten.

Bei der Bestimmung des Steuersubjekts und des Steuerträgers spielen auch **politische und psychologische Überlegungen** eine Rolle. So ist jemand eher bereit, eine Steuerbelastung zu akzeptieren, wenn sie sich auf einen Dritten überwälzen lässt. Der Steuerträger ist sich vielfach nicht bewusst, wie viel Steuern im Warenpreis enthalten sind (z. B. Treibstoffzollzuschlag, Mehrwertsteuer).

2.2.2 Voraussetzungen für die Entstehung einer Steuerpflicht

Eine Steuerpflicht besteht nur dann, wenn ein Steuergesetz jemanden als steuerpflichtig bezeichnet. Die massgeblichen Voraussetzungen für die **subjektive Steuerpflicht** sind:

- **Rechtsfähigkeit:** Steuersubjekte können grundsätzlich nur Personen im Sinn des Rechts sein, und zwar natürliche und juristische Personen. Zudem erklären die Steuergesetze in gewissen Fällen auch personenähnliche Gebilde zu Steuersubjekten.
- **Steuerrechtliche Zugehörigkeit:** Das Erfordernis der steuerrechtlichen Zugehörigkeit bedeutet, dass eine Person zum Gemeinwesen in einer steuerrechtlich relevanten Beziehung stehen muss. Die Person muss dem betreffenden Steuerhoheitsgebiet zugehören, d. h. seiner Gebietshoheit unterstehen. Wir sprechen von einer persönlichen Zugehörigkeit (Wohnsitz oder Aufenthalt bzw. Sitz oder tatsächliche Verwaltung) oder einer wirtschaftlichen Zugehörigkeit (Grundeigentum, Betriebsstätte usw.).

Abb. [2-5]   **Voraussetzungen für die Entstehung einer Steuerpflicht**

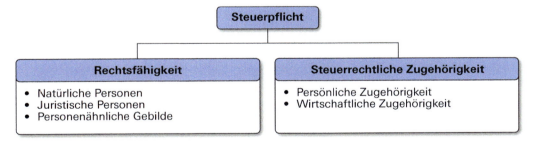

Mit der **persönlichen Zugehörigkeit** zu einem Gemeinwesen ist grundsätzlich eine **unbeschränkte Steuerpflicht** für sämtliche Einkommens- und Vermögensfaktoren verknüpft. Vorbehalten bleibt jedoch die **wirtschaftliche Zugehörigkeit** bestimmter Vermögenswerte (Liegenschaften, Betriebsstätten) zu einem anderen Gemeinwesen. Wir sprechen hier von einer **beschränkten Steuerpflicht.**

2.3 Steuerobjekt

Das Steuerobjekt ist der Gegenstand der Steuererhebung, d. h. der **Tatbestand, der die objektive Steuerpflicht auslöst.** Die Frage nach dem Steuerobjekt lautet somit: «Was ist steuerbar?»

Die Zusammenstellung in Abb. 2-6 gibt einen Überblick über das Steuerobjekt, das Steuersubjekt und den Steuerträger der wichtigsten schweizerischen Steuern.

Abb. [2-6] **Steuerobjekt, -subjekt und -träger**

	Steuerobjekt	Steuersubjekt	Steuerträger
Einkommens- und Vermögenssteuern	Steuerbares Einkommen und Reinvermögen	Natürliche Person	Natürliche Person
Gewinn- und Kapitalsteuern	Steuerbarer Reingewinn und steuerbares Eigenkapital	Juristische Person	Juristische Person
Mehrwertsteuer	Lieferung von Waren, Erbringen von Dienstleistungen, Import von Gegenständen, Bezug von Dienstleistungen aus dem Ausland	Unternehmer	Konsument / Käufer
Grundstückgewinnsteuer	Gewinn aus dem Verkauf einer Liegenschaft	Verkäufer	Verkäufer gemäss vertraglicher Abmachung
Handänderungssteuer	Handänderung einer Liegenschaft	Käufer / Verkäufer	Vertragliche Abmachung
Erbschaftssteuer	Vermögensanfall von Todes wegen	Erben	Erben
Verrechnungssteuer	Erträge aus beweglichem Kapitalvermögen, Gewinne aus Lotterien, Kapitalleistungen aus Lebensversicherungen, Leibrenten und Pensionen	Schuldner der steuerbaren Leistung	Empfänger der steuerbaren Leistung
Emissionsabgabe	Begründung oder Erhöhung von Beteiligungsrechten	Juristische Personen	Juristische Personen
Umsatzabgabe	Entgeltliche Übertragung von Eigentum an bestimmten Urkunden (Beteiligungsrechte, Obligationen)	Effektenhändler	Käufer / Verkäufer

Das Steuerobjekt charakterisiert die Steuer und bestimmt damit die Steuerart. Anknüpfungspunkt für die Erhebung einer Steuer ist ein bestimmter Vorgang. Wesentlich für die Beurteilung ist, ob es sich bei den Vorgängen um einen **Wertzufluss** oder einen **Verkehrsvorgang** handelt. Im ersten Fall spricht man von direkten, im zweiten Fall von indirekten Steuern.

2.3.1 Direkte Steuern

Direkte Steuern sind Steuern, die der **Pflichtige selbst bezahlen muss** und die auf einem **Wertzufluss** beruhen. Wenn z. B. ein Wertzufluss in Form von Einkommen bei einem Steuerpflichtigen vorliegt, löst dieser Wertzufluss die Einkommenssteuer aus.

Zu den direkten Steuern gehören bei natürlichen Personen die Einkommens- und Vermögenssteuern sowie die Personalsteuern, bei juristischen Personen die Gewinn- und Kapitalsteuern. Die Grundstückgewinnsteuer, die Verrechnungssteuer als Sicherungssteuer auf diversen Vermögenserträgen und die Spielbankenabgabe gelten ebenfalls als direkte Steuern.

2.3.2 Indirekte Steuern

Die indirekten Steuern sind Steuern, die der **Pflichtige überwälzen kann** und bei denen die Steuerpflicht durch einen reinen **Verkehrsvorgang** ausgelöst werden, wie z. B. durch die Lieferung einer Ware (MWST), die Gründung einer AG (Emissionsabgabe) usw.

Die indirekten Steuern lassen sich einteilen in die Warenverkehrs-/Verbrauchssteuern, die Rechtsverkehrssteuern, die Aufwandsteuern und die Besitzsteuern.

In Abb. 2-7 sehen Sie eine Zusammenstellung der direkten und indirekten Steuern; sie erleichtert Ihnen die Orientierung und die Einordnung der verschiedenen Steuern.

Abb. [2-7]   Direkte und indirekte Steuern

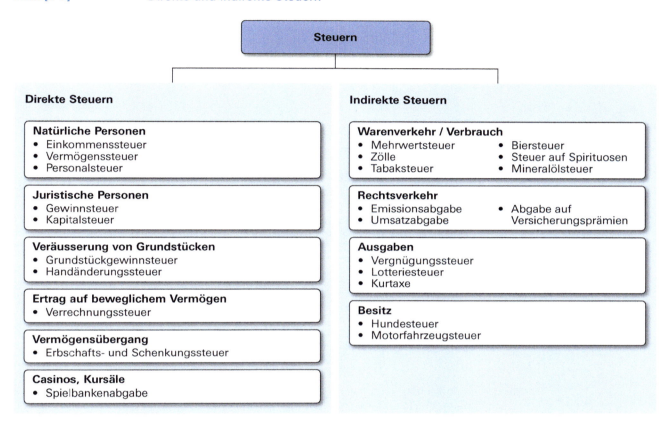

2.4 Bemessungsgrundlage

Jeder Tatbestand, der eine Steuerpflicht auslöst, muss in bestimmten Werten ausgedrückt werden. Als Bemessungsgrundlage wird jener **steuerbare Wert** bezeichnet, der als Grundlage für die Bestimmung des Steuerbetrags dient und auf den sich das Steuermass bezieht.

- Bei den **direkten Steuern** ist für die Ermittlung der Steuerberechnungsgrundlage vor allem der **Zeitpunkt** oder **Zeitraum** (zeitliche Bemessung) massgebend. Die sachliche Bemessung hat nur eine untergeordnete Bedeutung. Das Steuerobjekt ist gleichzeitig die Berechnungsgrundlage.
- Bei den **indirekten Steuern** geht es vor allem um die Frage, **welche Art von Werten** der Steuerberechnung zugrunde gelegt werden soll (sachliche Bemessung). Diese müssen vom Gesetzgeber genau bestimmt werden, da Steuerobjekt und Berechnungsgrundlage verschieden sind.

Beispiel
- Direkte Steuern: das steuerbare Einkommen bei der Einkommenssteuer, der realisierte Grundstückgewinn bei der Grundstückgewinnsteuer
- Indirekte Steuern: das vereinbarte / vereinnahmte Entgelt bei der Mehrwertsteuer, das Bruttogewicht der ein-/ausgeführten Waren bei Zöllen, das neu gezeichnete Aktienkapital bei einer AG für die Emissionsabgabe

Der Steuerbetrag errechnet sich dann aus der Bemessungsgrundlage und dem Steuermass.

2.5 Steuermass

Das Steuermass gibt die **Höhe der Steuerbelastung** an.

Die meisten Steuern haben ein **wertabhängiges Steuermass**. Das Steuermass nimmt Bezug auf die Steuerbemessungsgrundlage. Es wird grundsätzlich **in Prozenten oder Promillen der Bemessungsgrundlage** ausgedrückt. Bei der Einkommenssteuer fällt z. B. die Höhe der geschuldeten Einkommenssteuer in Prozenten vom steuerbaren Einkommen (als Berechnungsgrundlage) aus.

Das Steuergesetz kann auch einen **festen Betrag** nennen, der für ein gegebenes Objekt geschuldet ist, z. B. bei Personen- und Hundesteuern. Dieses **Einheitssteuermass** kommt in der Praxis jedoch nur selten vor.

Abb. [2-8]   **Steuermass**

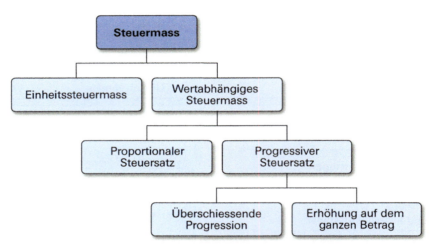

Bei den periodischen kantonalen Steuern auf dem Einkommen und Vermögen und dem Gewinn und Kapital besteht das Steuermass aus dem Steuersatz und dem Steuerfuss.

2.5.1 Steuersatz

Der Steuersatz gibt an, wie viel Steuern **pro Werteinheit** zu bezahlen sind. Mithilfe des Steuersatzes legt der Gesetzgeber die Höhe der praktischen Steuerforderung fest. Er wird entweder als **Geldbetrag pro Werteinheit** oder als **Prozent- bzw. Promillesatz der Berechnungsgrundlage** angegeben. Der Steuersatz ist grundsätzlich im Gesetz vorgeschrieben.

Bei der direkten Bundessteuer, der Verrechnungssteuer, der Handänderungssteuer, der MWST und den Stempelabgaben ist das Steuermass identisch mit dem Steuersatz. In diesen Fällen wird kein Steuerfuss angewandt.

A] Proportionale Besteuerung

Unabhängig vom Wert des Steuerobjekts bleibt der Prozentsatz bei der proportionalen Besteuerung **konstant**. Die Abstufung der Steuerbelastung erfolgt einzig aufgrund der unterschiedlichen Berechnungsgrundlagen.

| Beispiel | • Die Rex AG beschliesst an der Generalversammlung eine Dividendenausschüttung von 8% auf dem Aktienkapital von CHF 3 Mio.
Auf der Ausschüttung der Dividende ist die Verrechnungssteuer von 35% geschuldet. Der Betrag von CHF 84 000 (35% von CHF 240 000) muss von der Rex AG an die Eidg. Steuerverwaltung abgeliefert werden. Der restliche Betrag von CHF 156 000 (65%) wird an die einzelnen Aktionäre ausgeschüttet. Die Verrechnungssteuer auf Dividenden beträgt immer 35%.
• Ein kantonales Steuergesetz bestimmt, dass auf Verkäufen von Grundstücken eine Handänderungssteuer von 1.5% geschuldet ist.
Jan Meier verkauft ein Grundstück zu einem Preis von CHF 1.3 Mio. Die Handänderungssteuer beträgt in jedem Fall 1.5%. Jan Meier zahlt daher CHF 19 500. |
|---|---|

B] Progressive Besteuerung

Bei einem progressiven Steuersatz steigt die steuerliche Belastung **überproportional** gegenüber der massgeblichen Berechnungsgrundlage.

Die progressive Besteuerung berücksichtigt somit die **Leistungsfähigkeit** des Steuerpflichtigen: Je mehr jemand verdient, umso höher ist der Steuersatz. Der Gesetzgeber geht dabei vom **sinkenden Grenznutzen** aus. Wer in finanziell bescheidenen Verhältnissen lebt und 10% seines Einkommens als Steuern abliefern muss, wird härter getroffen als der Wohlhabende, der sein Einkommen um 25% gekürzt sieht.

Typische Anwendungsbereiche der progressiven Steuern sind die Einkommens- und Vermögenssteuern natürlicher Personen, die Grundstückgewinnsteuern und die Erbschafts- und Schenkungssteuern.

Progressionsarten

Mit zunehmendem Wert des Steuerobjekts erhöht sich der Steuersatz. Diese Erhöhung kann sich entweder auf den ganzen Betrag der Berechnungsgrundlage oder nur auf den Teil beziehen, der eine bestimmte Grenze übersteigt.

- **Erhöhung auf dem ganzen Betrag:** Die Erhöhung bezieht sich auf den **ganzen Betrag** der Berechnungsgrundlage. Das heisst, beim Überschreiten einer Progressionsgrenze steigt die Steuer markant.
- **Überschiessende Progression:** Der höhere Steuersatz gilt nur für den Teil der Berechnungsgrundlage, der eine bestimmte **Grenze überschreitet.** Es ist üblich, dass der Gesetzgeber ein **Maximum für die Progression** festsetzt. Ab einem gewissen steuerbaren Einkommen und Vermögen erhöht sich der Satz nicht mehr; ab dieser Maximalgrenze wird proportional besteuert.

Beispiel	Erhöhung auf dem ganzen Betrag:
	Einkommen und Steuersatz:
	CHF 50 001 bis CHF 51 000 CHF 13.00 pro 100
	CHF 51 001 bis CHF 52 000 CHF 13.20 pro 100
	CHF 52 001 bis CHF 53 000 CHF 13.40 pro 100
	Für ein Einkommen von **CHF 51 100** beträgt die Steuer **CHF 6 745.20** (511 · 13.20).

Überschiessende Progression:

Der Einheitssatz beträgt bei überschiessender Progression:

2%	für die ersten	CHF	2 000	7%	für die weiteren	CHF	20 000
3%	für die weiteren	CHF	3 000	8%	für die weiteren	CHF	30 000
4%	für die weiteren	CHF	4 000	9%	für die weiteren	CHF	40 000
5%	für die weiteren	CHF	5 000	10%	für die weiteren	CHF	50 000
6%	für die weiteren	CHF	10 000				

Für Einkommen über CHF 164 000 beträgt der Einheitssatz 10%.

Bei einem Einkommen von **CHF 51 100** sieht die Rechnung folgendermassen aus:

CHF	2 000	zu 2%	CHF	40.00
CHF	3 000	zu 3%	CHF	90.00
CHF	4 000	zu 4%	CHF	160.00
CHF	5 000	zu 5%	CHF	250.00
CHF	10 000	zu 6%	CHF	600.00
CHF	20 000	zu 7%	CHF	1 400.00
CHF	7 100	zu 8%	CHF	568.00
Total Steuern			**CHF**	**3 108.00** (Steuerbelastung: 6.082%)

Progressionsverfahren

Die Progression kann in Form eines **Steuerzuschlags** erfolgen: Bei steigendem Wert werden prozentual abgestufte Zuschläge zum Grundsteuerbetrag erhoben.

Beispiel Im Steuergesetz des Kantons B steht unter dem Artikel «Steuerberechnung» Folgendes: Die Steuer beträgt grundsätzlich 6%. Sie erhöht sich wie folgt:

- Bei Beträgen von mehr als CHF 20 000 um 20%
- Bei Beträgen von mehr als CHF 50 000 um 50%

Die Berechnungsgrundlage kann auch in **Klassen** («von … bis») eingeteilt werden. Für jede Klasse wird ein bestimmter Satz festgelegt (Tarif). Dabei kann entweder eine Progression auf dem ganzen Betrag oder eine überschiessende Progression angewendet werden.

2.5.2 Steuerfuss

Der Steuerfuss oder die Steueranlage ist der **bewegliche Teil des Steuermasses.**

Die Anwendung des Steuersatzes auf die Steuerberechnungsgrundlage ergibt die sog. einfache Staatssteuer. Sie entspricht gleichzeitig einem Steuerfuss von 100 Prozent. Der Steuerfuss gibt an, **mit welchem Faktor** der Steuersatz (die einfache Staatssteuer) für den effektiven Steuerbetrag zu **multiplizieren** ist.

Für den Steuerzahler addiert sich zur Staatssteuer die Gemeindesteuer, die sich ebenfalls in Prozenten der einfachen Staatssteuer ausdrückt.

Beispiel Einkommen CHF 40 000; gesetzlicher Satz 6%; Staatssteuerfuss 120%; Gemeindesteuerfuss 140%

Einfache Staatssteuer	6%	von CHF	40 000	= CHF	2 400	(100%)
Effektive Staatssteuer	120%	von CHF	2 400	= CHF	2 880	(7.2%)
Effektive Gemeindesteuer	140%	von CHF	2 400	= CHF	3 360	(8.4%)
Total Steuern				**CHF**	**6 240**	**(15.6%)**

Mithilfe des Steuerfusses lässt sich der Steuerbetrag verhältnismässig einfach den schwankenden Bedürfnissen der Gemeinde oder des Staates anpassen. Das Gesetz schreibt jedoch genau vor, welche Behörde den Steuerfuss anpassen darf. In den meisten Kantonen ist es die **gesetzgebende Behörde** (Kantons- oder Grossrat), in den Gemeinden der Gemeinderat oder die Gemeindeversammlung.

Zusammenfassung

Damit ein Gemeinwesen Steuern erheben kann, ist ein **Steuerrechtsverhältnis** erforderlich, das aus fünf Elementen besteht:

1. **Steuerhoheit:** öffentlich-rechtliche Befugnis, Steuern zu erheben
2. **Steuersubjekt:** Person, die in einem Rechtsverhältnis zum Gemeinwesen steht und zur Erbringung der Steuerleistung verpflichtet ist
3. **Steuerobjekt:** Gegenstand der Steuererhebung, d.h. der Tatbestand, der die objektive Steuerpflicht auslöst
4. **Bemessungsgrundlage:** wertmässige Basis für die Steuererhebung
5. **Steuermass:** Massstab der Steuerberechnung

Das schweizerische Steuersystem ist durch seine **föderalistische Struktur** geprägt: Bund, Kantone und Gemeinden haben die Befugnis, Steuern zu erheben.

Die **Bundesverfassung (BV)** ist Grundlage und Schranke für die Besteuerung:

- Laut BV 134 darf nur der Bund bestimmte Steuern (Mehrwert-, Verrechnungssteuer, besondere Verbrauchssteuern, Stempelabgaben) erheben. Direkte Steuern können hingegen vom Bund wie auch von den Kantonen und Gemeinden erhoben werden.
- Die Steuerhoheit wird durch BV 129 und durch das **Bundesgesetz über die Harmonisierung der direkten Steuern der Kantone und Gemeinden (StHG)** eingeschränkt. Als Rahmengesetz regelt es die Grundlagen für die kantonalen Gesetzgebungen.

Von Bund, Kantonen und Gemeinden werden die folgenden Steuern erhoben:

Bund	**Kanton und Gemeinde**
• Einkommenssteuern • Gewinnsteuern • Verrechnungssteuer • Verbrauchssteuern (wie MWST und Zölle) • Andere direkte und indirekte Steuern	• Einkommens- und Vermögenssteuern • Gewinn- und Kapitalsteuern • Erbschafts- und Schenkungssteuern • Grundstückgewinn- und Handänderungssteuern • Besitz- und Aufwandsteuern (wie Motorfahrzeugsteuer, Hundesteuer, Kurtaxe) • Andere direkte und indirekte Steuern
Wichtigste Steuerquellen: Verbrauchssteuern (Mehrwertsteuer und Zölle)	Wichtigste Steuerquellen: Einkommens- und Vermögenssteuern sowie Gewinn- und Kapitalsteuern

Das **Steuersubjekt** ist eine Person, die in einem Rechtsverhältnis zum Gemeinwesen steht und für die Bezahlung der Steuer verantwortlich ist. Der **Steuerträger** ist die Person, die die Steuer schliesslich tragen muss.

Voraussetzungen für die subjektive Steuerpflicht sind die **Rechtsfähigkeit** und die **steuerrechtliche** (persönliche oder wirtschaftliche) **Zugehörigkeit.**

Das **Steuerobjekt** gibt an, wofür man Steuern zahlen muss. Anknüpfungspunkt für die Erhebung einer Steuer ist ein bestimmter Vorgang:

- **Direkte Steuern** muss der Pflichtige selbst bezahlen (Steuersubjekt = Steuerträger); sie beruhen auf einem Wertzufluss (Einkommen, Vermögen, Gewinn oder Kapital).
- **Indirekte Steuern** können vom Pflichtigen überwälzt werden (Steuersubjekt ≠ Steuerträger) und beruhen auf einem Verkehrsvorgang (Wirtschaftsverkehrs-, Rechtsverkehrs-, Aufwand- und Besitzsteuer).

Die **Bemessungsgrundlage** ist der ermittelte steuerbare Wert, auf den sich das Steuermass bezieht.

Das **Steuermass** gibt die Höhe der Steuerbelastung in Prozenten / Promillen der Bemessungsgrundlage an. In der Regel richtet es sich nach dem Steuerobjekt, in Ausnahmefällen nach dem Steuersubjekt, und setzt sich aus zwei Grössen zusammen:

- **Steuersatz:** Höhe der Steuer pro Werteinheit
- **Steuerfuss:** Multiplikator des Steuersatzes zur Bestimmung des effektiven Steuerbetrags

Die Besteuerung kann proportional oder progressiv erfolgen:

- Bei der **proportionalen Besteuerung** bleibt die steuerliche Belastung unabhängig vom Wert des Steuerobjekts gleich gross.
- Bei der **progressiven Besteuerung** steigt die steuerliche Belastung überproportional, d. h., mit zunehmendem Wert des Steuerobjekts erhöht sich der Steuersatz. Bei der **überschiessenden Progression** erhöht sich der Steuersatz nur auf dem Teil, der eine bestimmte Grenze überschreitet, bei der **Progression auf dem ganzen Betrag** hingegen auf der gesamten Bemessungsgrundlage. Die Progression kann in Form eines Steuerzuschlags oder durch die Bildung von Steuerklassen erfolgen.

Repetitionsfragen

5 Welches Element des Steuerrechtsverhältnisses ist gemeint?

A] Vermögen als Gegenstand der Steuererhebung

B] Steuerbares Vermögen des Steuerpflichtigen Carl Villiger von CHF 325 000

C] Verpflichtung des Steuerpflichtigen Carl Villiger, eine Steuerleistung zu erbringen

D] Befugnis des Kantons Jura, eine Vermögenssteuer zu erheben

E] Tarif für Vermögenssteuer

6   Wer hat die Steuerhoheit über die nachfolgenden Steuern und handelt es sich dabei um eine direkte oder indirekte Steuer?

	Bund	Kanton / Gemeinde	Direkte Steuer	Indirekte Steuer
Grundstückgewinnsteuer	☐	☐	☐	☐
Hundesteuer	☐	☐	☐	☐
Mehrwertsteuer	☐	☐	☐	☐
Einkommenssteuer	☐	☐	☐	☐
Vermögenssteuer	☐	☐	☐	☐
Verrechnungssteuer	☐	☐	☐	☐

7   Das kantonale Gesetz über die Handänderungssteuer des Kantons X bestimmt, dass bei der Übertragung eines Grundstücks eine Steuer von 0.5% auf dem verurkundeten Kaufpreis geschuldet ist. Elisa Franconi verkauft die Liegenschaft Nr. 567 in X zu einem Preis von CHF 970 000 an Felix Obrist.

A] Wie hoch ist das Steuermass?

B] Ist das Steuermass progressiv oder proportional?

C] Was ist die Berechnungsgrundlage?

D] Wie viel beträgt der geschuldete Steuerbetrag?

8   Welche Arten von Steuersätzen werden bei den folgenden vier Beispielen angewandt?

A] Die Steuer beträgt:

   10% auf den ersten   CHF 50 000
   15% auf den zweiten   CHF 50 000
   20% auf weiteren   CHF 50 000

B] Die Steuer beträgt:

   bis zu CHF   50 000   10%
   von   CHF   50 001 bis 100 000 15%
   von   CHF   100 001 bis 200 000 20%

C] Die Steuer beträgt 8% auf dem Nettobetrag der Leistung.

D] Die Steuer beträgt 10%. Sie erhöht sich wie folgt:

   bei Beträgen von mehr als CHF   50 000   um 20%
   bei Beträgen von mehr als CHF 100 000   um 40%

9   Was versteht man unter der Steuerüberwälzung?

Teil B Direkte Bundessteuer

3 Steuerpflicht

Lernziele Nach der Bearbeitung dieses Kapitels können Sie …

- die Kriterien der steuerrechtlichen Zugehörigkeit nennen.
- die Unterschiede zwischen der beschränkten und der unbeschränkten Steuerpflicht bei der direkten Bundessteuer anhand von Beispielen erklären.
- die Grundzüge der Familienbesteuerung beschreiben.

Schlüsselbegriffe Aufenthalt, Beginn Steuerpflicht, beschränkte Steuerpflicht, Betriebsstätte, Familienbesteuerung, Geschäftsbetrieb, Grundeigentum, grundpfandgesicherte Forderungen, juristische Personen, Kapitalgesellschaften, Liegenschaften, natürliche Personen, Nutzniessung, persönliche Zugehörigkeit, qualifizierter Aufenthalt, Sitz, unbeschränkte Steuerpflicht, Verwaltung, wirtschaftliche Zugehörigkeit, Wohnsitz

Die Einkommenssteuerpflicht einer natürlichen Person bzw. die Gewinnsteuerpflicht einer juristischen Person bei der direkten Bundessteuer setzt die **steuerrechtliche Zugehörigkeit** voraus. Dabei unterscheiden wir zwischen

- der persönlichen Zugehörigkeit, die eine unbeschränkte Steuerpflicht auslöst, und
- der wirtschaftlichen Zugehörigkeit, die eine beschränkte Steuerpflicht auslöst.

3.1 Natürliche Personen

Abb. 3-1 zeigt die Voraussetzungen für die persönliche bzw. für die wirtschaftliche Zugehörigkeit von natürlichen Personen gemäss DBG.

Abb. [3-1]   Steuerrechtliche Zugehörigkeit natürlicher Personen

3.1.1 Persönliche Zugehörigkeit (unbeschränkte Steuerpflicht)

Die persönliche Zugehörigkeit richtet sich bei natürlichen Personen nach dem Wohnsitz oder einem qualifizierten Aufenthalt in der Schweiz, d. h. nach der persönlichen Anwesenheit auf dem Hoheitsgebiet (DBG 3; DBG 6).

Der Ort der persönlichen Zugehörigkeit begründet das **Hauptsteuerdomizil** einer natürlichen Person. Dort ist sie grundsätzlich für ihr gesamtes Einkommen steuerpflichtig; es liegt eine **unbeschränkte Steuerpflicht** vor.

A] Wohnsitz in der Schweiz

Der steuerrechtliche Wohnsitzbegriff deckt sich weitgehend mit dem zivilrechtlichen, der in ZGB 23 und 25 definiert ist. Der Wohnsitz einer Person liegt laut ZGB 23 dort, wo sie sich mit der **Absicht dauernden Verbleibens** aufhält. Massgeblich sind zwei Aspekte (DBG 3 Abs. 2):

- Aufenthalt an einem Ort
- Absicht dauernden Verbleibens

Der Aufenthalt an einem Ort wird zum Wohnsitz, wenn die natürliche Person mit dem tatsächlichen Verweilen die Absicht des dauernden Verbleibens verbindet. Grundsätzlich ist es jener Ort, den sich eine Person zum **Mittelpunkt ihrer Lebensbeziehungen** gemacht hat und an dem sie tatsächlich verweilt. Ausschlaggebend sind konkrete Umstände (z. B. die Miete einer Wohnung) und die äusserlich wahrnehmbare Absicht, dauernd am Ort zu bleiben (z. B. das Mitwirken in Vereinen).

Unterhält eine Person gleichzeitig Beziehungen zu **mehreren Orten,** ist der Wohnsitz an dem Ort, zu dem sie die **stärksten Beziehungen** unterhält. Massgebend sind in erster Linie die Beziehungen zur Familie. Ausnahmsweise können jedoch auch die Beziehungen zum Arbeitsort stärker sein.

Beispiel

Manfred Schaad, verheiratet, wechselt per 01.03.20_1 seine Arbeitsstelle, gibt seinen Wohnsitz in Bern auf und zieht mit seiner Familie in ein Einfamilienhaus in der Nähe von Zürich. Die Familie Schaad fühlt sich dort jedoch nicht wohl und zieht deshalb schon per 01.01.20_2 wieder nach Bern um.

Manfred Schaad hatte vom 01.03. bis 31.12.20_1 seinen steuerrechtlichen Wohnsitz in Zürich. Es bestand die Absicht, den Mittelpunkt der Lebensinteressen nach Zürich zu verlegen. Dabei spielt es keine Rolle, dass der Aufenthalt nicht von Dauer war.

Der **Aufenthalt zu einem Sonderzweck** (ZGB 26: Besuch einer Lehranstalt, Unterbringung in einer Erziehungs-, Versorgungs-, Heil- oder Strafanstalt) begründet keinen zivilrechtlichen Wohnsitz, auch wenn er längere Zeit dauert. In diesen Fällen wird auch kein steuerrechtlicher Wohnsitz oder Aufenthalt begründet (DBG 3 Abs. 4).

Beispiel

Adrian Zumstein, 24-jährig und ledig, wohnt zusammen mit seinen Eltern in Winterthur ZH. Im März 20_1 nimmt er seine Tätigkeit als Controller bei einer Firma in Genf auf. Er mietet eine Wohnung in Genf, kehrt aber vor allem an den Wochenenden regelmässig nach Winterthur zurück.

Die Tatsache, dass Adrian Zumstein regelmässig zu seinen Eltern zurückkehrt, lässt vermuten, dass er seinen bisherigen Wohnsitz in Winterthur beibehält.

B] Qualifizierter Aufenthalt in der Schweiz

Die unbeschränkte Steuerpflicht kann auch durch einen qualifizierten Aufenthalt in einem Gemeinwesen begründet werden, ohne dass die Absicht des dauernden Verbleibens besteht.

Als objektives Kriterium gilt in diesen Fällen eine **Mindestaufenthaltsdauer in der Schweiz**:

- Bei **Erwerbstätigkeit** in der Schweiz liegt ein qualifizierter Aufenthalt vor, wenn jemand während **mindestens 30 Tagen** hier verweilt (DBG 3 Abs. 3 lit. a).
- Wer in einem Gemeinwesen verweilt, ohne hier Wohnsitz zu nehmen und ohne hier eine Erwerbstätigkeit auszuüben, wird nur dann unbeschränkt steuerpflichtig, wenn er sich **länger als 90 Tage** hier aufhält (DBG 3 Abs. 3 lit. b).

3.1.2 Wirtschaftliche Zugehörigkeit (beschränkte Steuerpflicht)

Natürliche Personen **ohne steuerrechtlichen Wohnsitz oder Aufenthalt in der Schweiz** können auch aufgrund wirtschaftlicher Zugehörigkeit in der Schweiz steuerpflichtig werden. In diesem Fall spricht man auch von einer beschränkten Steuerpflicht. Dies bedeutet, dass nur ein Teil des Einkommens in der Schweiz besteuert werden kann (DBG 6 Abs. 2).

Die wichtigsten Anknüpfungspunkte für die Begründung einer solchen wirtschaftlichen Zugehörigkeit sind (DBG 4 Abs. 1):

- Inhaber oder Teilhaber eines Geschäftsbetriebs
- Unterhalt von Betriebsstätten
- Grundeigentum oder Nutzniessung an Grundstücken
- Vertrieb oder Handel von Grundstücken und Liegenschaften

A] Geschäftsbetriebe und Betriebsstätten in der Schweiz

Inhaber, Teilhaber oder Nutzniesser von **Geschäftsbetrieben** in der Schweiz sind für das damit verbundene Einkommen und Vermögen beschränkt steuerpflichtig (DBG 4 Abs. 1 lit. a). Mit Geschäftsbetrieben sind nach schweizerischem Recht errichtete **Einzelfirmen** und **Personengesellschaften** (Kollektiv- oder Kommanditgesellschaft) mit Sitz in der Schweiz gemeint.

Der Unterhalt von **Betriebsstätten** in der Schweiz begründet ebenfalls eine beschränkte Steuerpflicht (DBG 4 Abs. 1 lit. b). Als Betriebsstätte gilt eine feste Geschäftseinrichtung, in der die **Geschäftstätigkeit** eines Unternehmens ganz oder teilweise ausgeübt wird (DBG 4 Abs. 2).

B] Grundstücke und Liegenschaften in der Schweiz

Ein Grundstück im Sinn des Steuerrechts ist alles, was **im Grundbuch als Grundeigentum eingetragen ist** (ZGB 655): Liegenschaften, im Grundbuch eingetragene selbstständige und dauernde Rechte, Bergwerke und Miteigentumsanteile an Grundstücken.

Eigentümer und **Nutzniesser** von in der Schweiz gelegenen Grundstücken sind sowohl beim Bund für das Einkommen (DBG 4 Abs. 1 lit. c) als auch im Kanton und in den Gemeinden, in denen sich die Grundstücke befinden, für das in diese investierte Vermögen und das daraus erzielte Einkommen steuerpflichtig.

Ebenfalls steuerpflichtig ist, wer in der Schweiz gelegene **Grundstücke vermittelt** oder damit **handelt** (DBG 4 Abs. 1 lit. d).

C] Andere steuerbare Werte in der Schweiz

Eine beschränkte Steuerpflicht natürlicher Personen sieht DBG 5 für **weitere steuerbare Werte** vor, die jedoch grundsätzlich mit der **Quellensteuer** erfasst werden (s. Kap. 6, S. 81):

- Persönliche Erwerbstätigkeit in der Schweiz, jedoch ohne Wohnsitz oder Aufenthalt in der Schweiz
- Entschädigungen an Mitglieder der Verwaltung oder der Geschäftsführung von juristischen Personen mit Sitz oder Betriebsstätte in der Schweiz (Tantiemen, Sitzungsgelder und andere feste Entschädigungen)
- Gläubiger oder Nutzniesser von Forderungen, die durch Grund- oder Faustpfand auf Grundstücken in der Schweiz gesichert sind
- Pensionen, Ruhegehälter oder andere Leistungen, die aufgrund eines öffentlich-rechtlichen Arbeitsverhältnisses ausgerichtet werden
- Leistungen aus schweizerischen privatrechtlichen Einrichtungen der beruflichen Vorsorge oder der gebundenen Selbstvorsorge
- Entschädigungen für Arbeit im internationalen Verkehr an Bord eines Schiffs oder Flugzeugs oder bei einem Transport auf der Strasse

Hinweis Im interkantonalen Verhältnis werden die Orte, die eine beschränkte Steuerpflicht begründen, als **Nebensteuerdomizile** bezeichnet. Die Steuerpflicht beschränkt sich auf die Einkünfte und das Vermögen im Zusammenhang mit dem Nebensteuerdomizil.

3.2 Juristische Personen

Als juristische Personen besteuert werden Aktiengesellschaften (AG), Gesellschaften mit beschränkter Haftung (GmbH), Genossenschaften, Vereine und Stiftungen, ferner die Körperschaften und Anstalten des öffentlichen Rechts und die Korporationen des kantonalen Privatrechts (DBG 49).

Abb. [3-2] Juristische Personen (DBG 49)

Als **Kapitalgesellschaften** gelten AG, GmbH und Investmentgesellschaften mit festem Kapital (SICAF). Genossenschaften werden wie Kapitalgesellschaften besteuert und im Folgenden mit diesen gleichgestellt. Bei der direkten Bundessteuer unterliegen die Kapitalgesellschaften der Gewinnsteuer auf dem Reingewinn (aktuell zu 8.5% des steuerbaren Reingewinns nach DBG 68).

Als **übrige juristische Personen** gelten Vereine, Stiftungen sowie kollektive Kapitalanlagen mit direktem Grundbesitz. Diese weisen in der Festsetzung des Steuerobjekts gewisse Besonderheiten auf. So fallen z. B. für die Berechnung des steuerbaren Gewinns bei Vereinen die Beiträge der Vereinsmitglieder ausser Betracht. Darüber hinaus werden deren Reingewinne zu einem tieferen Satz besteuert als jene der Kapitalgesellschaften (aktuell 4.25% nach DBG 71 und 72).

Gesellschaften und Körperschaften des **ausländischen Rechts** werden jenen juristischen Personen des schweizerischen Rechts gleichgestellt, denen sie **am ähnlichsten** sind (DBG 49).

Ähnlich wie bei den natürlichen Personen ist im DBG auch die steuerliche Zugehörigkeit bei den juristischen Personen geregelt. Abb. 3-3 zeigt die entsprechenden Kriterien.

Abb. [3-3]   **Steuerrechtliche Zugehörigkeit juristischer Personen**

3.2.1 Persönliche Zugehörigkeit

Eine juristische Person ist grundsätzlich frei, den Ort ihres Sitzes zu wählen. Die steuerrechtliche Zugehörigkeit bestimmt sich nach dem Ort des **statutarischen Sitzes** oder der **tatsächlichen Verwaltung** in der Schweiz (DBG 50).

Der Ort der tatsächlichen Verwaltung ist massgebend für die Bestimmung der unbeschränkten Steuerpflicht, falls er nicht mit dem statutarischen Sitz übereinstimmt. Die tatsächliche Verwaltung einer Gesellschaft ist dort, wo die wesentlichen Unternehmensentscheide gefällt werden und die Fäden der Geschäftsführung zusammenlaufen.

3.2.2 Wirtschaftliche Zugehörigkeit

Eine **ausländische juristische Person** begründet durch eine **Beteiligung an einem Geschäftsbetrieb** in der Schweiz eine beschränkte Steuerpflicht (DBG 51 Abs. 1 lit. a).

Auch mit dem Unterhalt einer **Betriebsstätte** in der Schweiz entsteht die wirtschaftliche Zugehörigkeit und somit die beschränkte Steuerpflicht der ausländischen juristischen Person (DBG 51 Abs. 1 lit. b). Als Betriebsstätte gilt eine **feste Geschäftseinrichtung,** in der die **Geschäftstätigkeit** eines Unternehmens ganz oder teilweise ausgeübt wird (DBG 51 Abs. 2). Dazu gehören z. B. Zweigniederlassungen, Fabrikations- oder Werkstätten, Verkaufsstellen, ständige Vertretungen, Bergwerke und andere Stätten der Ausbeutung von Bodenschätzen sowie Bau- oder Montagestellen von mindestens zwölf Monaten Dauer.

Beispiel

Die Rex AG hat ihren Sitz in Basel. Die ausländischen Tätigkeiten werden über Betriebsstätten in Deutschland, Frankreich und Österreich geführt.

Am Sitz in Basel hat die Rex AG aufgrund persönlicher Zugehörigkeit eine unbeschränkte Steuerpflicht. In Deutschland, Frankreich und Österreich hat sie eine beschränkte Steuerpflicht. Die Gewinne dieser Betriebsstätten sind von der schweizerischen Steuerpflicht ausgenommen.

Auch die mit dem Eigentum oder mit den Nutzungsrechten zusammenhängenden Einkünfte aus **Grundstücken, grundpfandgesicherten Forderungen** sowie die **Vermittlung** bzw. der **Handel mit Liegenschaften** führen zur beschränkten Steuerpflicht bei ausländischen juristischen Personen (DBG 51 Abs. 1 lit. c–e).

3.2.3 Ausnahmen von der Steuerpflicht

In DBG 56 sind verschiedene juristische Personen aufgezählt, die von der Steuerpflicht befreit sind:

- Der Bund, die Kantone sowie die Gemeinden und ihre Anstalten
- Vom Bund konzessionierte Transportunternehmen
- Sozialversicherungs- und Ausgleichskassen sowie Personalvorsorgeeinrichtungen
- Juristische Personen, die öffentliche oder gemeinnützige Zwecke oder gesamtschweizerische Kulturzwecke verfolgen, für den Anteil am Gewinn, der ausschliesslich und unwiderruflich diesen Zwecken gewidmet ist
- Ausländische Staaten für Liegenschaften der diplomatischen und konsularischen Vertretungen
- Die institutionellen Begünstigten mit Sitz oder Tätigkeit in der Schweiz, d. h. diverse in der Schweiz niedergelassene internationale Organisationen (UNO, WHO, WTO usw.), diplomatische Missionen, konsularische Posten, ständige Missionen oder andere Vertretungen bei zwischenstaatlichen Organisationen
- Kollektive Kapitalanlagen mit direktem Grundbesitz, sofern die Anleger ausschliesslich aus den steuerbefreiten Vorsorgeeinrichtungen bestehen

3.3 Umfang der Steuerpflicht

Bei einer **unbeschränkten Steuerpflicht** unterliegen die gesamten weltweiten Einkünfte (Einkommen natürlicher Personen bzw. Gewinn juristischer Personen) der Schweizer Steuerpflicht. Eine Ausnahme bilden jene aus ausländischen Geschäftsbetrieben, Betriebsstätten und Grundstücken (DBG 6 Abs. 1; DBG 52 Abs. 1).

Bei einer **beschränkten Steuerpflicht** unterliegen lediglich die aufgrund der wirtschaftlichen Zugehörigkeit erzielten Einkünfte der Schweizer Steuerpflicht (DBG 6 Abs. 2; DBG 52 Abs. 2).

Im Verhältnis zum Ausland gelten die Grundsätze des Bundesrechts über das **Verbot der interkantonalen Doppelbesteuerung** (DBG 52 Abs. 3). Ausländische Gewinne und Verluste werden somit ins Ausland ausgeschieden und bleiben in der Schweiz unberücksichtigt.

Eine Ausnahme bilden die **Verluste von schweizerischen Unternehmen,** die in einer **ausländischen Betriebsstätte** erzielt werden. Übernimmt das schweizerische Unternehmen die Verluste aus einer ausländischen Betriebsstätte und verzeichnet diese Betriebsstätte Gewinne in den folgenden sieben Geschäftsjahren, so wird die Verlustverrechnung in der Schweiz rückgängig gemacht und die **übernommenen Verluste** werden **nachbesteuert.**

Hinweis — Detaillierte Ausführungen zur steuerlichen Behandlung und Ausscheidung ausländischer Gewinne und Verluste finden Sie im Compendio-Lehrmittel «Die Direkte Bundessteuer».

3.4 Beginn und Ende der Steuerpflicht

3.4.1 Natürliche Personen

Bei natürlichen Personen beginnt die **unbeschränkte Steuerpflicht** aufgrund der persönlichen Zugehörigkeit zu einem Gemeinwesen mit dem Tag der **Begründung eines Wohnsitzes** oder dem Beginn des qualifizierenden **Aufenthalts** in der Schweiz (DBG 8 Abs. 1).

Die unbeschränkte Steuerpflicht endet mit dem **Tod** oder mit der **Aufgabe des Wohnsitzes** oder der **Beendigung des qualifizierten Aufenthalts** in der Schweiz (DBG 8 Abs. 2). Der Tod des Steuerpflichtigen hat zur Folge, dass die Erben in die Steuerpflicht eintreten (DBG 12).

Beispiel	Peter Coats lebte und arbeitete bisher in den USA. Der Verwaltungsrat der börsenkotierten Nastal AG mit Sitz in Winterthur hat ihm den Job des CEO angeboten. Peter Coats nimmt das Angebot an und übersiedelt per 01.10.20_1 mit seiner Familie in die Schweiz. Die unbeschränkte Steuerpflicht infolge Begründung des Wohnsitzes beginnt am 01.10.20_1.

Die **beschränkte Steuerpflicht** aufgrund der wirtschaftlichen Zugehörigkeit beginnt mit dem **Erwerb von steuerbaren Werten in der Schweiz** (DBG 8 Abs. 1), z. B. an dem Tag, an dem eine im Ausland wohnende Person in der Schweiz eine Liegenschaft erwirbt, eine Betriebsstätte eröffnet etc.

Die beschränkte Steuerpflicht endet bei natürlichen Personen, wenn die in der Schweiz **steuerbaren Werte wegfallen** (DBG 8 Abs. 2), z. B. an dem Tag, an dem der Steuerpflichtige das Grundstück in der Schweiz verkauft, eine Betriebsstätte schliesst oder andere Vorkehrungen trifft, die keinen Anknüpfungspunkt für die beschränkte Steuerpflicht mehr zulassen.

Beispiel	Gabriel Vetter mit steuerrechtlichem Wohnsitz in Österreich kauft am 15.02.20_1 eine Wohnung im Kanton Graubünden. Gabriel Vetter wird aufgrund des Erwerbs der Liegenschaft in der Schweiz auf den 15.02.20_1 beschränkt steuerpflichtig für den Ertrag aus der Liegenschaft und für den Vermögenswert. Gabriel Vetter verkauft am 15.10.20_1 seine Wohnung im Kanton Graubünden. Mit dem Verkauf der Liegenschaft am 15.10.20_1 endet somit auch Gabriel Vetters beschränkte Steuerpflicht in der Schweiz.

3.4.2 Juristische Personen

Die **unbeschränkte Steuerpflicht** von juristischen Personen beginnt an dem Tag, an dem die Gesellschaft entweder **gegründet** wird oder den **Sitz oder die tatsächliche Verwaltung** vom Ausland in die Schweiz verlegt (DBG 54 Abs. 1).

Eine juristische Person entsteht grundsätzlich mit der **Eintragung ins Handelsregister** und erlangt damit die Rechtspersönlichkeit. Mit dieser Eintragung beginnt auch die unbeschränkte Steuerpflicht. Diese endet mit der **Sitzverlegung** oder mit der Verlegung der tatsächlichen Verwaltung **ins Ausland** oder mit dem Abschluss der **Liquidation** der Gesellschaft (DBG 54 Abs. 2).

Die Auflösung endet an dem Tag, an dem die juristische Person ihre Rechtspersönlichkeit verliert, d. h. durch die **Löschung im Handelsregister.** Zu einer Löschung kommt es bei der Liquidation, aber beispielsweise auch bei der Fusion mit einer anderen Gesellschaft oder durch Umwandlung in eine andere Rechtsform.

Beispiel	Der Verwaltungsrat der Rex AG beschliesst, die Gesellschaft auf den 31.12.20_1 zu liquidieren. Die Steuerpflicht endet mit der Löschung des Handelsregistereintrags. Solange die Gesellschaft noch im Liquidationsstadium ist, bleibt die Rex AG weiterhin steuerpflichtig.

Die **beschränkte Steuerpflicht** beginnt bei juristischen Personen mit dem **Erwerb der Vermögenswerte** in der Schweiz oder mit der **Eröffnung einer Betriebsstätte**, eines **Geschäftsorts** usw. (DBG 54 Abs. 1). Diese Voraussetzungen der beschränkten Steuerpflicht fallen mit dem Ablauf des Tages dahin, an dem eine juristische Person ihre **Vermögenswerte veräussert,** aufgrund derer sie in der Schweiz beschränkt steuerpflichtig gewesen ist, oder durch die **Schliessung einer Betriebsstätte,** d. h., die in der Schweiz steuerbaren Werte fallen weg (DBG 54 Abs. 2).

Beispiel

Die Sietz AG mit Sitz in Deutschland unterhält in der Schweiz eine Betriebsstätte, die sie per 31.12.20_1 aufgibt. Mit der Schliessung der Betriebsstätte endet die beschränkte Steuerpflicht der Sietz AG in der Schweiz.

3.5 Familienbesteuerung

Im Schweizer Steuerrecht gilt der Grundsatz der Familienbesteuerung (DBG 9). Danach wird die Familie als **wirtschaftliche Gemeinschaft** betrachtet und bildet somit in steuerlicher Hinsicht eine Einheit. **Steuersubjekte sind jedoch sowohl der Ehemann wie auch die Ehefrau.** Die Einkommen der rechtlich und tatsächlich ungetrennten Ehegatten werden **unabhängig vom Güterstand** zusammengerechnet und **nicht selbstständig besteuert.** Das Gesamteinkommen wird zum **Verheiratetentarif** besteuert (DBG 36 Abs. 2).

Die Familienbesteuerung ist einerseits Ausdruck der rechtlichen und persönlichen, anderseits der wirtschaftlichen **Einheit der Erwerbs- und Verbrauchsgemeinschaft** der Ehegatten. Die Familienlasten sind von beiden gemeinsam zu tragen. Sie sorgen gemeinsam füreinander; beiden kommen aber auch das Einkommen und das Vermögen des anderen Ehegatten zugute. Die Leistungsfähigkeit lässt sich deshalb nur gemeinschaftlich beurteilen.

Im Steuerrecht entspricht die Stellung von **eingetragenen Partnerinnen oder Partnern** derjenigen von Ehegatten, dies sowohl während als auch bei der Auflösung der Partnerschaft (DBG 9 Abs. 1bis).

Abb. [3-4] Familienbesteuerung

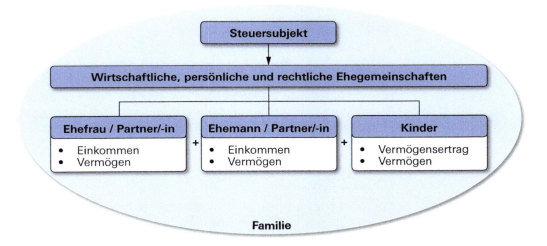

A] Einkommen der Kinder

Der Grundsatz der Familienbesteuerung betrifft auch das Einkommen der **minderjährigen Kinder.** Man zählt dieses zum Einkommen der Eltern dazu und versteuert es gemeinsam. Eine Ausnahme besteht beim **Erwerbseinkommen von minderjährigen Kindern.** Für dieses sind die Kinder selber steuerpflichtig (DBG 9 Abs. 2).

Als Steuersubjekt hat das minderjährige Kind gewisse Rechte und Pflichten, wie das Ausfüllen der Steuererklärung, das Einreichen der notwendigen Unterlagen usw. Grundsätzlich werden diese Mitwirkungspflichten, aber auch die Rechte, vom Inhaber der elterlichen Gewalt wahrgenommen. Teilweise braucht es dazu eine ausdrückliche Ermächtigung.

B] Beginn und Ende der Familienbesteuerung

Die Familienbesteuerung **beginnt** grundsätzlich mit der **Heirat** für die gesamte laufende Steuerperiode (DBG 42 Abs. 1).

Die Ehegatten werden separat besteuert, sobald die Ehe **rechtlich oder tatsächlich getrennt** ist (DBG 42 Abs. 2). Eine tatsächliche **Trennung** liegt vor, sobald der eheliche Haushalt aufgehoben ist und es keine Gemeinschaftlichkeit der Mittel mehr gibt. Die Trennung oder **Scheidung** der Ehegatten bedeutet, dass die gemeinsame Steuerpflicht beendet ist. In einem solchen Fall werden die geschiedenen Ehegatten für das ganze Jahr getrennt besteuert.

Von einer Scheidung oder gerichtlichen Trennung zu unterscheiden ist eine **freiwillige Trennung**. ZGB 162 des revidierten Eherechts sieht vor, dass die Ehegatten getrennt leben können, jeder in seiner eigenen Wohnung, ohne dass damit eine faktische Trennung verbunden sein muss. Demzufolge kann auch bei intakter Ehe zivilrechtlich jeder Ehegatte einen eigenen Wohnsitz haben. Die Steuerbehörden stellen darauf ab, ob bei Vorhandensein einer getrennten Wohnung eine gemeinsame Verwendung der Mittel stattfindet. Ist dies der Fall, gehen die Steuerbehörden weiterhin von einer Familienbesteuerung aus. Führen dagegen beide Ehepartner einen getrennten Haushalt und kommen beide für den eigenen Unterhalt selber auf, erfolgt steuerrechtlich eine getrennte Veranlagung.

Hinweis Detaillierte Informationen finden sich im Kreisschreiben Nr. 30 vom 21.12.2010 (Ehepaar- und Familienbesteuerung nach dem Bundesgesetz über die direkte Bundessteuer DBG).

Zusammenfassung Man unterscheidet bei der **steuerrechtlichen Zugehörigkeit** zwischen der persönlichen und der wirtschaftlichen Zugehörigkeit:

Aufgrund der **persönlichen Zugehörigkeit** entsteht eine **unbeschränkte Steuerpflicht** für die Einkommenssteuer bei natürlichen Personen bzw. für die Gewinnsteuer bei juristischen Personen:

- Bei natürlichen Personen durch Wohnsitz oder Aufenthalt in der Schweiz
- Bei juristischen Personen durch Sitz oder tatsächliche Verwaltung in der Schweiz

Die **wirtschaftliche Zugehörigkeit** löst eine **beschränkte Steuerpflicht** bei der direkten Bundessteuer aus. Merkmale der wirtschaftlichen Zugehörigkeit von natürlichen und juristischen Personen sind:

- Beteiligung an Geschäftsbetrieben (Einzelunternehmen / Personengesellschaften) in der Schweiz
- Unterhalt von Betriebsstätten in der Schweiz
- Eigentum / Nutzungsrechte an schweizerischen Grundstücken / Liegenschaften
- Vermittlung / Handel von Grundstücken / Liegenschaften in der Schweiz
- Gläubiger / Nutzniesser von grundpfandgesicherten Forderungen in der Schweiz
- Weitere beschränkt steuerbare Werte bei natürlichen Personen: persönliche Erwerbstätigkeit, Entschädigungen für Verwaltung oder Geschäftsführung juristischer Unternehmen mit Sitz oder Betriebsstätte in der Schweiz, Pensionen, Vorsorge- und ähnliche Leistungen sowie Entschädigungen für Transportleistungen in der Schweiz

Die **unbeschränkte Steuerpflicht**

- einer **natürlichen Person** beginnt mit ihrer Wohnsitznahme oder mit dem Beginn ihres qualifizierten Aufenthalts in der Schweiz und endet mit dem Tod oder mit der Aufgabe des Wohnsitzes oder qualifizierten Aufenthalts in der Schweiz;
- einer **juristischen Person** beginnt mit ihrer Gründung, mit der Verlegung ihres Sitzes oder ihrer tatsächlichen Verwaltung in die Schweiz und endet mit dem Abschluss der Liquidation oder mit der Verlegung des Sitzes oder der tatsächlichen Verwaltung ins Ausland.

Die **beschränkte Steuerpflicht** bei natürlichen und juristischen Personen beginnt mit dem Erwerb der in der Schweiz steuerbaren Werte und endet mit deren Wegfall.

Nach dem Grundsatz der **Familienbesteuerung** werden Einkommen und Vermögen der Ehegatten und der minderjährigen Kinder zusammengerechnet. Die Familienbesteuerung beginnt grundsätzlich mit der Heirat und endet mit der rechtlichen oder tatsächlichen Trennung.

Repetitionsfragen

10 Lösen die folgenden Fälle eine beschränkte oder eine unbeschränkte Steuerpflicht in der Schweiz aus?

A] Roman Weber, wohnhaft in Bregenz (AT), kauft eine Ferienwohnung in Laax GR.

B] Die Volax AG mit Sitz in Luxemburg eröffnet eine Verkaufsstelle in Spreitenbach AG.

C] Anna Beutler, wohnhaft bei ihren Eltern in Berlin (DE), studiert an der Universität St. Gallen und mietet dort ein Zimmer in einer Wohngemeinschaft.

D] Bruno Cicero zieht von Rom (IT) nach Lugano TI, wo er eine auf neun Monate befristete Stelle als Finanzanalyst antritt.

E] Die neu gegründete Binola Consult GmbH lässt sich in Luzern ins Handelsregister eintragen.

11 Die im Kanton Basel-Stadt (BS) gegründete und dort im Handelsregister eingetragene Aktiengesellschaft Technochrom AG betreibt ein Fabrikationsunternehmen in Lörrach (DE). Die Verkaufsorganisation, die Direktion und die Verwaltung der Technochrom AG sind ebenfalls in Lörrach angesiedelt.

Wo ist die Technochrom AG gemäss DBG steuerpflichtig?

12 Der 17-jährige Lars Hug, wohnhaft bei seiner alleinerziehenden Mutter in Stans NW, erzielt folgende Einkünfte im Jahr 20_1:

- Dividenden aus Aktien, die ihm sein verstorbener Vater vererbt hat: CHF 6 200
- Honorar für die Mitwirkung als Schauspieler in einer Filmproduktion: CHF 18 000

Welche Einkünfte von Lars Hug sind steuerbar und wer ist für diese Einkünfte steuerpflichtig?

4 Einkommenssteuer natürlicher Personen

Lernziele

Nach der Bearbeitung dieses Kapitels können Sie …

- das steuerbare Einkommen von natürlichen Personen anhand von Beispielen ermitteln.
- die Merkmale der selbstständigen Erwerbstätigkeit beschreiben.
- anhand von Beispielen beurteilen, ob es sich um steuerlich zugelassene Abzüge handelt.
- erklären, wie die direkte Bundessteuer berechnet wird.
- die Voraussetzungen der Pauschalbesteuerung nennen.

Schlüsselbegriffe

Abschreibungen, allgemeine Abzüge, Baurecht, Beteiligungen, Buchführungspflicht, Dividenden, Eigennutzung, Einkommensbemessung, geldwerte Leistungen, Gewinnungskosten, Grundeigentum, Kapitalgewinne, kollektive Kapitalanlagen, Lebenshaltungskosten, Leibrenten, Lohn, Lohnbestandteile, Mitarbeiteraktien, Naturalleistungen, Nutzniessung, Pauschalbesteuerung, Prämienbeiträge, Privataufwand, Provisionen, Reineinkommen, Rückstellungen, Schmiergelder, selbstständige Erwerbstätigkeit, Sozialabzüge, Spesen, steuerbares Erwerbseinkommen, Steuerberechnung, unselbstständige Erwerbstätigkeit, Verlustverrechnung, Vermietung, Vermögensstandsgewinn, Verpachtung, Versicherung, Vorsorge, Wertberichtigungen, Wohnrecht, zeitliche Bemessung, Zinsen

Das **steuerbare Einkommen** bildet die **Bemessungsgrundlage** für die direkte Bundessteuer natürlicher Personen. Grundsätzlich werden sämtliche Einkünfte besteuert, nicht nur jene in Form von Geld, sondern auch die Naturalbezüge. Dazu gehören insbesondere die Einkünfte aus:

- der unselbstständigen oder selbstständigen Erwerbstätigkeit,
- dem beweglichen Vermögen, z. B. aus dem Finanzvermögen, aus Rechten oder aus der Vermietung von Sachen,
- dem unbeweglichen Vermögen, d. h. aus Grundstücken und Liegenschaften,
- Leistungen der Sozialversicherungen usw.

Von der Besteuerung ausgenommene Einkünfte sind im **Bundesgesetz über die direkte Bundessteuer (DBG)** explizit und abschliessend erwähnt.

Die Steuerpflichtigen können verschiedene **Abzüge** von den Einkünften geltend machen:

- Als Gewinnungskosten werden jene Ausgaben bezeichnet, die mit der Einkommensgewinnung direkt zusammenhängen.
- Unter die allgemeinen Abzüge fallen z. B. bestimmte Ausgaben für unterstützungsberechtigte Familienmitglieder, Versicherungsbeiträge, Spenden für gemeinnützige Zwecke usw.
- Je nach persönlichen Verhältnissen sind Pauschalbeträge als Sozialabzüge für Kinder, unterstützungsbedürftige Personen und als Ehepaar zulässig.

Abb. 4-1 soll Ihnen als Orientierungshilfe für die Ermittlung des steuerbaren Einkommens dienen. In diesem Kapitel gehen wir auf jedes Element näher ein und verwenden Praxisbeispiele, um die gesetzlichen Bestimmungen anschaulicher zu erklären.

Abb. [4-1] Ermittlung des steuerbaren Einkommens

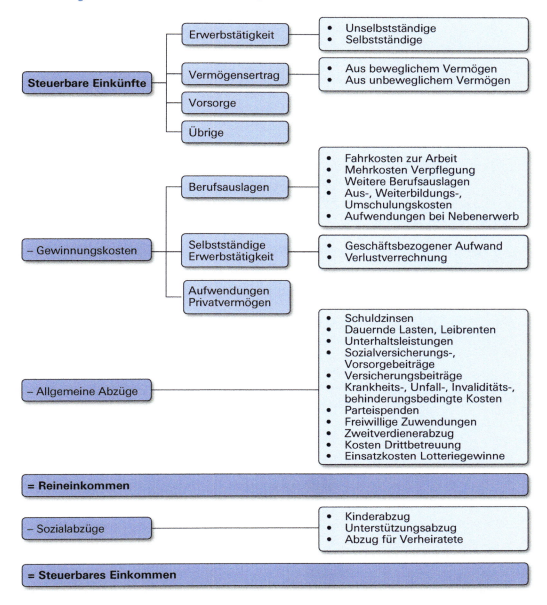

4.1 Einkommen aus unselbstständiger Erwerbstätigkeit

Grundsätzlich reden wir dann von einer unselbstständigen Tätigkeit, wenn ein **dauerndes Arbeitsverhältnis** vorliegt. Dadurch ist der Arbeitnehmer gegenüber dem Arbeitgeber verpflichtet, Arbeit gegen Entgelt zu verrichten.

Eine unselbstständige Tätigkeit ist durch folgende drei **Merkmale** gekennzeichnet:

- Arbeitsleistung auf bestimmte oder unbestimmte Zeit
- Entgeltlichkeit
- Unterordnung unter die Weisungen des Arbeitgebers (Weisungsgebundenheit)

Das steuerbare Einkommen aus unselbstständiger Erwerbstätigkeit setzt sich aus wiederkehrenden und einmaligen Leistungen zusammen (DBG 16 Abs. 1 und DBG 17).

Als **wiederkehrende Leistungen** gelten nebst dem vertraglich vereinbarten Lohn auch Naturalleistungen, Spesenvergütungen und Nebeneinkünfte. Der Arbeitgeber ist verpflichtet, die wiederkehrenden Leistungen im **Lohnausweis** zu erfassen und diesen dem Arbeitnehmer auszuhändigen. Der Steuerpflichtige muss den Lohnausweis als Beilage zur Steuererklärung einreichen (DBG 125 Abs. 1 lit. a).

Hinweis	Die Konferenz staatlicher Steuerbeamter (SSK) hat eine Kurzanleitung für das Ausfüllen des Lohnausweises erstellt, siehe: www.steuerkonferenz.ch.

Neben den wiederkehrenden Entschädigungen sind auch die **einmaligen Leistungen** steuerbar, die während der Dauer des Arbeitsverhältnisses ausgerichtet werden. Dazu zählen z. B. einmalige Prämien, Provisionen, Gratifikationen, Dienstaltersgeschenke usw. Dasselbe gilt für **einmalige Kapitalentschädigungen** oder gleichartige **Kapitalabfindungen,** die von einem Arbeitsverhältnis herrühren. Ob diese Leistung von einer Vorsorgeeinrichtung oder vom Arbeitgeber stammt, spielt dabei keine Rolle. Allerdings kann der Steuertarif je nach Art der Leistung unterschiedlich ausfallen.

4.1.1 Lohn und Lohnbestandteile

Steuerbar sind alle wirtschaftlich mit einem Arbeitsverhältnis im Zusammenhang stehenden **geldwerten Leistungen in bar, natura oder Verrechnung** (DBG 17).

Für die Besteuerung spielt es dabei keine Rolle, ob es sich um Entschädigungen aus **Haupt- oder Nebenerwerb** handelt oder nur um eine **gelegentliche Tätigkeit**. Ebenso wenig kommt es auf die Bezeichnung und Form der Entschädigung an.

Beispiel	Geldwerte Leistungen (nebst dem Lohn):

- Nacht-, Schicht- und Extraarbeiten
- Familien- und Kinderzulagen
- Heirats- und Geburtszulagen
- Orts-, Umzugs- und Versetzungsentschädigungen
- Schlechtwetterentschädigungen
- Treueprämie, Dienstaltersgeschenke und ähnliche Leistungen
- Trinkgelder
- Gratifikationen
- Beiträge für Lebenshaltungskosten
- Teuerungszulagen

4.1.2 Naturalleistungen

Steuerbares Erwerbseinkommen sind sämtliche Naturalleistungen im Zusammenhang mit einem Arbeitsverhältnis. Voraussetzung für die Besteuerung ist, dass die Naturalleistungen entweder **in Geld umsetzbar** sind oder die **Einsparung von Ausgaben** zulassen. Zum steuerbaren Einkommen gehören demnach auch Naturalbezüge in Form von freier Verpflegung und Unterkunft.

Beispiel	Naturalleistungen:

- Mietwert von Dienstwohnungen
- Entschädigungen für die Miete von Wohnungen
- Freie Unterkunft und Verpflegung
- Gratisbezug von Lebensmitteln und Bedarfsartikeln jeder Art
- Verbilligter Erwerb von Beteiligungsrechten an der Arbeitgebergesellschaft
- Unentgeltliche Überlassung von Ferienwohnungen
- Benutzung des Geschäftsfahrzeugs auch für private Zwecke
- Übernahme von nicht abzugsfähigen Sozialversicherungen
- Unentgeltliche oder verbilligte Überlassung von Aktiven
- Naturalgeschenke usw.

Die **geldwerte Bemessung** einzelner Naturalleistungen als steuerbares Einkommen kann zu Schwierigkeiten führen.

Hinweis	Die Eidgenössische Steuerverwaltung (ESTV) gibt in Merkblättern die Bemessungsrichtlinien für typische Naturalleistungen wie Unterkunft oder Verpflegung durch den Arbeitgeber heraus (siehe www.estv.admin.ch).

4.1.3 Spesen

Gemäss Obligationenrecht (OR) ist der Arbeitgeber verpflichtet, diejenigen Auslagen zu ersetzen, die dem Arbeitnehmer im Zusammenhang mit der **Ausübung der Tätigkeit** entstehen.

Pauschale Spesenvergütungen für auswärtige Verpflegung, Reise-, Vertrauens- und Repräsentationsspesen sind steuerbar, wenn sie die **effektiven Kosten übersteigen.** Sofern nur geringfügige Überschreitungen erfolgen, wird die Differenz nicht als Lohn aufgerechnet. Es besteht die Möglichkeit, den Steuerbehörden ein firmenspezifisches **Spesenreglement** vorzulegen. Die genehmigten Spesenpauschalen werden nicht mehr infrage gestellt, solange sie eingehalten bleiben.

Anders ist dagegen zu entscheiden, wenn neben der Abgeltung der effektiven Entschädigungen **zusätzliche pauschale Spesen** entrichtet werden. Ebenso entstehen Abgrenzungsprobleme, wenn die Spesen **im Voraus auf längere Frist** festgesetzt werden. In diesem Fall besteht die Vermutung, dass es sich bei den Spesen um zusätzlichen steuerbaren Lohn handelt.

Beispiel	**Fall 1: Spesenreglement** Nadine Burkhalter ist als Wirtschaftsprüferin bei einer Treuhandgesellschaft tätig. Wenn sie bei Kunden arbeitet, erhält sie gemäss dem von den Steuerbehörden genehmigten Spesenreglement pauschale Spesenvergütungen für Verpflegung und Übernachtung, einen Nachtzuschlag sowie die effektiven Reisespesen entschädigt. – Diese Entschädigungen gelten nicht als Lohnbestandteil, selbst wenn die effektiven Kosten im Einzelfall tiefer sind als die pauschalen Ansätze. **Fall 2: Pauschalentschädigung** Gustav Franz erhält neben der Erstattung seiner effektiven Auslagen monatlich noch eine Pauschalentschädigung von CHF 2 500. Dabei handelt es sich um zusätzlichen Lohn.

4.1.4 Provisionen

Provisionen aller Art sind steuerpflichtig. Wenn sie vom **Arbeitgeber** entrichtet werden, handelt es sich um einen Lohnbestandteil. Auch die damit verbundenen Sozialabgaben sind vom Arbeitgeber abzurechnen.

4.1.5 Mitarbeiterbeteiligungen

Bestandteil des Arbeitslohns sind auch geldwerte Vorteile, die der Arbeitgeber dem Arbeitnehmer durch Zuteilung von **Mitarbeiteraktien** oder **Mitarbeiteroptionen unter dem Verkehrswert** gewährt.

Grundsätzlich unterliegt die Differenz zwischen dem Verkehrswert und dem Abgabepreis der Mitarbeiterbeteiligungen der Besteuerung. Dabei ist aber zu beachten, dass die Verfügbarkeit der Mitarbeiterbeteiligungen eingeschränkt sein kann.

Mitarbeiterbeteiligungen werden wie folgt besteuert:

- **Frei verfügbare und gesperrte Mitarbeiteraktien** unterliegen jeweils im Zeitpunkt der Zuteilung der Einkommenssteuer. Das steuerbare Einkommen entspricht dem Verkehrswert der Mitarbeiteraktien abzüglich des Erwerbspreises (DBG 17b Abs. 1). Je nachdem, wie lange die Sperrfrist dauert, wird auf den gesperrten Mitarbeiteraktien ein Einschlag gewährt, d. h. eine Reduktion des Verkehrswerts (DBG 17b Abs. 2).
- **Freie börsenkotierte Mitarbeiteroptionen** werden ebenfalls im Zeitpunkt der Zuteilung mit der Einkommenssteuer erfasst. Das steuerbare Einkommen entspricht dem Verkehrswert der Mitarbeiteroptionen abzüglich des Erwerbspreises (DBG 17b Abs. 1).
- **Nicht börsenkotierte oder gesperrte Mitarbeiteroptionen** unterliegen hingegen der Einkommenssteuer erst im Zeitpunkt der Ausübung. Das steuerbare Einkommen entspricht dem Verkehrswert der Aktien bei Ausübung abzüglich des Ausübungspreises (DBG 17b Abs. 3).

Hinweis — Die Besteuerung von Mitarbeiterbeteiligungen ist im Kreisschreiben Nr. 37 der ESTV vom 22.07.2013 definiert.

4.1.6 Beiträge an persönliche Versicherungsprämien des Arbeitnehmers

Lohnbestandteil sind auch die vom Arbeitgeber bzw. von einer ihm nahe stehenden Fürsorgeeinrichtung bezahlten Prämien und Beiträge für **private Lebens-, Renten-, Kranken- und Unfallversicherungen** sowie weitere Versicherungen zugunsten der Arbeitnehmer und seiner Angehörigen. Diese Beiträge sind klar zu trennen von den Beiträgen der 2. Säule. Übernimmt nämlich der Arbeitgeber die volle PK-Beitragspflicht, handelt es sich nicht um Lohn, da der Arbeitnehmer diese Beiträge voll abziehen kann.

4.2 Einkommen aus selbstständiger Erwerbstätigkeit

Der Einkommenssteuer unterliegen alle Einkünfte aus einem Handels-, Industrie-, Gewerbe-, Land- und Forstwirtschaftsbetrieb, aus einem freien Beruf sowie aus jeder anderen selbstständigen Erwerbstätigkeit (DBG 18).

4.2.1 Merkmale der selbstständigen Erwerbstätigkeit

Das DBG legt nicht ausdrücklich fest, was als **selbstständige Erwerbstätigkeit** zu verstehen ist. Ob im konkreten Fall eine selbstständige Erwerbstätigkeit vorliegt, bestimmt sich deshalb aufgrund der vom Bundesgericht aufgestellten **sechs Merkmale** in Abb. 4-2.

Abb. [4-2]   **Sechs Merkmale der selbstständigen Erwerbstätigkeit**

In Abb. 4-3 sind die einzelnen Merkmale der selbstständigen Erwerbstätigkeit umschrieben.

Abb. [4-3] **Merkmale der selbstständigen Erwerbstätigkeit**

Arbeit	• Grundsätzlich persönliche haupt- oder nebenberufliche Tätigkeit • Tätigkeit von Dritten aufgrund arbeitsvertraglicher oder auftragsrechtlicher Grundlage
Kapital	• Eigen- oder Fremdfinanzierung, wobei sich der Einsatz von Kapital auf ein absolutes Minimum beschränken kann
Eigenes Risiko	• Auf eigene Rechnung • Trägt das Risiko der geschäftlichen Bemühungen
Freie Organisation	• Frei in der organisatorischen Gestaltung in zeitlicher, örtlicher und organisatorischer Hinsicht • Nicht weisungsgebunden, steht nicht unter fremder Leitung und nimmt durch seine Tätigkeit keine fremden Interessen wahr
Dauer	• Auf eine gewisse Dauer und auf Wiederholung ausgerichtet. Das blosse Ausnützen einer sich einmalig bietenden Gelegenheit genügt nicht für das Vorliegen einer selbstständigen Erwerbstätigkeit
Planmässigkeit	• Gezielte Aktivitäten entwickeln, die geeignet sind, längerfristig einen Gewinn zu erzielen • Erfordernis des zukunftsgerichteten Handelns • Mindestmass an Aktivität und Aufwand erforderlich
Auftreten nach aussen	• Nach aussen als Anbieter auftreten und am Wirtschaftsleben teilnehmen • Darauf ausgerichtet, auf dem Markt Dritten gegenüber eine wirtschaftliche Leistung zu erbringen
Gewinnstrebigkeit	• Streben nach Gewinn • Dient auch der Abgrenzung der selbstständigen Tätigkeit gegenüber der reinen Liebhaberei

Personen, die einen **freien Beruf** (Ärzte, Anwältinnen, Ingenieure, Treuhänderinnen, Künstler usw.) ausüben, gelten neben den Unternehmen ebenfalls als Selbstständigerwerbende. Neben den Einzelunternehmern gehören auch die **Teilhaber an einer Personengesellschaft** sowie die **Beteiligten an einer einfachen Gesellschaft** zu den Selbstständigerwerbenden. Auch der **stille Teilhaber** gilt als Selbstständigerwerbender.

Eine selbstständige Tätigkeit kann im **Haupt- oder Nebenberuf** ausgeübt werden, sie kann eine **Voll- oder Teilzeitbeschäftigung** sein. Zudem kann der Steuerpflichtige im Haupterwerb unselbstständig, im Nebenerwerb aber selbstständig sein oder auch umgekehrt.

Beispiel

Fall 1

Simon Frank hat soeben die Prüfung für den Fachausweis Finanz- und Rechnungswesen erfolgreich bestanden. Er beschliesst deshalb, sich zu Hause ein Arbeitszimmer einzurichten, um für diverse Betriebe die Buchhaltungsarbeiten auszuführen.

Es liegt kein Unterordnungsverhältnis zu einem Arbeitgeber vor. Simon Frank stellt für seine Arbeiten Honorarrechnungen aus. Deshalb gilt er als Selbstständigerwerbender.

Fall 2

Pia Camenisch führt eine Treuhandgesellschaft als Einzelfirma und übt zusätzlich eine Tätigkeit als Versicherungsagentin bei einer Versicherungsgesellschaft aus. Gemäss Vertrag bezieht sie dafür einen Fixlohn von CHF 4 500 pro Monat und erhält zudem eine Provision für jeden abgeschlossenen Versicherungsvertrag.

Für das Einkommen aus dem Treuhandunternehmen gilt Pia Camenisch als Selbstständigerwerbende. Bei den Entschädigungen für ihre Tätigkeit als Versicherungsagentin handelt es sich um Einkommen aus unselbstständiger Erwerbstätigkeit.

Fall 3

Georg Basler ist als Generalagent einer Versicherung tätig. Vertraglich abgemacht wurden folgende Entschädigungen: fixer Lohn CHF 6 000, Provision CHF 250 pro abgeschlossener Vertrag.

Der Vertrag mit dem relativ hohen Fixlohn lässt darauf schliessen, dass Georg Basler in einem Angestelltenverhältnis zur Versicherung steht. – Anders wäre zu entscheiden, wenn Georg Basler ausschliesslich auf Provisionsbasis für die Versicherung arbeitet. Dann wäre das finanzielle Risiko eindeutig auf der Seite des Agenten.

4.2.2 Selbstständig Erwerbende mit / ohne Buchhaltung

Eine selbstständige Erwerbstätigkeit setzt nicht notwendigerweise voraus, dass eine **Buchhaltung** geführt werden muss. Bei der Ermittlung des steuerbaren Einkommens spielt es jedoch eine Rolle, ob die selbstständige Erwerbstätigkeit mit oder ohne Buchhaltung erfolgt.

- Liegt eine Buchhaltung vor, geht man vom **Saldo der Erfolgsrechnung** aus (DBG 18 Abs. 3 i. V. m. DBG 58).
- Fehlt hingegen die Buchhaltung, muss der Geschäftserfolg aufgrund von **Belegen** rekonstruiert werden (DBG 125 Abs. 2).

Abb. [4-4] **Einkommensermittlung bei selbstständiger Erwerbstätigkeit**

Die Bestimmungen über die **Buchführungspflicht** finden sich im Obligationenrecht (OR 957 ff.). Demzufolge sind buchführungspflichtig: **Einzelunternehmen** sowie **Personengesellschaften,** die im letzten Geschäftsjahr einen **Umsatz von mindestens CHF 500 000** erzielt haben. Beträgt der Umsatz weniger als CHF 500 000, so ist nach OR 957 Abs. 2 lediglich über die Einnahmen und Ausgaben sowie über die Vermögenslage Buch zu führen.

An die kaufmännische bzw. doppelte Buchhaltung wird eine erhöhte Beweiskraft gestellt. Die Erstellung einer Buchhaltung hat sich nach den handelsrechtlichen Grundsätzen zu richten. Für die Steuerbehörden gilt das **Massgeblichkeitsprinzip der Handelsbilanz** für die Steuerbilanz (DBG 18 Abs. 3 lit. i. V. m. DBG 58).

Wer keine doppelte Buchhaltung führt, muss seine tatsächlichen Einnahmen und Ausgaben anhand von **Belegen** nachweisen. Dies ist vor allem bei Angehörigen freier Berufe (Ärzte, Anwälte, Notare usw.) der Fall. Die Steuerbehörden haben für diese Zwecke Formulare erstellt, auf denen die für die periodengerechte Einkommensermittlung notwendigen Angaben einzutragen sind.

Liegen die Belege (Bankauszüge, Postkonto-Auszüge, Kassabuch usw.) nicht vor, nehmen die Steuerbehörden eine **ermessensweise Veranlagung** vor (DBG 130 Abs. 2). Sie stützen sich dabei auf **Erfahrungszahlen,** die aufgrund von Umsatz und Warenaufwand eine Ermittlung des Bruttogewinns ermöglichen. Unter Berücksichtigung eines prozentualen Anteils der übrigen Unkosten wird schliesslich der Betriebsgewinn ermittelt.

4.2.3 Vermögensstandsgewinn

Das Reineinkommen aus selbstständiger Erwerbstätigkeit ist der Vermögensstandsgewinn. Dieser ergibt sich aus der Differenz zwischen dem **Eigenkapital** zu Beginn und am Ende des betreffenden Jahres, vermehrt um die **Privatentnahmen** in der gleichen Zeitspanne und vermindert um die entsprechenden **Privateinlagen.**

Beispiel

Position in der Buchhaltung	CHF
Eigenkapital am 01.01.20_1	120 000
Lebenshaltungskosten durch Geschäft bezahlt	60 000
Übrige Privatbezüge	36 000
Privateinlage Fahrzeuge	40 000
Eigenkapital am 31.12.20_1	150 000

Berechnung Vermögensstandsgewinn:

	CHF
Differenz Eigenkapital 01.01. / 31.12.20_1	+ 30 000
+ Privatentnahmen (Lebenshaltungskosten und übrige Privatbezüge)	+ 96 000
– Privateinlagen (Fahrzeuge)	– 40 000
= **Reineinkommen 20_1 (Vermögensstandsgewinn)**	**86 000**

Bei der Ermittlung des Einkommens bei Selbstständigerwerbenden ist zunächst von den verbuchten oder vereinnahmten Umsätzen und Erträgen auszugehen. Die Erträge umfassen dabei nicht nur den Erlös aus Arbeiten, Dienstleistungen und Warenverkäufen, sondern auch alle übrigen Erträge, die zum Geschäftsvermögen des Selbstständigerwerbenden gehören, z. B. Erträge aus unbeweglichem und beweglichem Vermögen, Provisionen usw. Ausgenommen ist das Einkommen aus privater Quelle.

4.2.4 Kapitalgewinne

Im Unterschied zu den privaten Kapitalgewinnen, die grundsätzlich steuerfrei sind, werden jene im Geschäftsvermögen steuerlich erfasst (DBG 18 Abs. 2). Bei Selbstständigerwerbenden unterscheiden wir zwischen **ordentlichen Erträgen** (aus der eigentlichen Geschäftstätigkeit) und **ausserordentlichen Erträgen** (Kapitalgewinnen).

Die Möglichkeit und der Zeitpunkt zur Besteuerung von Kapitalgewinnen hängen von der Realisation ab. In der Praxis werden grundsätzlich drei Arten von **Realisationstatbeständen** unterschieden (DBG 18 Abs. 2): die echte, die buchmässige und die steuersystematische Realisation.

Abb. [4-5]   **Realisation von Kapitalgewinnen**

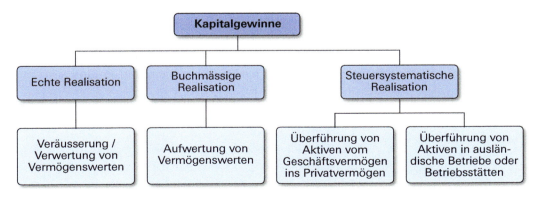

Der häufigste Fall ist die **echte Realisation.** Unter **Veräusserung / Verwertung** versteht man die Geschäftsvorfälle, die zur Realisation von Kapitalgewinnen (d. h. von stillen Reserven) führen, indem der Steuerpflichtige den Mehrwert realisiert. Eine echte steuerliche Realisation findet beim Verkauf, Tausch, bei der entgeltlichen Änderung im Bestand von Personengesellschaften, bei Enteignung und bei der Erbteilung statt.

Steuerrechtlich wird der Realisationsbegriff jedoch noch weiter gefasst und bedeutet jede Umwandlung eines Rechtsguts in ein anderes.

Als **buchmässige Realisation** gelten **Aufwertungen,** durch die **stille Reserven** aufgedeckt werden, obwohl sie nicht echt realisiert worden sind. Es handelt sich dabei um eine rein buchtechnische Massnahme, die wegen des Massgeblichkeitsprinzips zur Besteuerung der stillen Reserven führt.

Beispiel

Die Leu & Co. erwarb vor zehn Jahren eine Beteiligung an der Retro AG zu einem Kaufpreis von CHF 350 000. In der Zwischenzeit hat die Leu & Co. diese Beteiligung um CHF 250 000 abgeschrieben. Im Jahr 20_1 nimmt sie eine Aufwertung von CHF 150 000 vor.

Bei dieser buchmässigen Aufwertung handelt es sich um einen steuerbaren Kapitalgewinn (DBG 18 Abs. 2). Der Aufwertungsgewinn wird zusammen mit dem übrigen Einkommen in der Steuerperiode 20_1 erfasst.

Als **steuersystematische Realisation** gelten beispielsweise die **Überführung** von Gegenständen des **Geschäfts- in das Privatvermögen** oder die Überführung von Geschäftsvermögen in ausländische Betriebe oder Betriebsstätten.

4.2.5 Einkünfte aus Beteiligungen im Geschäftsvermögen

Dividenden und Veräusserungsgewinne von Beteiligungen im Geschäftsvermögen werden als Einkommen aus selbstständiger Erwerbstätigkeit mit 70% erfasst, sofern die Ausschüttungen Anteile am Grund- oder Stammkapital von Kapitalgesellschaften und Genossenschaften betreffen und die Beteiligungsquote mindestens 10% beträgt. Für die Teilbesteuerung von Veräusserungsgewinnen ist zudem eine Haltedauer von mindestens 12 Monaten erforderlich (DBG 18b).

Hinweis

Siehe auch Kreisschreiben Nr. 23a der ESTV vom 31.01.2020 «Teilbesteuerung der Einkünfte aus Beteiligungen im Geschäftsvermögen und zum Geschäftsvermögen erklärten Beteiligungen».

4.3 Einkommen aus beweglichem Vermögen

Als Einkommen aus beweglichem Vermögen sind sämtliche Vermögenszugänge zu verstehen, die dem Steuerpflichtigen **aus dem Eigentum oder der Nutzniessung an beweglichen Sachen oder aus Rechten** zufliessen, die nicht zum Grundeigentum gehören. Dazu zählen insbesondere (DBG 20 Abs. 1):

- Zinsen aus Obligationen, Darlehen und Guthaben bei Banken, Sparkassen oder bei der Post (Sparhefte, Salärkonto, Postkonto usw.)
- Dividenden, Gewinnanteile, Liquidationsüberschüsse sowie alle anderen geldwerten Leistungen aus Beteiligungen (Gratisaktien, Gratisnennwerterhöhungen usw.)
- Einkünfte aus Anteilen an kollektiven Kapitalanlagen
- Einkünfte aus derivativen, strukturierten und synthetischen Finanzinstrumenten
- Einkünfte aus der Vermietung, Verpachtung, Nutzniessung oder sonstiger Nutzung beweglicher Sachen oder nutzbarer Rechte (Mietzinsen für Geschäftseinrichtungen, aus der Untervermietung von Zimmern usw.) und aus immateriellen Gütern (Urheber-, Patentrechten usw.)

Abb. [4-6] Einkommen aus beweglichem Vermögen

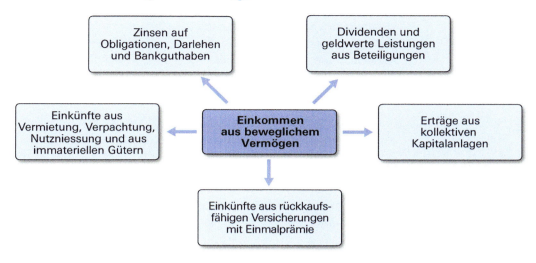

4.3.1 Zinsen

Unter Zinsen versteht man das Entgelt für die Überlassung von Kapital in Form von Fremdkapital. Zinsen stellen grundsätzlich steuerbaren **Vermögensertrag** dar, wobei die Bruttozinserträge beim Gläubiger steuerlich erfasst werden. Die Rückzahlung des Kapitals unterliegt dagegen nicht der Einkommenssteuer (DBG 20 Abs. 1 lit. a).

Die **periodischen Zinszahlungen** auf Obligationen, Darlehen und Bankguthaben bereiten in der Regel keine Mühe. Sie sind regelmässig als Vermögensertrag zu versteuern. Bei **einmaligen Wertzuflüssen** hingegen ist die Abgrenzung zwischen einem steuerbaren Vermögensertrag und einem steuerfreien Kapitalgewinn manchmal schwierig.

Als **Marchzinsen** wird der beim Verkauf einer Obligation zwischen zwei Zinsterminen vom Käufer an den Verkäufer vergütete aufgelaufene Zins bezeichnet. Marchzinsen werden in der Regel nicht als steuerbarer Vermögensertrag erfasst.

Ertrag von Obligationen sind auch die **Vorausvergütungen** oder das **Emissionsdisagio**. Dabei handelt es sich um die Differenz zwischen dem Ausgabekurs und dem Rückzahlungsbetrag im Fall einer Unterpari-Emission, d. h., wenn der Ausgabepreis der Obligation niedriger als ihr Nennwert ist. Diese Differenz stellt neben dem periodischen Zins ein Entgelt für das ausgeliehene Kapital und damit Ertrag auf diesem Kapital dar.

Beispiel Die Stadt Zürich gibt eine Obligationenanleihe über CHF 100 Mio. aus. Ausgabekurs: 96%; Laufzeit: 6 Jahre; Zins 1.5%.

Das Disagio beträgt 4%. Diese Unterpari-Emission ist als Vermögensertrag steuerbar.

Gemäss DBG 20 Abs. 1 lit. b sind die Einkünfte aus der Veräusserung oder Rückzahlung von Obligationen **mit einmaliger oder überwiegender Einmalverzinsung** (Zerobonds, Diskontpapiere) als Vermögensertrag steuerbar. Damit eine überwiegende Einmalverzinsung vorliegt, muss die periodische Verzinsung weniger als die Hälfte der gesamten Rendite ausmachen.

Hinweis Die Problematik der Abgrenzung zwischen steuerbarem Vermögensertrag und steuerfreiem Kapitalgewinn stellt sich insbesondere bei tief verzinslichen bzw. teilweise einmal verzinslichen Obligationen.

Weiterführende Angaben können dem Kreisschreiben Nr. 15 der Eidgenössischen Steuerverwaltung vom 03.10.2017 zur Besteuerung von Obligationen und derivativen Finanzinstrumenten entnommen werden.

4.3.2 Dividenden, Gewinnanteile und geldwerte Leistungen

Steuerbarer Vermögensertrag nach DBG 20 Abs. 1 lit. c sind sämtliche **geldwerten Vorteile** aus Beteiligungen, die dem Privatvermögen des Steuerpflichtigen angehören: Dividenden, Gewinnanteile, Liquidationsüberschüsse und geldwerte Leistungen. Eine geldwerte Leistung liegt dann vor, wenn eine Gesellschaft ihren Anteilsinhabern oder diesen nahestehenden Personen Leistungen ohne entsprechende Gegenleistungen erbringt.

Für geldwerte Vorteile aus Beteiligungen gilt bei der direkten Bundessteuer die **Teilbesteuerung**, sofern eine **qualifizierende Beteiligung** von mindestens 10% am Grund- oder Stammkapital gehalten wird. Danach sind Einkünfte aus qualifizierten Beteiligungen des Privatvermögens im Umfang von **70%** steuerbar (DBG 20 Abs. 1bis). Zu diesen Einkünften gehören Dividenden, Gewinnanteile, Liquidationsüberschüsse und geldwerte Vorteile, einschliesslich Gratisaktien und Gratisnennwerterhöhungen aus Aktien, Anteilen an GmbHs, Genossenschaftsanteilen und Partizipationsscheinen.

Am 01.01.2011 sind die Bestimmungen zur **steuerfreien Rückführung von Kapitaleinlagen** an die Anteilsinhaber in Kraft getreten, das sog. **Kapitaleinlageprinzip**. Danach wird die Rückzahlung von Einlagen, die durch Anteilsinhaber getätigt wurden, gleich behandelt wie die Rückzahlung von Grund- oder Stammkapital (DBG 20 Abs. 3), d. h., die Rückzahlung ist für den privaten Anteilsinhaber einkommenssteuerfrei.

Soweit **Gratisaktien** oder **Gratis-Nennwerterhöhungen zulasten von Gewinnreserven** herausgegeben werden, unterliegen sie der Einkommenssteuer. Jedoch nicht, wenn die Liberierung zulasten der Reserven aus Kapitaleinlagen erfolgt, da bei der Ausschüttung keine der Einkommenssteuer unterliegenden Reserven verwendet werden.

Hinweis	Details zur Teilbesteuerung der Einkünfte aus Beteiligungen im Privatvermögen und zur Beschränkung des Schuldzinsenabzugs siehe Kreisschreiben Nr. 22a vom 31.01.2020.
	Details zum Kapitaleinlageprinzip siehe Kreisschreiben Nr. 29b vom 23.12.2019.

4.3.3 Einkünfte aus Anteilen an kollektiven Kapitalanlagen

Kollektive Kapitalanlagen haben nach schweizerischem Recht keine eigene Rechtspersönlichkeit (mit Ausnahme der SICAF, der Investmentgesellschaft mit festem Kapital). Sie sind somit, ohne besondere gesetzliche Anordnung, auch keine selbstständigen Steuersubjekte.

Die **Besteuerung des Fondsvermögens und der daraus fliessenden Erträge** erfolgt somit **direkt bei den Anlegern.** Diese Transparenz hat zur Folge, dass es für die Besteuerung unerheblich ist, ob die Gewinne an die Anleger ausgeschüttet oder durch die kollektive Kapitalanlage wieder angelegt (thesauriert) werden (DBG 20 Abs. 1 lit. e). Eine Ausnahme besteht für kollektive Kapitalanlagen mit direktem Grundbesitz. Bei diesen unterliegt der Ertrag aus direktem Grundbesitz bei der kollektiven Kapitalanlage selber der Gewinnsteuer (DBG 66 Abs. 3). Lediglich die übrigen Erträge werden dann noch beim Anleger besteuert.

Die **SICAV** (Investmentgesellschaft mit variablem Kapital und Anlagefonds mit eigener Rechtspersönlichkeit) werden bei der direkten Bundessteuer gleich wie kollektive Kapitalanlagen besteuert.

Hinweis	Detaillierte Bestimmungen zur Besteuerung der kollektiven Kapitalanlagen und ihrer Anleger siehe Kreisschreiben Nr. 25 vom 23.02.2018.

4.3.4 Einkünfte aus rückkaufsfähigen Versicherungen mit Einmalprämie

Steuerbaren Vermögensertrag bilden Einkünfte aus rückkaufsfähigen Kapitalversicherungen im Erlebensfall oder bei Rückkauf, die mit einer **Einmalprämie** finanziert wurden und **nicht der Vorsorge dienen** (DBG 20 Abs. 1 lit. a). Besteuert wird in diesem Fall die Differenz zwischen der einbezahlten Einmalprämie und der ausbezahlten Versicherungsleistung.

Beispiel
- Versicherungen, bei denen der Versicherer kein Todesfallrisiko trägt.
- Erlebensfallversicherung mit Rückgewähr: Die versicherte Summe wird nur dann ausbezahlt, wenn die versicherte Person einen zum Voraus bestimmten Zeitpunkt erlebt. Beim vorzeitigen Ableben werden die bis zum Todestag bezahlten Prämien zurückerstattet.
- Versicherungen ohne feste Vertragsdauer (sog. Open-End-Versicherungen).

4.3.5 Einkünfte aus Vermietung, Verpachtung, Nutzniessung und aus immateriellen Gütern

Steuerbares Einkommen wird auch aus der Vermietung, Verpachtung, Nutzniessung oder aus sonstiger Nutzung beweglicher Sachen oder nutzbarer Rechte (immaterieller Güter) erzielt (DBG 20 Abs. 1 lit. d und f).

4.4 Einkommen aus unbeweglichem Vermögen

Als Einkommen aus unbeweglichem Vermögen sind alle Einkünfte aus **Grundstücken** im Sinn von ZGB 655 zu verstehen. Dazu gehören **Liegenschaften,** die ins Grundbuch aufgenommenen selbstständigen und **dauernden Rechte, Bergwerke** und **Miteigentumsanteile** an Grundstücken.

Die steuerliche Erfassung des Einkommens aus unbeweglichem Privatvermögen betrifft grundsätzlich die Pacht- oder Mietzinsen und die Nutzniessung, den Eigenmietwert der selbstgenutzten Liegenschaft, die Einkünfte aus Baurechtsverträgen und aus der Ausbeutung des Bodens (DBG 21).

Abb. [4-7]   Einkommen aus unbeweglichem Vermögen

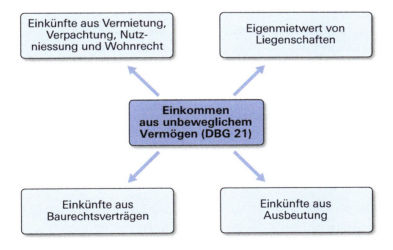

4.4.1 Einkünfte aus Vermietung, Verpachtung, Nutzniessung und Wohnrecht

Das Entgelt, das ein Eigentümer eines Grundstücks für die **Überlassung an einen Dritten** zur Nutzung erzielt, ist steuerbares Einkommen (DBG 21 Abs. 1 lit. a). Es werden demzufolge **sämtliche Erträge** aus Vermietung und Verpachtung eines Grundstücks ausdrücklich als steuerbar erklärt.

Auch alle **übrigen Einkünfte aus Grundeigentum** sind steuerbar, so z. B. die Inkonvenienzentschädigungen (Leistungen für entgangenen Nutzen), jedenfalls soweit sie nicht einen Minderwert des Grundeigentums ausgleichen, oder auch Entschädigungen, die der Grundeigentümer erhält, wenn der Kaufrechtsberechtigte den Kauf nicht tätigt.

Die **Nutzniessung** stellt eine **Dienstbarkeit** dar. Sie ermöglicht dem Nutzniesser, eine Sache zu gebrauchen und zu nutzen, ohne deren Eigentümer zu sein. Aus steuerlicher Sicht ist der Nutzniesser **dem Eigentümer gleichgestellt.** Daher muss er Einkommen aus dem Nutzniessungsvermögen als Einkommen deklarieren (DBG 21 Abs. 1 lit. a).

Das **Wohnrecht** ist ein auf eine Nutzungsart (das Wohnen) **beschränktes Nutzniessungsrecht.** Grundsätzlich gelten für das Wohnrecht die gleichen Bestimmungen wie für die Nutzniessung.

4.4.2 Eigenmietwert (Eigennutzung)

Beim Eigenmietwert handelt es sich um ein **Naturaleinkommen** für den Gebrauch einer Liegenschaft, das aufgrund des Marktwerts kalkulatorisch ermittelt wird (DBG 21 Abs. 1 lit. b). Bei der Festsetzung des Eigenmietwerts berücksichtigt man die **ortsüblichen Verhältnisse** und die **tatsächliche Nutzung** der am Wohnsitz selbst bewohnten Liegenschaft (DBG 21 Abs. 2). Die kantonal ermittelten Eigenmietwerte werden auch für die direkte Bundessteuer anerkannt, solange sie nicht unter 70% des effektiven Marktwerts liegen.

4.4.3 Einkünfte aus Baurechtsverträgen

Die Einkünfte aus Baurechtsverträgen sind ebenfalls als Einkommen aus unbeweglichem Vermögensertrag steuerbar (DBG 21 Abs. 1 lit. c). Erhält der Grundeigentümer vom Baurechtsberechtigten **periodisch Baurechtszinsen,** so hat er diese jährlich als Einkommen zu versteuern. Anders verhält es sich, wenn der Grundeigentümer vom Baurechtsberechtigten für die Einräumung des Baurechts eine **Einmalleistung** erhält. In diesem Fall ist die Kapitalleistung als Abgeltung einer wiederkehrenden Leistung einkommenssteuerrechtlich auf die ganze Vertragsdauer zu verteilen.

Beispiel

Für den Bau seines Einfamilienhauses «erwirbt» Aldo Ruggerio ein Grundstück im Baurecht von Max Federer. Als Baurechtszins kann er entweder jährlich CHF 6 000 oder einen einmaligen Betrag von CHF 200 000 bezahlen. Die Dauer des Baurechtsvertrags beträgt 50 Jahre.

A] Steuerliche Behandlung der **jährlichen Zahlungen** von CHF 6 000:

- Beim Baurechtsgeber: Max Federer hat den Baurechtszins als Einkommen zu versteuern.
- Beim Baurechtsnehmer: Aldo Ruggerio kann den Baurechtszins nur in Abzug bringen, sofern der Wert des Grundstücks bei der Ermittlung des Eigenmietwerts berücksichtigt wird.

B] Steuerliche Behandlung der **Einmalzahlung** von CHF 200 000:

Beim **Baurechtsgeber:**

Max Federer hat den Baurechtszins, der in Form einer Einmalzahlung erfolgt, als Einkommen zu versteuern. Für die Satzbestimmung ist die Dauer des Baurechtsvertrags zu berücksichtigen. Der Baurechtszins ist zusammen mit dem übrigen Einkommen zum ermässigten Satz (50 Jahre) zu besteuern.

Bei einem Einkommen von beispielsweise CHF 60 000 werden die Baurechtszinsen wie folgt besteuert:

	CHF
Einkommen	60 000
Betrag der Einmalzahlung (massgebend für den Steuersatz)[1]	4 000
Satzbestimmendes Einkommen	**64 000**
Einkommen	60 000
Effektiver Baurechtszins	200 000
Steuerbares Einkommen (massgebender Steuersatz: CHF 64 000)	**260 000**

[1] Das Baurechtsverhältnis beträgt 50 Jahre. Dividiert man die gesamte Zahlung von CHF 200 000 durch die Anzahl Jahre, entspricht dies einem jährlichen Baurechtszins von CHF 4 000.

Beim **Baurechtsnehmer**:

Aldo Ruggerio kann den Baurechtszins bei der direkten Bundessteuer nur in Abzug bringen, sofern der Wert des Grundstücks bei der Ermittlung des Eigenmietwerts berücksichtigt wird. In diesem Fall kann er die Baurechtszinsen als dauernde Lasten abziehen (DGB 33 Abs. 1 lit. b).

4.4.4   Einkünfte aus Ausbeutung

Einkünfte aus der Ausbeutung von **Kies, Sand** und anderen **Bestandteilen des Bodens** werden ausdrücklich als steuerbar bezeichnet (DBG 21 Abs. 1 lit. d).

4.5   Einkommen aus Vorsorge

Das schweizerische Sozialversicherungssystem basiert auf einem 3-Säulen-Prinzip. Als Einkünfte aus der Vorsorge gelten daher alle Leistungen aus der 1., 2. und 3. Säule.

- Die **1. Säule** ist für alle Bürger obligatorisch und besteht aus der **staatlichen** Sozialversicherung (AHV, IV, EO und ALV). Sie soll den Existenzbedarf sichern.
- Die **2. Säule** ist die **berufliche** Vorsorge zur Fortsetzung der gewohnten Lebenshaltung durch die Pensionskassen und Unfallversicherungen der Arbeitgeber.
- Die **3. Säule** ist die **private** Selbstvorsorge durch eigene Ersparnisse und Versicherungen.

4.5.1   AHV / IV / EO / ALV (1. Säule)

Die Leistungen der 1. Säule sind vollumfänglich steuerbar (DBG 22 Abs. 1). Ergänzungsleistungen zur AHV / IV und zu Hilflosenentschädigungen sind von der Besteuerung jedoch ausgenommen (DBG 24 lit. h).

Beispiel

- Bruno Herzog wird auf den 30.09.20_1 pensioniert und erhält ab diesem Zeitpunkt eine AHV-Rente von CHF 2 000 pro Monat. Die AHV-Renten unterliegen zu 100% der Besteuerung.
- Oskar Villiger verunfallte in seinem letzten Wiederholungskurs (WK) so schwer, dass er nicht mehr arbeiten kann. Von der Militärversicherung erhält er monatlich CHF 4 000. Diese Rente ist zu 100% steuerbar.

4.5.2 Berufliche Vorsorge (2. Säule)

Auch bei der beruflichen Vorsorge sind die Leistungen vollumfänglich steuerbar (DBG 22 Abs. 1).

Die **Kapitalleistungen** werden **getrennt vom übrigen Einkommen** besteuert. Die Steuer wird **zu einem Fünftel der ordentlichen Tarife** berechnet. Die Steuer wird in dem Steuerjahr erhoben, in dem die entsprechende Leistung zugeflossen ist. Mehrere Kapitalleistungen im gleichen Jahr werden für die Steuersatzermittlung zusammengerechnet (DBG 38).

Beispiel

Urs Jaggi, verheiratet, wird pensioniert und erhält am 30.09.20_1 aus der Vorsorgestiftung eine Kapitalleistung von CHF 500 000.

Die Kapitalleistung wird gemäss DBG 38 in Verbindung mit DBG 36 Abs. 2 besteuert.

Für CHF 145 000 ergibt sich eine Steuer von CHF 5 412 und für je weitere CHF 100 Einkommen eine solche von CHF 13, total CHF 51 562. Die geschuldete Einkommenssteuer beträgt somit 1/5 d. h. CHF 10 312.

Aufgrund der harmonisierungsrechtlichen Vorschriften werden die Kapitalleistungen und die Zahlungen **bei Tod** und **für bleibende körperliche oder gesundheitliche Nachteile** ebenfalls für sich alleine besteuert und unterliegen stets einer vollen Jahressteuer (DBG 38 Abs. 1).

4.5.3 Gebundene Selbstvorsorge (Säule 3a)

Die Besteuerung der Leistungen der Säule 3a erfolgt wie bei der 2. Säule:

- Die **Renten** werden gemeinsam mit dem übrigen Einkommen vollumfänglich besteuert (DBG 22 Abs. 1).
- Die **Kapitalleistungen** sind zu 100% steuerbar und werden für sich alleine mit einer vollen Jahressteuer besteuert, beim Bund zu 1/5 des ordentlichen Tarifs (DBG 38).

4.5.4 Freie Selbstvorsorge (Säule 3b)

Zur Säule 3b gehören **Leibrenten,** vor allem solche, die auf einem Versicherungsvertrag beruhen, **wiederkehrende Einkünfte** aus Wohnrecht, Nutzniessung und Verpfründung, Renten oder Kapitalleistungen aus Todesfall- und Invaliditätsversicherungen und aus Kapitalversicherungen mit Einmalprämien.

A] Leibrenten

Eine Leibrente ist eine vom Leben einer Person, normalerweise des Rentengläubigers, abhängige Verpflichtung des Rentenschuldners, **regelmässige Geldleistungen** an den Rentengläubiger zu erbringen. Diese Rentenzahlungen enden in der Regel erst mit dem Tod des Rentengläubigers und werden nicht auf eine Kapitalforderung angerechnet.

Die **Leistungen** sind zu 40% steuerbar (DBG 22 Abs. 3). Die Idee der steuerlichen Erfassung zu 40% ist, dass sich die Leibrente aus einem Kapitalverzehrsteil und einem Ertragsteil zusammensetzt. Steuerbar sind vom Grundsatz her lediglich die erzielten Erträge, wobei aus Vereinfachungsgründen eine Quote von pauschal 40% festgelegt wurde.

Beispiel

Werner Sockel erwirbt von seinem Sohn Alex Sockel eine Leibrente gegen eine einmalige Barzahlung. Es liegen keine Leistungen aus familienrechtlicher Unterhaltspflicht vor.

Barzahlung = Wert der Gegenleistung	CHF	165 000
Jahresrente	CHF	8 000

- Werner Sockel: Die jährlichen Rentenleistungen von CHF 8 000 sind zu 40% steuerbar (= CHF 3 200).
- Steuerliche Folgen, wenn der Rentengläubiger Werner Sockel kurz nach Abschluss des Rentenvertrags stirbt: Der Rentenschuldner Alex Sockel erzielt einen privaten Kapitalgewinn. Der Rentengläubiger bzw. seine Erben erleiden einen privaten Kapitalverlust. Beides ist nicht zu versteuern.
- Steuerliche Folgen, wenn der Rentengläubiger die der Rentenberechnung zugrunde gelegte Lebenserwartung übertrifft: Die Rentenzahlungen sind beim Rentengläubiger weiterhin zu 40% steuerbar.

B] Todesfall- und Invaliditätsversicherungen

Reine Todesfall- und Invaliditätsversicherungen gelten als **Risikoversicherungen**. Der Versicherer hat nur dann eine Leistung zu erbringen, wenn das versicherte Risiko während der Vertragsdauer eintritt. Die **Leistungen** sind wie folgt steuerbar:

- Renten sind vollumfänglich steuerbar (je nach Gegenleistung; DBG 23 lit. b)
- Kapitalleistungen sind zu 100% steuerbar und werden für sich alleine mit einer vollen Jahressteuer besteuert, beim Bund zu 1/5 des ordentlichen Tarifs (DBG 38)

4.5.5 Kapitalabfindungen bei Beendigung des Dienstverhältnisses

Altersvorsorge-Leistungen werden gesondert besteuert. Die Steuer wird zu einem Fünftel der ordentlichen Tarife für das Steuerjahr berechnet, in dem die Einkünfte zugeflossen sind (DBG 17 Abs. 2, DBG 22 Abs. 1, DBG 38).

Beispiel

Andreas Glücklich arbeitet als Finanzdirektor bei der Finanz AG. Im Mai 20_1 (57-jährig) wird er vorzeitig in den Ruhestand versetzt. Er erhält eine Abfindungssumme von CHF 600 000. Der vertraglich vereinbarte Altersrücktritt erfolgt in der Finanz AG normalerweise mit 63 Jahren.

Sofern die Abfindungssumme dazu dient, eine Vorsorgelücke bis zum ordentlichen Rentenalter zu schliessen, der Arbeitnehmer älter als 55 Jahre ist und die (Haupt-)Erwerbstätigkeit definitiv aufgegeben wird, liegt eine Vorsorgeleistung vor. Die Einkommenssteuer wird zu einem Fünftel des ordentlichen Tarifs berechnet.

Das **Ersatzeinkommen** für eine bestimmte Dauer wird zusammen mit dem **übrigen Einkommen** versteuert (DBG 23 lit. a, DBG 37). Die Einkommenssteuer wird unter Berücksichtigung der übrigen Einkünfte und der zulässigen Abzüge berechnet. Angewendet wird ein Steuersatz, der sich ergäbe, wenn anstelle der einmaligen Leistung eine jährliche Leistung ausgerichtet würde (ein sog. periodisierter Steuersatz).

Handelt es sich bei der Kapitalabfindung um eine **reine Abgangsentschädigung,** ist sie voll steuerbar (DBG 23 lit. c). Es ist also keine Steuerermässigung möglich.

Beispiel

Peter Sonderegger (42-jährig) arbeitet bei der Freizeit AG. Im Mai 20_1 wird ihm gekündigt. Er erhält eine für diesen Fall arbeitsvertraglich festgelegte Abfindung von CHF 400 000. Peter Sonderegger tritt auf den 01.07.20_1 in den Dienst der Neuen Freizeit AG. Sein Einkommen beträgt CHF 120 000.

Bei der vorliegenden Kapitalabfindung handelt es sich weder um eine Leistung aus Vorsorge noch um Ersatzeinkommen in der Form einer Kapitalabfindung, sondern um eine Entschädigung für die Aufgabe einer Tätigkeit. Aus diesem Grund erfolgt die Besteuerung zum Satz des Gesamteinkommens (keine Steuersatzermässigung).

4.6 Übrige Einkünfte

Gemäss DBG 23 sind auch übrige Einkünfte steuerbar:

- Alle Einkünfte anstelle eines Einkommens aus Erwerbstätigkeit
- Zahlungen bei Tod sowie für bleibende körperliche oder gesundheitliche Nachteile
- Abgangsentschädigungen oder Entschädigungen für die Nichtausübung einer Tätigkeit oder eines Rechts
- Unterhaltsbeiträge bei Scheidung, gerichtlicher oder tatsächlicher Trennung und Unterhaltsbeiträge an den Elternteil für die unter seiner elterlichen Sorge stehenden Kinder.

4.7 Abzüge vom steuerbaren Einkommen

Das DBG sieht ausdrücklich gewisse Abzüge vor: Gewinnungskosten (DBG 26 ff.; DBG 32), allgemeine Abzüge (DBG 33) sowie Sozialabzüge (DBG 35).

4.7.1 Gewinnungskosten bei unselbstständiger Erwerbstätigkeit

Um das steuerbare Erwerbseinkommen zu ermitteln, können die damit verbundenen Gewinnungskosten abgezogen werden. Unter Gewinnungskosten (DBG 26) versteht man die Kosten, die mit der Erzielung des **Erwerbseinkommens direkt zusammenhängen.**

Abgrenzungsschwierigkeiten entstehen vor allem gegenüber den Lebenshaltungskosten, die nicht abziehbar sind: **Lebenshaltungskosten** decken die allgemeinen Lebensbedürfnisse des Menschen ab, wie Essen, Wohnen, Kleider, Ferien, Arztkosten, Körperpflege usw. Das Erwerbseinkommen dient dazu, diese Kosten bzw. Bedürfnisse zu befriedigen.

Abb. 4-8 zeigt die abzugsfähigen Gewinnungskosten bei unselbstständiger Erwerbstätigkeit.

Abb. [4-8]

Gewinnungskosten bei unselbstständiger Erwerbstätigkeit

Gewinnungskosten	Aktuell abzugsfähiger Betrag
Fahrkosten zur Arbeit DBG 26 Abs. 1 lit. a	Notwendige Kosten für Fahrten zwischen dem Wohn- und dem Arbeitsort bis max. CHF 3 000
Auswärtige Verpflegung DBG 26 Abs. 1 lit. b	Jahrespauschale von CHF 1 600 bei Vergünstigung durch den Arbeitgeber (z. B. Betriebskantine) bzw. von CHF 3 200 ohne Vergünstigung.
Übrige Berufsauslagen DBG 26 Abs. 1 lit. c	Für Arbeitskleider, Berufswerkzeuge (inkl. IT), die Benutzung eines Arbeitsraums usw.: 3% vom Nettolohn (min. CHF 2 000, max. CHF 4 000) Bei entsprechendem Nachweis können höhere effektive Auslagen geltend gemacht werden.
Aus-, Weiterbildungs- und Umschulungskosten DBG 26 Abs. 1 lit. d und DBG 33 Abs. 1 lit. j	Für die berufsorientierte Bildung oder für eine Umschulung (Schulgelder, Lehrmittel, Fahrkosten usw.): effektive Kosten bzw. Jahrespauschale von max. CHF 12 000 Diese Regelung gilt seit dem 01.01.2016. Zuvor wurden die Weiterbildungs- und Umschulungskosten als abzugsfähige Gewinnungskosten eingestuft, die Ausbildungskosten hingegen als nicht abzugsfähige Lebenshaltungskosten.
Gewinnungskosten bei Nebenerwerb	Für sämtliche Auslagen im Zusammenhang mit einer Nebenerwerbstätigkeit: 20% vom Nettolohn (min. CHF 800, max. CHF 2 400) Bei entsprechendem Nachweis können höhere effektive Auslagen geltend gemacht werden.

Bei den Gewinnungskosten unterscheidet das Steuergesetz überdies zwischen pauschalen und effektiven Kosten:

- **Pauschale Kosten** haben einen unmittelbaren Zusammenhang mit der **Dauer der Erwerbstätigkeit** und können demzufolge nur teilweise (pro rata) abgezogen werden. Dazu zählen die Fahrkosten oder die Kosten für die auswärtige Verpflegung.
- **Effektive Kosten** fallen **unabhängig von der Dauer der Erwerbstätigkeit** an und können demzufolge vollständig abgezogen werden. Weiterbildungskosten sind typische effektive Kosten.

4.7.2 Gewinnungskosten bei selbstständiger Erwerbstätigkeit

Von den steuerbaren Einkünften kann der **gesamte Aufwand abgezogen** werden, der für eine selbstständige Erwerbstätigkeit notwendig, d. h. geschäftsmässig begründet ist (DBG 27 ff.).

Für die steuerliche Abzugsfähigkeit muss ein **direkter, ursächlicher Zusammenhang** zwischen den getätigten Ausgaben und den erzielten Einkünften bestehen. Ausgaben für die Anschaffung oder Herstellung von Wirtschaftsgütern sind dagegen zu aktivieren, wenn sie dem Unternehmen zur Betriebserstellung oder Leistungserbringung dienen und einen Nutzen haben, der über das laufende Geschäftsjahr hinausgeht.

Zu den **abzugsberechtigten Gewinnungskosten** zählen insbesondere:

- Waren- und Materialkosten
- Personalkosten
- Raumkosten
- Zinskosten
- Betriebskosten
- Verwaltungskosten
- Abschreibungen
- Rückstellungen
- Wertberichtigungen

Nachfolgend werden die Bestimmungen zu den Abschreibungen, Rückstellungen und Wertberichtigungen sowie zum Privataufwand und zur Verlustverrechnung genauer beleuchtet.

A] Abschreibungen (DBG 28)

Die Anlagegüter eines Unternehmens unterliegen grundsätzlich einer **laufenden Entwertung,** die in Form von Abschreibungen buchhalterisch berücksichtigt wird. Aufgrund des handelsrechtlichen Vorsichts- und Niederstwertprinzips gilt grundsätzlich eine gewisse Bewertungs- und damit Abschreibungsfreiheit. Im Steuerrecht wird diese Freiheit eingeschränkt: Abschreibungen müssen geschäftsmässig begründet sein, d. h., der **tatsächlichen Entwertung** der Anlagegüter entsprechen.

Als **ordentliche Abschreibungen** gelten insbesondere das **abnutzbare Anlagevermögen** wie Fahrzeuge, Maschinen, Einrichtungen usw. Bei Liegenschaften unterliegt lediglich das Gebäude einer ordentlichen Abnutzung, jedoch nicht das Land, auf dem das Gebäude steht. Sind nachweislich grössere Wertverminderungen eingetreten, so kann der Steuerpflichtige im Einzelfall den höheren Abschreibungsbedarf als **ausserordentliche Abschreibungen** geltend machen.

Hinweis — Die ESTV hat Merkblätter mit Abschreibungssätzen für die ordentlichen Abschreibungen veröffentlicht, die auf dem aktuellen Buchwert getätigt werden können. Werden diese Sätze eingehalten, gelten die Abschreibungen grundsätzlich als geschäftsmässig begründet.

B] Rückstellungen und Wertberichtigungen (DBG 29)

Bilanztechnisch gehören Rückstellungen zum Fremdkapital, steuerrechtlich müssen sie **geschäftsmässig begründet** und verbucht sein. Sie werden nur dann anerkannt, wenn sie der Sicherung unmittelbar drohender Verlustgefahren dienen und deren **Ursache im Geschäftsjahr** bereits eingetreten ist.

Auch auf den Aktiven des Umlaufvermögens können Rückstellungen bzw. Wertberichtigungen vorgenommen werden. Solche **Wertberichtigungen** werden dann gebildet, wenn die **Wertverminderungen** vorübergehender Natur, d. h. **provisorisch** sind.

Bei der direkten Bundessteuer gelten folgende Pauschalabzüge bei Waren und Delkredere:

- **Warendrittel:** Bei Warenvorräten ist eine pauschale Wertberichtigung bis zu **33 1/3%** des Anschaffungswerts bzw. der Herstellkosten zulässig. Bei Nachweis eines geschäftlich begründeten höheren Wertverlusts kann die Wertberichtigung auch über dem Drittel liegen.
- **Delkredere:** Für den Debitorenausfall durch zahlungsunwillige/-unfähige Kunden ist eine pauschale Delkredere-Rückstellung möglich. Bei der direkten Bundessteuer wird ein Delkredere in der Höhe von **5%** auf inländischen und von **10%** auf ausländischen Guthaben auch ohne besonderen Nachweis akzeptiert.

C] Privataufwand

Die Privataufwendungen des Firmeninhabers gehören nicht zu den geschäftsmässig begründeten Kosten. Werden dennoch **Lebenshaltungskosten** in der Buchhaltung eines Selbstständigerwerbenden erfasst, sind sie seinem **Privatkonto** zu belasten.

Vielfach ist die Abgrenzung zwischen Geschäfts- und Privataufwand nicht eindeutig, bzw. ein Wirtschaftsgut, wie beispielsweise ein Fahrzeug, wird sowohl für geschäftliche wie auch für private Zwecke verwendet. In diesen Fällen wird am Ende des Jahres bei der Erstellung des Abschlusses für die private Benutzung ein **Privatanteil** verbucht.

Beispiel

Der selbstständige Spengler Theo Gärtner kauft ein neues Geschäftsfahrzeug. Er benutzt dieses auch für private Fahrten, belastet aber sämtliche Aufwendungen für das Fahrzeug dem Unternehmen.

Da Theo Gärtner das Geschäftsfahrzeug auch für private Zwecke nutzen kann, ist ein Privatanteil abzugrenzen. Wird kein Bordbuch mit den privat geführten Kilometern geführt, so beträgt der Privatanteil pro Monat pauschal 0.8% des Fahrzeugkaufpreises (exkl. MWST).

In diesem Umfang erhöht sich für Theo Gärtner das Einkommen aus selbstständiger Erwerbstätigkeit.

D] Verlustverrechnung

Verluste aus einer selbstständigen Erwerbstätigkeit werden zuerst **mit sämtlichen übrigen Einkünften** der gleichen Bemessungsperiode verrechnet. Resultiert danach noch ein Verlustüberhang, kann er auf die folgende Bemessungsperiode vorgetragen werden.

Die **Verlustverrechnungsperiode** beträgt **7 Jahre,** wobei bei einer Sanierung eine zeitlich unbefristete Verlustverrechnung möglich ist (DBG 31).

Beispiel

Rainer Schmaus hat sich selbstständig gemacht und betreibt eine Autogarage. Im ersten Geschäftsjahr 20_1 erzielt er einen Verlust von CHF 26 000. Aus einem geerbten Wertschriftenportfolio erzielt er 20_1 einen Vermögensertrag von CHF 4 800.

Der Verlust aus der selbstständigen Erwerbstätigkeit kann mit dem Vermögensertrag verrechnet werden, sodass Rainer Schmaus für 20_1 keine Einkommenssteuer schuldet. Der nach der Verrechnung noch verbleibende Verlustvortrag kann innerhalb der siebenjährigen Verlustverrechnungsperiode mit zukünftigen Einkünften verrechnet werden.

4.7.3 Gewinnungskosten bei Vermögenserträgen

Auch die Kosten, die in direktem Zusammenhang mit den Einkünften aus dem beweglichen und unbeweglichen Privatvermögen anfallen, gelten als Gewinnungskosten.

A] Kosten des beweglichen Privatvermögens

Bei beweglichem Privatvermögen können die Kosten der **Verwaltung durch Dritte** sowie die nicht rückforderbaren oder nicht anrechenbaren **ausländischen Quellensteuern** geltend gemacht werden (DBG 32 Abs. 1).

B] Kosten bei Liegenschaften im Privatvermögen

Abzugsfähig bei Liegenschaften im Privatvermögen sind die **werterhaltenden Kosten** (DBG 32 Abs. 2):

- Unterhaltskosten,
- Kosten der Instandstellung von neu erworbenen Liegenschaften,
- Versicherungsprämien,
- Kosten der Verwaltung durch Dritte und
- Kosten umweltschützerischer und denkmalpflegerischer Arbeiten.

Die **wertvermehrenden Kosten** hingegen können bei der Einkommenssteuer **nicht geltend gemacht** werden (DBG 34 lit. d). Dazu zählen alle Aufwendungen, die eine Liegenschaft in einen besseren, wertvolleren Zustand versetzen, wie z. B. die Modernisierung eines Hauses. Nicht abzugsfähig sind auch Kosten, die nach dem Verbrauch berechnet werden und **Lebenshaltungskosten** des Steuerpflichtigen sind (Betriebskosten wie z. B. Energiekosten, Fernseh- und Radiogebühren usw.).

Anstelle der tatsächlichen Kosten kann der Steuerpflichtige für Liegenschaften im Privatvermögen einen **Pauschalabzug** geltend machen (DBG 32 Abs. 4). Dieser beträgt:

- 10% vom Bruttomietertrag bzw. -mietwert, wenn das Gebäude zu Beginn der Steuerperiode bis zehn Jahre alt ist;
- 20% vom Bruttomietertrag bzw. -mietwert, wenn das Gebäude älter als zehn Jahre ist.

Beim Pauschalabzug für Liegenschaften im Privatvermögen kann bei der direkten Bundessteuer die **Wechselpauschale** beansprucht werden: Der Eigentümer kann in jeder Steuerperiode und für jede Liegenschaft zwischen dem Abzug der effektiven Kosten und dem Pauschalabzug wählen.

Hinweis	Die Bestimmungen zum Pauschalabzug (prozentuale Pauschale oder Wechsel zwischen Pauschal- und effektivem Abzug) weichen in einzelnen Kantonen von jenen beim Bund ab.

4.7.4 Allgemeine Abzüge (DBG 33 und 33a)

Unter allgemeinen Abzügen versteht man Abzüge, die zwar mit der Einkommenserzielung nicht direkt zusammenhängen, aber aus **sozialpolitischen Gründen** zugelassen werden. In der Regel handelt es sich dabei um bestimmte Kosten für die Lebenshaltung.

Abb. 4-9 gibt einen Überblick über die allgemeinen Abzüge gemäss DBG 33.

Abb. [4-9]   Allgemeine Abzüge (DBG 33)

Abzüge	Aktuell abzugsfähiger Betrag
Schuldzinsen DBG 33 Abs. 1 lit. a	Nach effektivem Anfall im Umfang der steuerbaren Vermögenserträge zuzüglich CHF 50 000
Dauernde Lasten und Leibrenten DBG 33 Abs. 1 lit. b	Dauernde Lasten sowie 40% der bezahlten Leibrenten beim Schuldner
Unterhaltsleistungen DBG 33 Abs. 1 lit. c	• Voll abzugsfähig: Unterhaltsbeiträge an den geschiedenen, gerichtlich oder tatsächlich getrennt lebenden Ehegatten sowie die Unterhaltsbeiträge an einen Elternteil für die unter dessen Gewalt stehenden Kinder • Nicht abzugsfähig: weitere Unterhalts- oder Unterstützungspflichten
Sozialversicherungsbeiträge (inkl. UVG; 1. Säule) DBG 33 Abs. 1 lit. d und lit. f	Effektive Beiträge an die 1. Säule voll abzugsfähig
Beiträge an berufliche Vorsorge (2. Säule) DBG 33 Abs. 1 lit. d	• Effektive Beiträge voll abzugsfähig • Einkauf in die Pensionskasse voll abzugsfähig
Beiträge an gebundene Vorsorge (Säule 3a) DBG 33 Abs. 1 lit. e	Effektive Beiträge, für das Kalenderjahr 2020 bis max.: • CHF 6 826 für Personen, die in der 2. Säule bereits versichert sind • CHF 34 128 für Personen, die in der 2. Säule nicht versichert sind (Selbstständigerwerbende)
Versicherungsabzug DBG 33 Abs. 1 lit. g und Abs. 1bis	Pauschalabzug, Höhe abhängig vom Zivilstand und von der Anzahl der Kinder: • Verheiratete Personen: CHF 3 500 • Übrige Steuerpflichtige: CHF 1 700 • Für jedes Kind: CHF 700
Krankheits-, Unfall-, Invaliditäts- und behinderungsbedingte Kosten DBG 33 Abs. 1 lit. h	Abzugsfähig, soweit die Kosten 5% des steuerbaren Einkommens übersteigen
Parteispenden DBG 33 Abs. 1 lit. i	Mitgliederbeiträge und freiwillige Spenden bis max. CHF 10 100
Kosten der berufsorientierten Aus- und Weiterbildung DBG 33 Abs. 1 lit. j	Abzug der tatsächlichen Aufwendungen bis max. CHF 12 000 (Steuerliche Behandlung s. Kreisschreiben Nr. 42 der ESTV)
Zweitverdienerabzug DBG 33 Abs. 2	Bei Erwerbstätigkeit beider Ehepartner 50% des niedrigeren Einkommens, mind. CHF 8 100 und max. CHF 13 400
Kosten der Drittbetreuung DBG 33 Abs. 3	Für Kinder bis zum 14. Altersjahr bis max. CHF 10 100
Einsatzkosten für Geldspielgewinne DBG 33 Abs. 4	5% von den einzelnen Gewinnen aus Geldspielen, die nicht steuerfrei nach DBG 24 lit. i^{bis}– j sind, als Einsatzkosten bis max. CHF 5 000 bzw. bis max. CHF 25 000 der Einsatzkosten bei der Online-Teilnahme an Spielbankenspielen
Freiwillige Zuwendungen DBG 33a	An juristische Personen mit Sitz in der Schweiz, die steuerbefreit sind (d. h. öffentliche oder ausschliesslich gemeinnützige Zwecke verfolgen): mind. CHF 100, höchstens 20% des steuerbaren Einkommens

4.7.5 Sozialabzüge (DBG 35)

Neben den abzugsfähigen Gewinnungskosten und den allgemeinen Abzügen gibt es im Steuerrecht auch Abzüge, die in der Regel einer sozial- oder wirtschaftspolitischen Zielsetzung dienen. In erster Linie soll mit zusätzlichen Sozialabzügen der **wirtschaftlichen Leistungsfähigkeit** der Steuerpflichtigen besser Rechnung getragen werden.

Abb. 4-10 gibt einen Überblick über die Sozialabzüge gemäss DBG 35.

Abb. [4-10]   Sozialabzüge (DBG 35)

Sozialabzüge	Aktuell abzugsfähiger Betrag
Kinderabzug (DBG 35 Abs. 1 lit. a)	Für jedes minderjährige oder in Ausbildung stehende Kind: CHF 6 500
Unterstützungsabzug (DBG 35 Abs. 1 lit. b)	Für jede unterstützungsbedürftige Person: CHF 6 500
Abzug für Verheiratete (DBG 35 Abs. 1 lit. c)	Für in ungetrennter Ehe lebende Personen: CHF 2 600

4.8 Zeitliche Bemessung

Die Einkommenssteuer der natürlichen Personen wird für eine Steuerperiode festgesetzt und für jedes Steuerjahr erhoben (DBG 40 Abs. 2). Als **Steuerperiode** gilt ein **Kalenderjahr**. Die Steuerperiode beginnt mit dem ersten Tag des Kalenderjahrs (DBG 40 Abs. 1).

Bei den **Selbstständigerwerbenden** ist das Ergebnis des in der Steuerperiode abgeschlossenen **Geschäftsjahrs** massgebend (DBG 41 Abs. 2).

Besteht die Steuerpflicht nur **während eines Teils des Steuerjahrs,** wird der in diesem Zeitraum entsprechende Teilbetrag der Steuer erhoben. Es findet eine Besteuerung **pro rata temporis** statt (DBG 40 Abs. 3): Für die Satzbestimmung werden dabei die regelmässig fliessenden Einkünfte auf zwölf Monate umgerechnet, während die unregelmässigen Einkünfte ohne Umrechnung berücksichtigt werden.

Beispiel

Franziska Seiss ist am 01.04.20_1 vom Ausland in die Schweiz gezogen. Ab 01.07.20_1 ist sie bei einer Schweizer Firma angestellt und verdient laut Arbeitsvertrag jährlich netto CHF 90 000.

Franziska Seiss hat für die Steuerperiode 20_1 das effektive Einkommen von CHF 45 000 zu versteuern. Für die Ermittlung des Steuersatzes ist dieses auf ein Jahr umzurechnen, d. h. auf CHF 60 000 (45 000 : 9 · 12). Dabei ist die Dauer der Steuerpflicht (9 Monate) und nicht die Dauer des Arbeitsverhältnisses (6 Monate) massgeblich.

4.9 Steuerberechnung

Die Tarife der direkten Bundessteuer für natürliche Personen sind in DBG 36 enthalten. Es handelt sich dabei um **progressive Steuersätze:** Die steuerliche Belastung bei steigendem Einkommen erhöht sich überproportional (s. Kap. 2.5, S. 22).

Es besteht ein **Doppeltarif:** der **allgemeine Tarif** (DBG 36 Abs. 1) und der sog. **Verheiratetentarif,** ein niedrigerer Tarif für verheiratete Personen, die in ungetrennter Ehe leben (DBG 36 Abs. 2). Der Verheiratetentarif gilt auch für alleinstehende Elternteile, die mit Kindern oder unterstützungsbedürftigen Personen im gleichen Haushalt zusammenleben und deren Unterhalt überwiegend bestreiten (DBG 36 Abs. 2bis).

Für Personen, die mit Kindern zusammenleben, wird darüber hinaus der sog. **Elterntarif** gewährt (DBG 36 Abs. 2bis). Er besteht aus dem Verheiratetentarif mit einer Reduktion des Steuerbetrags in der Höhe von CHF 251 pro Kind oder pro unterstützungsbedürftige Person. Dabei handelt es sich nicht um einen Sozialabzug, sondern um eine direkte Tarifmassnahme.

4.10 Pauschalbesteuerung (Besteuerung nach dem Lebensaufwand)

Bei der Besteuerung nach dem Lebensaufwand – auch Pauschalbesteuerung genannt – handelt es sich um ein **vereinfachtes Veranlagungsverfahren** für ausländische Staatsangehörige, die ihren Wohnsitz in der Schweiz haben, aber keiner Erwerbstätigkeit nachgehen.

Ausländische Personen, die **erstmals oder nach mindestens 10-jähriger Landesabwesenheit** in der Schweiz Wohnsitz oder Aufenthalt nehmen, aber hier **keine Erwerbstätigkeit** ausüben, können anstelle der Steuer auf dem Einkommen eine pauschalierte Besteuerung nach dem Lebensaufwand beanspruchen (DBG 14).

Die Pauschalbesteuerung setzt zudem voraus, dass die betreffende Person **kein Schweizer Bürgerrecht** besitzt. Für Schweizer Bürger findet die Besteuerung nach dem Aufwand seit dem 01.01.2016 keine Anwendung mehr.

Bei **Ehegatten,** die in rechtlich und tatsächlich ungetrennter Ehe leben, müssen beide Ehegatten die Voraussetzungen erfüllen (DBG 14 Abs. 2).

Hinweis Siehe dazu auch das Kreisschreiben Nr. 44 vom 24.07.2018 betreffend Verordnung über die Besteuerung nach dem Aufwand bei der direkten Bundessteuer.

Die **Pauschalsteuer** wird nach dem **weltweiten Lebensaufwand** des Steuerpflichtigen und der von ihm unterhaltenen Personen berechnet (DBG 14 Abs. 3). Als steuerbarer Lebensaufwand bzw. **Lebenshaltungskosten** gelten:

- Kosten der Verpflegung und Bekleidung
- Kosten für Unterkunft, Heizung, Reinigung usw.
- Bar- und Naturallöhne für Bedienstete
- Ausgaben für Bildung, Unterhaltung usw.
- Ausgaben für Reisen, Ferien
- Kosten des Unterhalts für Fahrzeuge, Motorboote usw.
- Alle anderen Kosten der Lebenshaltung

Der **steuerbare Mindestaufwand für die Lebenshaltungskosten** muss dabei mindestens dem höchsten der nachfolgenden Beträge entsprechen; andernfalls wird der höchste der nachfolgenden Beträge als **Bemessungsgrundlage** herangezogen (DBG 14 Abs. 3):

- CHF 400 000
- Für Steuerpflichtige mit eigenem Haushalt: das Siebenfache des jährlichen Mietzinses oder Eigenmietwerts bei Wohneigentum
- Für Steuerpflichtige ohne eigenen Haushalt: das Dreifache des jährlichen Pensionspreises für Unterkunft und Verpflegung
- Die Summe der Bruttoerträge der:
  - Einkünfte aus dem in der Schweiz angelegten unbeweglichen Vermögen
  - Einkünfte aus dem in der Schweiz angelegten Kapitalvermögen
  - Einkünfte aus in der Schweiz gelegenem Fahrnis (beweglichem Vermögen)
  - Einkünfte aus in der Schweiz ausgebeuteten Urheberrechten, Patenten und ähnlichen Rechten
  - aus schweizerischen Quellen fliessenden Ruhegehälter, Renten und Pensionen

Wer die subjektiven Voraussetzungen der Pauschalsteuer erfüllt, hat das Recht, zu verlangen, dass die Besteuerung anstelle der ordentlichen Steuer vom Einkommen nach dem Aufwand erfolgt. Dieses **Wahlrecht** kann vom Steuerpflichtigen **für jede Veranlagungsperiode** neu bestimmt werden.

Während die Wahl zwischen Pauschalsteuer und ordentlicher Einkommenssteuer dem Steuerpflichtigen jederzeit freisteht, kann er nicht zwischen der Pauschalsteuer auf dem Lebensaufwand und der Pauschalsteuer auf bestimmten Einkünften wählen. Er schuldet immer das **höhere steuerbare Einkommen** aus den beiden Berechnungsarten.

Beispiel	

Fall 1

Franco Zanotta, ausländischer Staatsbürger, möchte seinen Lebensabend im Tessin verbringen. Ende 20_1 ging er in Pension, auf den 01.01.20_2 verlegt er seinen Wohnsitz in die Schweiz. Er verlangt eine Steuererklärung für Pauschalierte und macht darin folgende Angaben:

1. Miete Wohnung Tessin	CHF	60 000
2. Aktien Reto AG, München, Dividenden	CHF	24 000
3. Obligationen Stadt Zürich, Zinsen	CHF	30 000
4. Aktien Beta AG, Zürich, Dividenden	CHF	40 000
5. Mieteinnahmen aus Liegenschaft GR	CHF	48 000
6. Lizenzeinnahmen aus Panama	CHF	120 000
7. Lizenzeinnahmen aus der Schweiz	CHF	250 000
8. Pension aus Arbeitsverhältnis Frankreich	CHF	66 000

1. Besteuerung nach dem Lebensaufwand:

In diesem Fall wird auf die bezahlte Miete abgestellt. Somit ergibt sich ein pauschales Steuereinkommen nach dem Lebensaufwand von **CHF 420 000** (7-mal die Wohnungsmiete).

2. Pauschale Berechnung des Bruttoertrags:

Bei der pauschalen Berechnung des Bruttoertrags unterliegen nur die Einkünfte aus schweizerischen Quellen der Besteuerung:

3. Obligationen Stadt Zürich, Zinsen	CHF	30 000
4. Aktien Beta AG, Zürich, Dividenden	CHF	40 000
5. Mieteinnahmen aus Liegenschaft GR	CHF	48 000
7. Lizenzeinnahmen in der Schweiz	CHF	250 000
Das Einkommen beträgt somit	**CHF**	**368 000**

Bei der Besteuerung nach Pauschalierung wird die höhere Bemessungsgrundlage und folglich ein Einkommen von **CHF 420 000** erfasst.

Fall 2

Wir gehen von den gleichen Zahlen aus wie im Fall 1 und treffen die Annahme, dass sich in der folgenden Veranlagungsperiode die Einnahmen aus Lizenzen in der Schweiz auf CHF 350 000 erhöhen.

Nun ergibt die pauschale Berechnung ein Einkommen aus schweizerischen Quellen von CHF 468 000. Die Steuerbehörden ziehen deshalb diesen Betrag als Bemessungsgrundlage heran.

Einkünfte aus ausländischen Quellen sind ausdrücklich von der Pauschalsteuer **ausgenommen.** Dies bedeutet auch, dass allfällige ausländische Steuern auf diesen Einkünften in der Schweiz nicht zurückverlangt werden können.

Beispiel	Wenn Franco Zanotta die Quellensteuer auf seinen ausländischen Einkünften zurückverlangen möchte (Dividenden, Lizenzeinnahmen und Pension), müsste er diese Einkünfte in der Schweiz ebenfalls versteuern.

Die Pauschalbesteuerung wurde **in einzelnen Kantonen** (z. B. ZH) für Staats- und Gemeindesteuerzwecke **abgeschafft.**

Zusammenfassung

Als Einkommen aus **unselbstständiger Erwerbstätigkeit** sind sämtliche Bar- und Naturalleistungen steuerbar, die im Zusammenhang mit der Arbeitsleistung erfolgen:

- **Wiederkehrende Leistungen,** z.B. Lohn, Trinkgelder, Spesen, Nebeneinkünfte
- **Einmalige Leistungen,** z.B. Provisionen, Zulagen, Gratifikationen, Mitarbeiterbeteiligungen, Abfindungen

Die Merkmale der **selbstständigen Erwerbstätigkeit** sind: Einsatz von Arbeit und / oder Kapital, eigenes Risiko, freie Organisation, Dauer und Planmässigkeit, Auftreten nach aussen sowie Gewinnstrebigkeit.

Die Ermittlung des Einkommens aus **selbstständiger Erwerbstätigkeit** erfolgt mit einer nach kaufmännischen Grundsätzen geführten **Buchhaltung** oder mittels **Belegen** und Aufstellungen über Einnahmen und Ausgaben sowie Aktiven und Passiven. Ob ein Steuerpflichtiger eine kaufmännische Buchhaltung führen muss, hängt davon ab, ob er verpflichtet ist, sich im Handelsregister einzutragen.

Selbstständigerwerbende müssen alle **ordentlichen Erträge** aus der eigentlichen Geschäftstätigkeit sowie die **ausserordentlichen Einkünfte** (Kapitalgewinne) versteuern.

Steuerbar sind alle **Einkünfte aus beweglichem Vermögen:** Zinsen auf Obligationen, Darlehen und Bankguthaben, Dividenden und geldwerte Leistungen aus Beteiligungen, Erträge aus kollektiven Kapitalanlagen, Einkünfte aus rückkaufsfähigen Versicherungen mit Einmalprämie sowie Einkünfte aus Vermietung, Verpachtung, Nutzniessung und aus immateriellen Gütern.

Steuerbar sind alle Einkünfte aus **unbeweglichen Vermögen** bzw. Grundeigentum (z.B. Einkünfte aus Vermietung, Verpachtung, Nutzniessung, aus Baurechtsverträgen und Ausbeutung) und der Eigenmietwert.

Einkommen aus **Vorsorge** wird folgendermassen besteuert:

	Beiträge	Leistungen	
		Renten	Kapitalleistungen
AHV / IV	Voll abzugsfähig	Voll	
Militärversicherung	Keine Beiträge	Voll	
Berufliche Vorsorge	Voll abzugsfähig	Voll	Tarif 1/5
Gebundene Selbstvorsorge	CHF 6 826 CHF 34 128	Voll	Tarif 1/5
Leibrenten	Beschränkt abzugsfähig	40%	
Wohnrecht	Keine Beiträge	100%	
Todesfall und Invaliditätsrisiko	Abzug begrenzt	100%	Tarif 1/5
Rückkaufsfähige Versicherung	Abzug begrenzt		Steuerfrei
Kapitalabfindung bei Beendigung des Dienstverhältnisses	Keine Beiträge		Jahr / Leistung Tarif 1/5

Gewinnungskosten sind Aufwendungen, die unmittelbar mit der Erzielung des steuerbaren Einkommens zusammenhängen. Sie sind grundsätzlich abzugsfähig.

Als Gewinnungskosten gelten:

- Bei **unselbstständiger Erwerbstätigkeit** insbesondere die Fahrkosten zur Arbeit, die Kosten für auswärtige Verpflegung und für übrige Berufsauslagen, die Aus-, Weiterbildungs- und Umschulungskosten und die Gewinnungskosten bei Nebenerwerb.
- **Selbstständig Erwerbstätige** können den gesamten geschäftsmässig begründeten Aufwand abziehen, z. B. Waren-, Personal-, Raum-, Betriebs-, Verwaltungs-, Zinskosten, Abschreibungen, Rückstellungen, Wertberichtigungen.
- Bei Erträgen des **beweglichen Privatvermögens** die Kosten der Verwaltung durch Dritte und die nicht anrechenbaren ausländischen Quellensteuern.
- Bei Erträgen aus **Liegenschaften im Privatvermögen** die werterhaltenden Kosten (Unterhalt, Instandstellung, Versicherungsprämien, Verwaltung durch Dritte, umweltschützerische oder denkmalpflegerische Arbeiten).

Daneben lässt das DBG weitere Abzüge zu:

- **Allgemeine Abzüge:** Schuldzinsen, Renten- und Unterhaltsleistungen, Beiträge an die berufliche Vorsorge, Versicherungsprämien, freiwillige Zuwendungen, Parteispenden, Zweitverdienerabzug und
- **Sozialabzüge:** Kinderabzug, Abzug für unterstützungsbedürftige Personen und für Verheiratete.

Aufwendungen zur Verbesserung von Vermögensgegenständen, zur Schuldentilgung, für die Steuern und die privaten Lebenshaltungskosten sind hingegen nicht abzugsfähig.

Als **Steuerperiode** gilt das Kalenderjahr, bei Selbstständigerwerbenden das Geschäftsjahr. Bei einer unterjährigen Steuerpflicht findet die Besteuerung pro rata temporis statt.

Das **Steuermass** gibt die Höhe der Steuerbelastung an. Die Einkommenssteuer ist mit einem **progressiven Steuersatz** ausgestaltet, d. h., die steuerliche Belastung nimmt überproportional mit dem Wert des Steuerobjekts zu. Die Tarife der direkten Bundessteuer für natürliche Personen sind in DBG 36 enthalten.

Die **Pauschalbesteuerung** (Besteuerung nach dem Lebensaufwand) können natürliche Personen ohne Schweizer Bürgerrecht beanspruchen, die erstmals oder nach mindestens zehnjähriger Landesabwesenheit Wohnsitz oder Aufenthalt in der Schweiz nehmen und hier keine Erwerbstätigkeit ausüben.

Repetitionsfragen

13 Kuno Renner ist als Versicherungsagent bei der Swiss Life tätig. Gemäss Vertrag erhält er monatlich ein Fixum von CHF 3 000. An Provisionen bezieht er durchschnittlich CHF 4 500 pro Monat.

Handelt es sich um Einkommen aus selbstständiger oder unselbstständiger Erwerbstätigkeit?

14 Sind die folgenden Entschädigungen aus unselbstständiger Erwerbstätigkeit steuerbar?

A) Larissa Caprez kann vom Arbeitgeber zwei Mitarbeiteraktien zum Vorzugspreis beziehen: Verkehrswert CHF 3 800, Nominalwert CHF 250, Kaufpreis für Larissa Caprez CHF 1 200 pro Aktie. Gemäss Reglement kann sie frei über die Aktien verfügen.

B) Zum 20-jährigen Dienstjubiläum erhält Gerda Brunner von ihrem Arbeitgeber eine goldene Uhr und eine Reise mit einem Naturalwert von total CHF 7 500 geschenkt.

15 Daniel Meier ist bei der KAMA AG angestellt. Neben dem Lohn von CHF 120 000 übernimmt die Firma folgende zusätzliche Leistungen:

Zusätzliche Leistungen	CHF
Krankenkassenprämien	4 800
Weiterbildungskurs	3 200
Fahrzeugversicherung	1 600
Motorfahrzeugsteuer	560

Zudem darf Daniel Meier jährlich für 2 Wochen ein Ferienhaus der KAMA AG gratis benützen.

Bei welchen dieser Leistungen handelt es sich um steuerbares Einkommen?

16 Welche der folgenden Kosten sind Gewinnungs- und welche sind Lebenshaltungskosten?

	Gewinnungskosten	Lebenshaltungskosten
Fahrkosten zur Arbeit	☐	☐
Staatssteuern	☐	☐
Kosten für Liegenschaftsverwaltung	☐	☐
Wohnungsmiete	☐	☐
Schulgeld der Kinder	☐	☐
AHV-Beiträge	☐	☐
Fahrzeugkosten	☐	☐
Schuldzinsen für Konsumkredit	☐	☐

17 Beginn der Steuerpflicht am 01.04.20_1 (Grund: Aufnahme einer unselbstständigen Erwerbstätigkeit).

Ermitteln Sie das steuerbare und das satzbestimmende Einkommen 20_1 anhand der folgenden Steuerfaktoren:

Steuerfaktoren (CHF)	20_1	steuerbar	satzbestimmend
Einkommen aus Haupterwerb 01.04.–31.12. netto	90 000		
Nebenerwerb netto (unregelmässig fliessendes Einkommen)	7 200		
Fahrkosten zur Arbeit	–4 050		
Auswärtige Verpflegung (Jahrespauschale)	–3 200		
Übrige Berufsauslagen (effektiv)	–4 600		
Weiterbildungskosten	–12 000		
Gewinnungskosten Nebenerwerb	–1 440		
Einkauf 2. Säule	–30 000		
Beitrag Säule 3a	–6 000		

18 Franz Zumkehr ist Lehrer am gewerblich-industriellen Bildungszentrum Zug. Er bewohnt mit seiner Ehefrau und zwei Kindern eine Vierzimmerwohnung in Cham zu einem jährlichen Mietzins von CHF 36 000. In der Steuererklärung macht er einen Abzug von CHF 9 000 für ein Arbeitszimmer geltend.

Handelt es sich dabei um abzugsfähige Gewinnungskosten?

19 Anna Engeler arbeitet bei der ABB in Zürich Oerlikon und wohnt in Olten. In ihrer Steuererklärung macht sie als Berufsauslagen die effektiven Fahrkosten für das Privatauto von Olten bis nach Oerlikon und neben dem Pauschalabzug für die übrigen Berufsauslagen zusätzlich die Kosten für auswärtige Verpflegung geltend.

Die Steuerbehörden rechnen die effektiven Fahrzeugkosten und einen Teil der Verpflegungskosten auf, mit der Begründung, Anna Engeler könne nur die Kosten für den öffentlichen Verkehr und nur die Hälfte der Verpflegungskosten geltend machen, da bei der ABB die Möglichkeit der Kantinenverpflegung bestehe.

Teilen Sie diese Ansicht? Begründen Sie Ihre Meinung.

20 Boris Ledergerber ist Inhaber einer Einzelfirma. In der Erfolgsrechnung weist er einen Gewinn von CHF 89 000 aus.

Für die Ermittlung des steuerbaren Einkommens sind folgende Vorgänge zu prüfen:

1. Boris Ledergerber hat sich monatlich einen Lohn von CHF 9 000 gutschreiben lassen. Die Verbuchung erfolgte über das Konto «Löhne».
2. Die Steuern von CHF 28 300 wurden auf dem Konto «Sonstiger Betriebsaufwand» verbucht.
3. Das Geschäftsauto wird auch für private Zwecke verwendet. Der Privatanteil wird auf CHF 3 600 festgesetzt.
4. Boris Ledergerber wohnt in einer der Einzelfirma gehörenden Liegenschaft mit einem Mietwert von jährlich CHF 18 000.
5. Die Krankenkassenprämien der Familie im Betrag von CHF 7 600 wurden dem Konto «Versicherungsaufwand» belastet.
6. Der Ferienurlaub der Familie im Betrag von CHF 12 400 wurde über Repräsentationsspesen verbucht.
7. Boris Ledergerber schenkt seiner Tochter den VW Golf, der mit einem Buchwert von CHF 8 400 in der Bilanz aufgeführt ist. Die Abschreibung erfolgt über das Konto «Fahrzeugaufwand».

Wie viel beträgt das steuerbare Einkommen von Boris Ledergerber?

21 Beginn der Steuerpflicht 01.01.20_1, Aufnahme der selbstständigen Erwerbstätigkeit 01.05.20_1, erster Abschluss per 30.04.20_2.

Einkünfte (CHF)	20_1	20_2	20_3
Selbstständige Erwerbstätigkeit		–45 000 (Verlust)	110 000 (Gewinn)
Übriges Einkommen	22 000	27 000	32 000

Ermitteln Sie die Steuerfaktoren für die Steuerperioden 20_1 bis 20_3.

5 Gewinnsteuer juristischer Personen

Lernziele Nach der Bearbeitung dieses Kapitels können Sie ...

- erklären, wie Kapitalgesellschaften besteuert werden.
- anhand von Beispielen den steuerbaren Gewinn von juristischen Personen ermitteln.

Schlüsselbegriffe Abschreibungen, A-fonds-perdu-Zuwendungen, Agio, Anschaffungen, ausserordentliche Erträge, geschäftsmässig nicht begründete Aufwendungen, Gewinnsteuer, Gewinnvorwegnahmen, Kapitaleinlagen, ordentliche Erträge, privilegierte Dividendenbesteuerung, Reingewinn, Rückstellungen, Sanierung, Sofortabschreibungen, Umstrukturierung, verdeckte Gewinnausschüttungen, Verlustverrechnung, Wertvermehrung, wirtschaftliche Doppelbelastung, Zuschüsse

Die Gewinnsteuer für juristische Personen des privaten und öffentlichen Rechts ist eng mit der Einkommenssteuer für natürliche Personen verwandt. Entsprechend ihrer unterschiedlichen rechtlichen und wirtschaftlichen Ausprägungen werden juristische Personen auch steuerlich unterschiedlich behandelt.

Die Gewinnsteuer wird in der Regel vom Bund, von den Kantonen und von den Gemeinden erhoben. In diesem Kapitel beschränken wir uns darum auf die allgemeinen Grundlagen der vom Bund erhobenen Gewinnsteuer.

Steuerobjekt der Gewinnsteuer juristischer Personen ist der **Reingewinn** des steuerpflichtigen Unternehmens (DBG 57).

Abb. [5-1] **Ermittlung steuerbarer Reingewinn juristischer Personen**

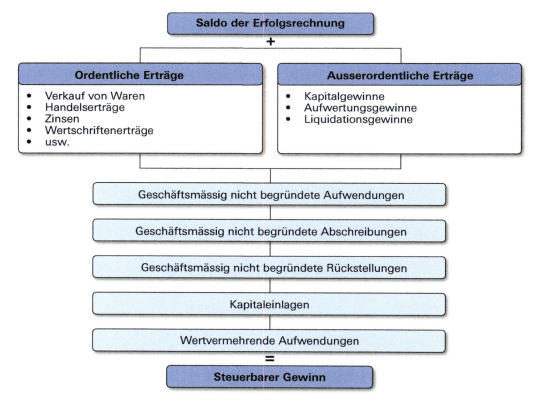

5.1 Saldo der Erfolgsrechnung

Die Steuergesetze umschreiben den Reingewinn als Saldo der Erfolgsrechnung (DBG 58 Abs. 1 lit. a). Die Basis für die Ermittlung der Steuerfaktoren bildet die **kaufmännische Jahresrechnung.**

Die Verknüpfung des Steuerrechts mit dem Handelsrecht ist eine Folge des **Massgeblichkeitsprinzips.** Dieses besagt, dass die handelsrechtskonform erstellte Jahresrechnung Grundlage für die steuerliche Gewinnermittlung ist. Die Steuerbehörden können nur dann von der handelsrechtskonformen Jahresrechnung (Bilanz und Erfolgsrechnung) abweichen, wenn das DBG explizite Korrekturen vorsieht. So müssen geschäftsmässig nicht begründete Aufwände und der Erfolgsrechnung nicht gutgeschriebene Erträge zum Saldo der Erfolgsrechnung dazugerechnet werden (DBG 58 Abs. 1 lit. b und c).

Dabei ist zu beachten, dass das Handelsrecht die **Bildung stiller Reserven** in unbeschränktem Rahmen zulässt, sofern die Höchstbewertungsvorschriften eingehalten sind.

5.1.1 Ordentliche Erträge

Eine Kapitalgesellschaft hat alle ordentlichen Erträge aus dem Verkauf von **Waren,** der Herstellung und dem Verkauf von **Produkten,** den Honoraren aus **Dienstleistungen,** den **Zinsen** und **Dividenden** auf Vermögen usw. zu verbuchen. Die ordentlichen Erträge sind dabei Teil des in der Handelsbilanz ausgewiesenen Jahresgewinns.

5.1.2 Ausserordentliche Erträge

Zum steuerbaren Ertrag gehören auch die ausserordentlichen Erträge, d. h. **buchmässige Aufwertungen** von Aktiven, **Kapitalgewinne** aus der Veräusserung von Vermögenswerten, **Liquidationsgewinne** usw. Diese ausserordentlichen Gewinne sind ebenfalls Teil des in der Handelsbilanz ausgewiesenen Jahresgewinns und werden zusammen mit dem ordentlichen Ertrag besteuert.

Beispiel

Die Rosenberg AG, ein Beratungsunternehmen, verkauft im September 20_1 eine Liegenschaft für CHF 1.3 Mio., die einen Buchwert von CHF 800 000 hat. Im selben Jahr nimmt sie eine Aufwertung von CHF 200 000 auf einer Beteiligung vor, die sie zuvor abgeschrieben hatte.

Der Gewinn auf der Liegenschaft von CHF 500 000 und der Aufwertungsgewinn von CHF 200 000 stellen ausserordentliche Erträge dar und unterliegen zusammen mit dem Gewinn aus der ordentlichen Tätigkeit der Gewinnsteuer.

5.2 Geschäftsmässig nicht begründete Aufwendungen

Die der Erfolgsrechnung belasteten Aufwendungen werden aus steuerrechtlicher Sicht auf ihre Geschäftsmässigkeit hin überprüft. Sofern die Auslagen geschäftsmässig nicht begründet sind, müssen diese dem **Saldo der Erfolgsrechnung hinzugerechnet** werden.

Die geschäftsmässig nicht begründeten Aufwendungen lassen sich wie folgt unterteilen (DBG 58 Abs. 1 lit. b al. 5):

- unentgeltliche, freiwillige Zuwendungen an Dritte und
- offene und verdeckte Gewinnausschüttungen.

5.2.1 Freiwillige Zuwendungen an Dritte

Freiwillige Zuwendungen an unabhängige Dritte gelten in der Regel nicht als geschäftsmässig begründet. Die Kapitalgesellschaften sind grundsätzlich darauf ausgerichtet, Gewinne zu erzielen und nicht Schenkungen zu erbringen. Als Ausnahmen gelten kleinere Spenden, Zuwendungen mit Werbecharakter und steuerfreie Zuwendungen.

Das DBG sieht ausdrücklich vor, dass Zuwendungen an steuerbefreite juristische Personen, die **öffentliche oder gemeinnützige Zwecke** verfolgen (z. B. gemeinnützige Stiftungen und Vereine), voll oder bis zu einem gewissen Prozentsatz des Reingewinns geltend gemacht werden können (z. B. DBG 59 Abs. 1 lit. c). Ebenfalls abzugsfähig sind die Zuwendungen an die **Personalvorsorgestiftungen** (z. B. DBG 59 Abs. 1 lit. b).

5.2.2 Verdeckte Gewinnausschüttungen

Die Anteilsinhaber haben grundsätzlich ein Recht auf **Dividenden.** Es handelt sich dabei um **offene Gewinnausschüttungen.** Wie bereits erwähnt, unterliegen die offenen Gewinnausschüttungen einer wirtschaftlichen Doppelbelastung. Die bei der Gesellschaft bereits als Gewinn versteuerten Dividenden werden bei den Anteilsinhabern nochmals als Einkommen (Vermögensertrag) besteuert. Mit der Einführung der **privilegierten Dividendenbesteuerung** anlässlich der Unternehmenssteuerreform II wurde diese wirtschaftliche Doppelbelastung deutlich entschärft (DBG 20 Abs. 1bis, DBG 18b) und mit dem Bundesgesetz über die Steuerreform und die Finanzierung der AHV (STAF) wieder verschärft (Teilbesteuerung von 70% statt 60% bzw. 50%).

Neben den offenen Gewinnausschüttungen können die Anteilsinhaber auch geldwerte Leistungen in verdeckter Form erhalten, die bei der Kapitalgesellschaft unter «Geschäftsaufwand» verbucht werden.

Verdeckte Gewinnausschüttungen sind gemäss DBG 58 Abs. 1 lit. b jene Leistungen der Gesellschaft an ihre Anteilsinhaber (oder diesen nahestehende Personen), die **ohne entsprechende Gegenleistung** erbracht werden und einem unabhängigen Dritten nicht gewährt würden. Anteilsinhaber oder ihnen Nahestehende werden indirekt oder direkt begünstigt.

Gemäss **Bundesgerichtspraxis** liegt eine verdeckte Gewinnausschüttung vor, wenn die folgenden Voraussetzungen erfüllt sind:

- Leistung ohne angemessene Gegenleistung
- Begünstigung eines Anteilsinhabers oder einer nahestehenden Person
- Erkennbar für die Organe der Gesellschaft

Die Formen verdeckter Gewinnausschüttungen sind mannigfaltig. Darunter fallen auf die Anteilsinhaber übertragene **Vermögenswerte,** aber auch alle **geldwerten Vorteile,** in deren Genuss ein Gesellschafter oder eine ihm nahestehende Person bei Gelegenheit oder unter dem Deckmantel irgendeiner Leistung der Gesellschaft gelangt.

Grundsätzlich steht es dem Anteilsinhaber frei, mit seiner Gesellschaft in geschäftliche Beziehungen zu treten und Verträge abzuschliessen. Bei diesen Geschäften ist jedoch immer darauf zu achten, ob der Vertrag aus der Sicht der Gesellschaft auch mit einem **unabhängigen Dritten** abgeschlossen würde, und zwar **zu den gleichen Bedingungen** wie mit dem Anteilsinhaber. Wenn ein solcher Vertrag einem Drittvergleich standhalten kann, kann auch nicht von einer verdeckten Gewinnausschüttung gesprochen werden.

5.3 Geschäftsmässig nicht begründete Abschreibungen

Abschreibungen im steuerrechtlichen Sinn setzen eine **tatsächliche Entwertung** eines Wirtschaftsguts voraus. Wird mehr abgeschrieben, als die tatsächliche Entwertung beträgt, bildet man **stille Reserven.**

Das **Handelsrecht** lässt die Bildung von stillen Reserven in unbeschränktem Rahmen zu. So können Vermögenswerte aktiviert und in Form von Abschreibungen voll dem Aufwand belastet werden. Der Grundsatz der Bilanzwahrheit und -klarheit verlangt nur, dass sämtliche Aktiven in der Bilanz aufgeführt werden.

Demgegenüber lässt das **Steuerrecht** die unbeschränkte Bildung stiller Reserven nicht zu. Abschreibungen dürfen nicht zu **ungerechtfertigten Gewinnschmälerungen** führen. Laut DBG sind ausdrücklich nur die «geschäftsmässig begründeten» Abschreibungen zulässig (DBG 58 Abs. 1 lit. b al. 2, DBG 62). Grundsätzlich dürfen sie die Entwertung eines Vermögenswerts nicht übersteigen. In der Praxis ist die Bestimmung der Entwertung allerdings schwierig.

5.3.1 Steuerrechtliche Abschreibungsrichtlinien

Abschreibungen sollen der **Wertverminderung** eines Vermögenswerts entsprechen. Da die individuelle Festlegung einer solchen Wertverminderung mit einem erheblichen Aufwand verbunden ist, haben die Steuerbehörden Richtlinien zu den anzuwendenden Abschreibungssätzen für die wichtigsten Vermögenswerte aufgestellt.

Einzelne Kantone halten sich nicht an die Abschreibungsrichtlinien der direkten Bundessteuer. Sie gestatten ausdrücklich die Möglichkeit einer **Sofortabschreibung.** Andere, wie die Kantone ZH und BS, begrenzen die Sofortabschreibung auf einen bestimmten Endwert (20%). Die direkte Bundessteuer anerkennt abweichende kantonale Abschreibungsverfahren, wenn sie langfristig zum gleichen Ergebnis führen und planmässig angewendet werden.

Diese Abschreibungssätze werden grundsätzlich **vom Buchwert** berechnet. Für Abschreibungen auf dem Anschaffungswert sind die genannten Abschreibungssätze zu halbieren.

Beispiel

Die Vetter AG hat im Jahr 20_1 diverse Anschaffungen gemacht, so u. a.: Maschinen CHF 300 000, Fahrzeuge CHF 120 000. Gemäss ESTV-Merkblatt A1995, Geschäftliche Betriebe, können folgende Abschreibungen vorgenommen werden: Maschinen 30%, Fahrzeuge 40%

Die Vetter AG kann somit steuerrechtlich folgende Abschreibungen vornehmen:

Abschreibungen	Jahr	Betrag CHF	Berechnung
auf Maschinen	20_1	90 000	30% von 300 000
	20_2	63 000	30% von 210 000
auf Fahrzeugen	20_1	48 000	40% von 120 000
	20_2	28 800	40% von 72 000

5.3.2 Korrektur übermässiger Abschreibungen

Bei der direkten Bundessteuer werden die übersetzten Abschreibungen in ihrem ganzen Umfang zum Saldo der Erfolgsrechnung (und zum Kapital) hinzugerechnet.

Dies ergibt einen vom Buchwert in der Handelsbilanz abweichenden **Gewinnsteuerwert** (Buchwert plus nicht zugelassene Abschreibungen). Dieser Gewinnsteuerwert ist massgebend für künftige Abschreibungen oder bei einer künftigen Veräusserung des Vermögenswerts.

Beispiel

Die Maus AG weist in der Erfolgsrechnung 20_1 einen Gewinn von CHF 52 000 aus. Sie hat folgende Abschreibungen vorgenommen:

Aktiven	Buchwert 01.01.20_1	Vorgenommene Abschreibung	Zulässiger Satz	Zulässige Abschreibung	Korrektur Gewinn
Mobiliar	60 000	30 000	25%	15 000	15 000
Fahrzeuge	150 000	60 000	40%	60 000	0
Maschinen	300 000	100 000	30%	90 000	10 000
Liegenschaften	1 200 000	80 000	3%	36 000	44 000
Ausgewiesener Gewinn					52 000
Steuerbarer Gewinn inkl. Korrektur					**121 000**

5.4 Geschäftsmässig nicht begründete Rückstellungen

Auch bei der Bildung von Rückstellungen handelt es sich um einen Aufwandposten, dem **kein Geldfluss** gegenübersteht. Rückstellungen belasten die **Erfolgsrechnung** für einen Vorgang, der das laufende Geschäftsjahr betrifft, aber in der **Höhe und Fälligkeit noch nicht bekannt** ist.

Typische Rückstellungen betreffen:

- Garantieleistungen
- Prozesskosten
- Steuern
- Grossreparaturen
- Wertschwankungen auf Vorräten
- gefährdete Debitoren (Delkredere)
- Währungsschwankungen

Im Steuerrecht werden Rückstellungen für zukünftige, in der Höhe und Fälligkeit noch nicht bekannte Verpflichtungen zugelassen (DBG 63). Sofern die Rückstellungen geschäftsmässig nicht begründet sind, können sie von den Steuerbehörden aufgerechnet werden (DBG 58 Abs. 1 lit. b al. 2, DBG 63 Abs. 2).

Beispiel

Die Leno AG macht in der Erfolgsrechnung 20_1 eine Rückstellung für Prozesskosten von CHF 120 000. Ende 20_2 wird der Prozess mit einem Vergleich beendet. Die Leno AG leistet eine Zahlung von CHF 80 000.

Diese Zahlung ist zugunsten der Rückstellung zu leisten und die restliche Rückstellung von CHF 40 000 ist aufzulösen.

5.5 Kapitaleinlagen

Wenn ein Anteilsinhaber seiner Gesellschaft eine **Leistung ohne entsprechende Gegenleistung** erbringt, liegt eine Kapitaleinlage vor. Diese ist erfolgsneutral und gehört nicht zum steuerbaren Gewinn (DBG 60 lit. a).

Abb. 5-2 zeigt die drei Arten von Kapitaleinlagen.

Abb. [5-2] Kapitaleinlagen

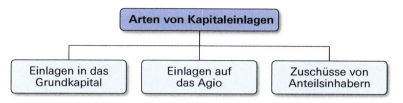

Die **Begründung und Erhöhung des Grundkapitals** wie auch die Rückzahlung dieser Kapitaleinlagen sind steuerneutral.

Beispiel Die Vetter AG erhöht ihr Aktienkapital um CHF 250 000 auf CHF 1.5 Mio. Die Zeichnung erfolgt durch den Alleinaktionär Adrian Vetter.

Eine Aktienkapitalerhöhung kann zum Nennwert oder mit **Aufgeld (Agio)** geleistet werden, wobei das Agio nicht als Gewinn besteuert wird.

Beispiel Die Sommer AG hat ein Grundkapital von CHF 1 Mio., eingeteilt in 2 000 Aktien zu CHF 500 Nominalwert.

An der Generalversammlung wird beschlossen, das Aktienkapital auf CHF 1.2 Mio. zu erhöhen, und zwar durch Ausgabe von 400 Aktien zum Nominalwert von CHF 500. Der Ausgabepreis beträgt CHF 2 000. Die bisherigen Aktionäre haben die Möglichkeit, die Aktien im Verhältnis zu ihren bisherigen Anteilen zu zeichnen.

Das Agio ist die Differenz zwischen dem Ausgabepreis von CHF 2 000 und dem Nominalwert von CHF 500. Es fliesst der Sommer AG als liquide Mittel zu.

À-fonds-perdu-Zuwendungen bzw. **Zuschüsse** der Anteilsinhaber sind **unentgeltliche Leistungen** der Anteilsinhaber an die Gesellschaft ausserhalb einer Kapitalerhöhung. Diese Zuwendungen stellen **keinen steuerbaren Gewinn** dar (DBG 60 lit. a).

Auf den A-fonds-perdu-Zuwendungen ist jedoch die **Emissionsabgabe** von 1% geschuldet.

Beispiel An der Winter AG (Aktienkapital CHF 500 000) sind die drei Aktionäre Benno Burger, David Brenner und Hugo Hanselmann beteiligt. Sie beschliessen, für ein Investitionsprojekt der Gesellschaft einen Teil der notwendigen Mittel zur Verfügung zu stellen, und zwar durch eine Aktienkapitalerhöhung von CHF 300 000 und einen Zuschuss der drei Aktionäre von je CHF 50 000.

Bei der Aktienkapitalerhöhung und beim Zuschuss von insgesamt CHF 450 000 liegt kein Ertrag vor.

5.6 Anschaffungen und Wertvermehrungen

Bei der Anschaffung von Vermögenswerten stellt sich die Frage, ob man diese der **Erfolgsrechnung belasten** oder ob man sie **aktivieren** muss bzw. soll. Man spricht in diesem Zusammenhang auch von der Aktivierungspflicht und der Aktivierungsfähigkeit. Buchhalterisch bedeutet Aktivieren, eine Ausgabe auf ein Anlage- bzw. Bestandskonto der Bilanz zu verbuchen. Dadurch wird nur die Vermögensrechnung (Bilanz), nicht aber die Erfolgsrechnung berührt.

Das Steuerrecht schreibt allgemein die **Aktivierung aller handelsrechtlich aktivierungspflichtigen Vermögenswerte** vor. Die Kosten für Anschaffungen und Wertvermehrungen sind zum Saldo der Erfolgsrechnung hinzuzurechnen, wenn diese in der Handelsbilanz als Aufwand verbucht wurden (DBG 58 Abs. 1 lit. b al. 1). Aktivierungspflichtig sind Vermögenswerte, die einen **Nutzungswert** haben. Darüber hinaus kommt es auf die **Verhältnismässigkeit** an.

Mit der Aktivierung wird die Amortisation der Anschaffung über mehrere Jahre verteilt. Die **jährlichen Abschreibungen** vermindern den Saldo der Erfolgsrechnung. Werden die Anschaffungskosten jedoch als Aufwand verbucht, wird die Erfolgsrechnung des Anschaffungsjahrs massiv belastet.

In steuerlicher Hinsicht machen wir folgende Unterscheidung:

- **Aktivierungspflichtig** sind Anschaffungen und wertvermehrende Verbesserungen für die Begründung neuer Erwerbsquellen.
- **Nicht aktivierbar** sind alle Ausgaben mit Aufwandcharakter, die keinen über das Geschäftsjahr hinausgehenden Nutzen schaffen.

In der Praxis werden Bagatellbeträge oder laufende Ersatzanschaffungen häufig als Unkosten verbucht, ohne dass die Steuerbehörden Aufrechnungen vornehmen.

Zudem entstehen Abgrenzungsprobleme bei der Unterscheidung zwischen wertvermehrenden und werterhaltenden Aufwendungen:

- **Wertvermehrende Aufwendungen** müssen steuerrechtlich aktiviert werden.
- **Werterhaltende Aufwendungen** müssen der laufenden Erfolgsrechnung belastet werden.

Beispiel

Die Maus AG, ein Dienstleistungsunternehmen, besitzt mehrere Liegenschaften, die sie teils für eigene Zwecke hält, teils an Dritte vermietet.

Im Jahr 20_1 sind folgende Rechnungen im Zusammenhang mit den Liegenschaften eingetroffen:

- Sanierung des Öltanks in der Liegenschaft A   CHF   40 000
- Einbauküchen in den Wohnungen 24 und 25   CHF   60 000
- Malerarbeiten in Liegenschaft C   CHF   25 000
- Gartenarbeiten   CHF   18 000
- Diverse kleinere Reparaturen   CHF   20 000
- Erstellen von 5 neuen Garagen   CHF   80 000
- Ausbau eines Dachstocks   CHF   120 000
- Kauf Büromöbel   CHF   35 000

Für die steuerliche Beurteilung ist entscheidend, ob die Auslagen einen wertvermehrenden oder einen werterhaltenden Charakter haben:

- Die Sanierung des Öltanks und der Einbauküchen, die Maler- und Gartenarbeiten sowie die Reparaturen sind als werterhaltende Aufwendungen zu betrachten.
- Der Ausbau des Dachstocks und der Bau der Garagen sind wertvermehrende, d. h. aktivierungspflichtige Aufwendungen. Wurden diese Kosten der Erfolgsrechnung belastet, ist eine entsprechende Gewinnaufrechnung vorzunehmen.
- Beim Kauf der Büromöbel handelt es sich um die Anschaffung von Mobilien, die zu aktivieren ist.

5.7 Der Erfolgsrechnung nicht gutgeschriebene Erträge

Einen Verstoss gegen die Rechnungslegungsvorschriften stellen Erträge der Gesellschaft dar, die nicht der Erfolgsrechnung gutgeschrieben, sondern direkt an den Anteilsinhaber geleitet werden. Steuerlich handelt es sich dabei um **Gewinnvorwegnahmen,** die zu einer Aufrechnung beim steuerbaren Gewinn führen.

Beispiel

Die Taurus GmbH besitzt eine Liegenschaft im Kanton St. Gallen mit einem Verkehrswert von CHF 1.5 Mio. Niklaus Locher, der alleinige Gesellschafter, erwirbt diese Liegenschaft. Als Kaufpreis wird der Buchwert von CHF 1.2 Mio. vereinbart.

Die Differenz zwischen dem Verkehrs- und dem Buchwert stellt eine Gewinnvorwegnahme dar und unterliegt bei der Taurus GmbH der Gewinnsteuer.

Von Gewinnvorwegnahmen zu unterscheiden sind die **verdeckten Gewinnausschüttungen**, bei denen ein übersetzter Aufwand korrigiert wird (s. Kap. 5.2, S. 69). Beide stellen steuerbare geldwerte Leistungen an die Anteilsinhaber dar.

5.8 Umstrukturierungen

Gemäss DBG 61 werden stille Reserven einer juristischen Person bei Umstrukturierungen unter Einhaltung verschiedener Voraussetzungen nicht besteuert.

Per 01.07.2004 trat das **Fusionsgesetz** in Kraft, das eine umfassende zivilrechtliche Regelung der Umstrukturierungen brachte. Steuerrechtlich waren Umstrukturierungen aber bereits vor In-Kraft-Treten des Fusionsgesetzes steuerneutral möglich.

Die Möglichkeit, Unternehmen steuerneutral umzustrukturieren, erlaubt der Wirtschaft, sich flexibel an sich ändernde Gegebenheiten anzupassen, ohne dass jedes Mal mit einer steuerlichen Realisation der stillen Reserven gerechnet werden muss. Die **Steuerneutralität** soll jedoch nur dann gewährleistet sein, wenn eine **Kontinuität auf der betrieblichen Ebene** besteht. Eine steuerfreie Aushöhlung von Betrieben soll möglichst verhindert werden. Für die Steuerneutralität ist somit erforderlich, dass es sich nicht um eine eigentliche Liquidation oder Privatentnahme handelt.

5.8.1 Allgemeine Voraussetzungen

Die allgemeinen Voraussetzungen für die Steuerneutralität lassen sich wie folgt zusammenfassen (DBG 61 Abs. 1):

- Fortbestand der Steuerpflicht in der Schweiz
- Übernahme bzw. Beibehaltung der bisher für die Gewinnsteuer massgeblichen Werte

Dadurch will der Fiskus sicherstellen, dass die **latente Steuerlast auf den stillen Reserven** unverändert fortbesteht. Die stillen Reserven auf den übertragenen Wirtschaftsgütern sollen weiterhin der Schweizer Steuerpflicht unterliegen.

5.8.2 Formen der Umstrukturierung

Zu den Umstrukturierungen zählen insbesondere die Fusion, die Umwandlung und die Spaltung. Die im Fusionsgesetz vorgesehene konzerninterne Vermögensübertragung bildet einen weiteren Steueraufschubstatbestand.

- Ein Unternehmenszusammenschluss kann durch eine **Fusion** zweier Kapitalgesellschaften (mit Verschmelzung) oder durch eine **Quasifusion** (blosse beteiligungsrechtliche Übernahme einer anderen Kapitalgesellschaft) erfolgen.
- Als **Umwandlung** wird die Änderung der Rechtsform von Kapitalgesellschaften in eine andere juristische Person oder in eine Personengesellschaft verstanden.
- Für die Steuerneutralität bei einer Fusion oder Umwandlung sind die allgemeinen Voraussetzungen (Fortbestand der Steuerpflicht in der Schweiz und Übernahme der bisherigen Buchwerte) zu erfüllen.
- Bei der **Spaltung** ist zusätzlich die Übertragung und Weiterführung eines Betriebs oder eines Teilbetriebs erforderlich. Weiter ist bei Ausgliederungen auf Tochtergesellschaften neben der Übertragung eines Betriebs, Teilbetriebs oder betrieblichem Anlagevermögen eine **Veräusserungssperrfrist** von **fünf Jahren** zu beachten.
- Bei **konzerninternen Vermögensübertragungen** ist ebenfalls eine **Veräusserungssperrfrist** von **fünf Jahren** einzuhalten. Die Gewinnsteuerneutralität erfordert zudem die Übertragung von Beteiligungen von **mindestens 20%** an Betrieben, Teilbetrieben oder an betrieblichem Anlagevermögen.

Hinweis — Die besonderen Bestimmungen bei einzelnen Formen der Umstrukturierung (z. B. Spaltung) und die Einzelheiten zur Steuerneutralität von Umstrukturierungen sind im Kreisschreiben Nr. 5 vom 01.06.2004 betreffend Umstrukturierungen geregelt.

Detailliertere Erläuterungen und Beispiele zu den Steuerfolgen von Umstrukturierungen finden Sie im Compendio-Lehrmittel «Die Direkte Bundessteuer».

5.9 Verlustverrechnung

Das DBG kennt grundsätzlich zwei Arten der Verlustverrechnung: die ordentliche Verlustverrechnung und die ausserordentliche Verlustverrechnung im Sanierungsfall.

5.9.1 Ordentliche Verlustverrechnung

Bei der **ordentlichen Verlustverrechnung** beträgt die Verlustverrechnungsperiode **sieben Jahre** (DBG 67 Abs. 1). Demzufolge können Verluste aus den sieben der Steuerperiode vorangegangenen Geschäftsjahren vom steuerbaren Gewinn abgezogen werden, wenn sie zuvor noch nicht mit Gewinnen verrechnet werden konnten.

Beispiel — Die Malus AG erzielte im Geschäftsjahr 20_1 einen Verlust in Höhe von CHF 125 000 und im darauffolgenden Geschäftsjahr 20_2 einen Gewinn von CHF 175 000.

Zur Ermittlung des steuerbaren Gewinns des Geschäftsjahrs 20_2 kann der Verlust des Geschäftsjahrs 20_1 berücksichtigt werden, womit schliesslich ein steuerbarer Gewinn von CHF 50 000 resultiert.

5.9.2 Sanierung (ausserordentliche Verlustverrechnung)

Eine weitergehende Verlustverrechnung ist dann möglich, wenn eine Unterbilanz durch eine Sanierung beseitigt wird (DBG 67 Abs. 2). Noch nicht verrechnete Vorjahresverluste können **zeitlich unbeschränkt** mit echten Sanierungsgewinnen verrechnet werden.

Hinweis — Einzelheiten zur steuerlichen Behandlung von Sanierungen sind im Kreisschreiben Nr. 32 vom 23.12.2010 geregelt.

Detailliertere Erläuterungen und Beispiele zu den Verlustverrechnungen finden Sie im Compendio-Lehrmittel «Die Direkte Bundessteuer».

5.10 Wirtschaftliche Doppelbelastung von Kapitalgesellschaften

Kapitalgesellschaften entrichten bei der direkten Bundessteuer die Gewinnsteuer auf dem **Reingewinn nach Steuern.** Der Steueraufwand stellt somit einen abzugsfähigen Aufwand dar (DBG 68).

Die Anteilsinhaber der Kapitalgesellschaften ihrerseits haben die **Erträge auf diesen Beteiligungsrechten** (Dividenden) als Einkommen zu versteuern.

Es liegt somit eine wirtschaftliche Doppelbelastung vor. Diese ist vom Gesetzgeber ausdrücklich gewollt.

Beispiel

Die Gromo AG hat ein Aktienkapital von CHF 500 000, eingeteilt in 500 Aktien zu nominell CHF 1 000 pro Aktie. Aktionäre sind A. Meier, R. Bader, J. Zehnder und C. Balmelli zu je einem Viertel. Die Gesellschaft erzielt im Jahr 20_1 einen Gewinn vor Steuern von CHF 140 000. An der Generalversammlung vom März beschliessen die Aktionäre, eine Dividende von 10% auszuschütten.

Steuerliche Konsequenzen:

- Die Gromo AG hat die Gewinnsteuer auf dem Gewinn von CHF 140 000 zu entrichten.
- Die Dividendenausschüttung der Gromo AG unterliegt zudem der Verrechnungssteuer; die Aktionäre bekommen sie bei korrekter Deklaration des Einkommens zurückerstattet.
- Die vier Aktionäre ihrerseits haben die Dividende auf den Aktien von je CHF 12 500 als Einkommen zu deklarieren; zudem ist die kantonale Vermögenssteuer geschuldet.
- Bei der Dividendenausschüttung von CHF 50 000 liegt somit eine wirtschaftliche Doppelbelastung vor, weil dieser Betrag sowohl bei der AG als auch bei den Aktionären besteuert wird.

5.11 Zeitliche Bemessung

DBG 79 sieht für die juristischen Personen die **einjährige Veranlagung mit Gegenwartsbemessung** vor (Postnumerandosystem).

Das **Steuerjahr** entspricht dabei dem **Geschäftsjahr,** unabhängig vom Kalenderjahr (DBG 79 Abs. 2). In jedem Kalenderjahr – ausgenommen im Gründungsjahr – muss ein Jahresabschluss mit Bilanz und Erfolgsrechnung erstellt werden (DBG 79 Abs. 3).

Beispiel

Die Rex AG schliesst ihre Jahresrechnung jeweils auf den 30. Juni ab. In der Jahresrechnung 20_1 / 20_2 wird ein Gewinn von CHF 240 000 ausgewiesen.

Die Steuerperiode entspricht dem Geschäftsjahr: vom 01.07.20_1 bis 30.06.20_2.

5.12 Steuerberechnung

5.12.1 Ordentliche Gewinnsteuersätze

Die Gewinnsteuerbelastung von **Kapitalgesellschaften** und **Genossenschaften** beträgt **8.5%** auf dem **Reingewinn** nach Abzug der Steuern selbst (DBG 68). Da es sich um einen proportionalen Steuersatz handelt, ist dieser auch anwendbar, wenn ein über- oder unterjähriges Geschäftsergebnis vorliegt. Zudem muss nicht zwischen ordentlichen und ausserordentlichen Faktoren unterschieden werden.

Vereine, Stiftungen und **übrige juristische Personen,** die einen **Gewinn unter CHF 5 000** erzielen, entrichten keine Gewinnsteuer. Sofern der Gewinn diese Freigrenze übersteigt, kommt für den gesamten Gewinn ein proportionaler Steuersatz von **4.25%** zur Anwendung (DBG 71).

Bei **kollektiven Kapitalanlagen mit direktem Grundbesitz** wird ebenfalls ein proportionaler Gewinnsteuersatz von **4.25%** (ohne Freigrenze) angewendet (DBG 72).

Beispiel

Die Rex AG weist einen steuerbaren Gewinn von CHF 240 000 für das Jahr 20_1 aus.

Auf diesem Gewinn ist eine proportionale Gewinnsteuer von 8.5% geschuldet, d. h. CHF 20 400.

5.12.2 Beteiligungsabzug für Dividenden und Kapitalgewinne

Auf Ebene der direkten Bundessteuer bestehen keine Steuerprivilegien. Jedoch wird eine Entlastung der Besteuerung von **Dividenden und Kapitalgewinnen** bei Kapitalgesellschaften und Genossenschaften gewährt, die Beteiligungen halten. Das Ziel ist, die wirtschaftliche Mehrfachbelastung der in einem Konzern erwirtschafteten Gewinne zu vermeiden. Gewinne sollen nicht zuerst bei der Tochtergesellschaft besteuert werden, die den Gewinn erwirtschaftet hat, und dann nochmals bei der Muttergesellschaft die Dividendenausschüttung aufgrund des Gewinns der Tochtergesellschaft.

Für **Dividenden** kommt der Beteiligungsabzug unter den folgenden Voraussetzungen zur Anwendung (DBG 69): Ist eine Kapitalgesellschaft oder eine Genossenschaft zu **mindestens 10% am Grund- oder Stammkapital** anderer Gesellschaften oder zu **mindestens 10% am Gewinn oder an den Reserven** anderer Gesellschaften beteiligt oder haben die **Beteiligungsrechte** einen Verkehrswert von **mindestens CHF 1 Mio.**, so ermässigt sich die geschuldete Gewinnsteuer im Verhältnis des Nettoertrags aus diesen Beteiligungen zum gesamten steuerbaren Reingewinn.

Der Nettoertrag aus Beteiligungen entspricht dem Ertrag dieser Beteiligungen abzüglich der darauf entfallenden Finanzierungskosten und eines Beitrags von 5% zur Deckung des Verwaltungsaufwands. Der Nachweis des effektiven Verwaltungsaufwands bleibt jedoch vorbehalten.

Beispiel

Die Titus AG weist für das Geschäftsjahr 20_1 einen steuerbaren Reingewinn von CHF 300 000 aus. Im Geschäftsjahr 20_1 erwirtschaftete die Gesellschaft zudem einen Beteiligungsertrag ihrer Tochtergesellschaft von CHF 100 000, der im Reingewinn enthalten ist. Der Buchwert der Beteiligung an der Tochtergesellschaft beträgt 10% der Gesamtaktiven. Im Geschäftsjahr 20_1 sind Schuldzinsen in Höhe von CHF 50 000 angefallen.

Der für den Beteiligungsabzug massgebende Nettobeteiligungsertrag ermittelt sich wie folgt:

	CHF
Bruttodividende	100 000
– Verwaltungsaufwand: 5%	– 5 000
– anteilsmässige Schuldzinsen: 10% der Gesamtaktiven = 10% von 50 000	– 5 000
= Nettobeteiligungsertrag	**90 000**

Der Beteiligungsabzug beträgt somit 30% (CHF 90 000 : CHF 300 000).

Die effektive geschuldete direkte Bundessteuer (CHF 300 000 · 8.5% = CHF 25 500) wird aufgrund des Beteiligungsabzugs um 30% reduziert und beträgt CHF 17 850.

Für **Kapitalgewinne** kann der Beteiligungsabzug geltend gemacht werden (DBG 70 Abs. 4), soweit der Veräusserungserlös die Gestehungskosten (d. h. die Anschaffungskosten der Beteiligung zuzüglich weiterer Investitionen) übersteigt, die veräusserte Beteiligung **mindestens 10% des Grund- oder Stammkapitals** der anderen Gesellschaft ausmacht oder ein **Anspruch auf mindestens 10% des Gewinns und der Reserven** der veräusserten Gesellschaft bestand und die veräusserte Beteiligung während mindestens **eines Jahres im Besitz** der Kapitalgesellschaft oder Genossenschaft war.

Hinweis

Die **Kapitalsteuer** für juristische Personen wurde bei der direkten Bundessteuer am 01.01.1998 abgeschafft. Gemäss DBG haben Kapitalgesellschaften und Genossenschaften aber das Eigenkapital am Ende der Steuerperiode oder der Steuerpflicht auszuweisen (DBG 125 Abs. 3).

Zusammenfassung

Bei der **Ermittlung des steuerbaren Gewinns** geht man vom **Saldo der Erfolgsrechnung** aus und korrigiert diesen um die geschäftsmässig nicht begründeten Aufwendungen (freiwillige Zuwendungen an Dritte und verdeckte Gewinnausschüttungen), Abschreibungen und Rückstellungen sowie um die der Erfolgsrechnung nicht gutgeschriebenen Erträge. Als steuerbarer Gewinn gelten auch die der Erfolgsrechnung gutgeschriebenen ausserordentlichen Gewinne.

Anschaffungen von Vermögenswerten und **wertvermehrende Investitionen,** die mehrere Jahre genutzt werden, müssen aktiviert und in den folgenden Jahren abgeschrieben werden.

Steuerrechtlich dürfen **Abschreibungen** auf Vermögenswerten den Umfang der Entwertung nicht überschreiten. Übersetzte Abschreibungen können daher aufgerechnet werden.

Rückstellungen werden für im laufenden Geschäftsjahr entstandene Verpflichtungen gemacht, deren Höhe noch nicht bekannt ist, oder für zukünftige in der Höhe und Fälligkeit noch nicht bekannte Verpflichtungen. *[handschriftlich: Prozesse, Gerichtskosten]*

Kapitaleinlagen von Anteilsinhabern sind erfolgs- und steuerneutral.

Gewinnvorwegnahmen als der Erfolgsrechnung nicht gutgeschriebene Erträge sind steuerbare geldwerte Leistungen an die Anteilsinhaber und werden folglich aufgerechnet.

Umstrukturierungen können steuerneutral durchgeführt werden, sofern bestimmte Voraussetzungen erfüllt sind: Fortbestand der Steuerpflicht in der Schweiz und Übernahme der für die Gewinnsteuer massgeblichen Werte.

Verluste aus den sieben der Steuerperiode vorangegangenen Geschäftsjahren können vom Reingewinn abgezogen werden, wenn sie noch nicht verrechnet wurden. Eine weitergehende Verlustverrechnung ist bei Sanierungen möglich, wenn eine Unterbilanz beseitigt wird. Dabei können noch nicht verrechnete Verluste zeitlich unbeschränkt mit echten Sanierungsgewinnen verrechnet werden.

Das Steuerjahr entspricht dem **Geschäftsjahr.**

Bei der Gewinnsteuer gibt es einen proportionalen Steuersatz:

- Kapitalgesellschaften und Genossenschaften: **8.5%** auf dem Reingewinn.
- Vereine, Stiftungen und übrige juristische Personen: **4.25%,** falls der Gewinn CHF 5 000 übersteigt.

Kapitalgesellschaften und Genossenschaften, die mit 10% an einer anderen Gesellschaft beteiligt sind oder eine Beteiligung mit einem Verkehrswert von CHF 1 Mio. halten, können auf den vereinnahmten Dividenden den **Beteiligungsabzug** geltend machen. Den Dividenden gleichgestellt sind Kapitalgewinne auf Beteiligungen, sofern die veräusserte Beteiligungsquote mindestens 10% beträgt und die Beteiligung während mindestens eines Jahres gehalten wurde.

Repetitionsfragen

22 Die Brunner AG weist am Jahresende einen Gewinn von CHF 26 000 aus. In der Jahresrechnung sind folgende Sachverhalte verbucht worden:

1. Die Brunner AG übertrug ein Fahrzeug zum Buchwert von CHF 6 000 auf ihren Aktionär Georg Brunner. Gemäss Eurotax-Tarif betrug der Verkehrswert CHF 30 000.
2. Die Brunner AG verkaufte am 30. Juni eine Beteiligung zum Verkehrswert von CHF 220 000 an die Rex AG. Der Buchwert der Beteiligung betrug CHF 150 000.
3. Auf einer Liegenschaft wurde eine Aufwertung von CHF 200 000 vorgenommen.
4. Wegen schlechten Geschäftsgangs und schlechter Zahlungsbereitschaft hat die Brunner AG am Jahresende eine Delkredererückstellung von CHF 250 000 vornehmen müssen.

Wie viel beträgt der steuerbare Gewinn der Brunner AG?

23 Die Maurer AG erzielte im letzten Geschäftsjahr einen Gewinn von CHF 320 000. Sie beschliesst, CHF 60 000 dem Roten Kreuz zu spenden und je eine Zuwendung von CHF 80 000 an die eigene Personalvorsorgestiftung und von CHF 40 000 an die Compendio Bildungsmedien AG zu machen.

Können diese Zuwendungen als Aufwand geltend gemacht werden?

24 Die Muster AG hat im Jahr 20_1 Maschinen für CHF 300 000 und Fahrzeuge für CHF 120 000 angeschafft. Die Muster AG weist einen Gewinn von CHF 80 000 aus. In der Erfolgsrechnung hat die Muster AG jeweils Abschreibungen von 60% vorgenommen.

In der Jahresrechnung 20_2 nimmt die Muster AG die restlichen Abschreibungen vor, sodass der Bilanzwert der Maschinen und Fahrzeuge CHF 0 ist. Die Muster AG weist 20_2 einen Gewinn von CHF 25 000 aus.

Die Steuerbehörden akzeptieren nur die offiziellen Abschreibungssätze für Maschinen (30%) und für Fahrzeuge (40%).

Berechnen Sie die steuerbaren Gewinne für die Jahre 20_1 und 20_2.

25 Die Ako AG mit Sitz in Zug ist in der IT-Branche tätig. Die Hauptaktionäre Bruno Gnehm und Hannes Fischli lassen sich die Wohnungsmieten von je CHF 30 000 sowie die Fahrzeugkosten und weitere Auslagen für Privatversicherung, Krankenkasse, Heizöl, Strom usw. durch die Firma bezahlen. Für Bruno Gnehm ergibt dies im Jahr 20_1 einen Betrag von total CHF 49 600, für Hannes Fischli von CHF 51 300.

Welches sind die steuerlichen Konsequenzen für die Ako AG und für die Aktionäre?

6 Quellensteuer

Lernziele Nach der Bearbeitung dieses Kapitels können Sie ...

- die quellensteuerpflichtigen Personen nennen.
- anhand von Beispielen die Bemessungsgrundlage für die Quellensteuer bestimmen.

Schlüsselbegriffe Arbeitnehmer im internationalen Verkehr, Bruttoeinkünfte, Daueraufenthalter, Dienstleister, Empfänger von Vorsorgeleistungen, Geschäftsführung, Grenzgänger, Hypothekargläubiger, Künstler, Kurzaufenthalter, Nutzniesser, ordentliche Veranlagung, Referenten, Rentner, Sportler, Steuerquelle, Steuersubstitution, Tarife, Verwaltungsräte, Wochenaufenthalter

Unter bestimmten Bedingungen werden die von natürlichen oder juristischen Personen geschuldeten Steuern nicht im ordentlichen Veranlagungs- und Bezugsverfahren, sondern mit einer Quellensteuer erhoben (DBG 83 ff.). Steuersubjekt ist zwar der Empfänger einer steuerbaren Leistung. Jedoch wird der **Schuldner einer steuerbaren Leistung** dazu verpflichtet, die geschuldete Steuer von der Bruttoleistung in Abzug zu bringen und an die zuständige Steuerverwaltung zu überweisen. Es findet somit eine **Steuersubstitution** statt: Der steuerpflichtige Empfänger wird vom Schuldner vertreten.

Das DBG regelt die Quellenbesteuerung von natürlichen und juristischen Personen, die örtliche Zuständigkeit zur Erhebung der Quellensteuer, das Verfahren bei der Erhebung und die Strafnormen.

Bei einer Erhebung im Quellensteuerverfahren veranlagen die **Kantone** die kantonalen Steuern und die direkte Bundessteuer zusammen (StHG 33 Abs. 1). Diese Quellensteuer deckt die Einkommenssteuern des Bundes, des Kantons und der Gemeinden.

Eine Quellensteuer wird von zwei Gruppen von Steuerpflichtigen erhoben: von natürlichen Personen mit steuerrechtlichem Wohnsitz oder Aufenthalt in der Schweiz und von natürlichen und juristischen Personen ohne steuerrechtlichen Wohnsitz oder Aufenthalt in der Schweiz.

Abb. [6-1] **Quellensteuerpflichtige**

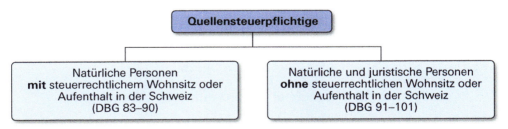

6.1 Steuerrechtlicher Wohnsitz / Aufenthalt in der Schweiz

Ausländische Arbeitnehmer mit Wohnsitz oder Aufenthalt in der Schweiz, die jedoch keine fremdenpolizeiliche Niederlassungsbewilligung (Ausweis C) besitzen, sind für ihre Einkünfte aus **unselbstständiger Erwerbstätigkeit** quellensteuerpflichtig (DBG 83).

Eine **Ausnahme** bilden ausländische Arbeitnehmer, die mit einem **Ehegatten** verheiratet sind, der das Schweizer Bürgerrecht oder die Niederlassungsbewilligung besitzt. Diese werden zusammen mit dem Ehegatten im ordentlichen Verfahren veranlagt (DBG 83 Abs. 2).

Die Quellensteuer wird von den **Bruttoeinkünften** des Arbeitnehmers berechnet. Sie erstreckt sich auf alle Einkünfte aus unselbstständiger Erwerbstätigkeit (inkl. geldwerten Vorteile aus Mitarbeiterbeteiligungen), Nebeneinkünfte und Naturalleistungen sowie auf die Ersatzeinkünfte wie Taggelder aus der Kranken- und Unfallversicherung und auf gewisse Renten bzw. Kapitalleistungen aus Versicherungen (DBG 84 Abs. 2).

Die **Gewinnungskosten** und andere **Abzüge** (z. B. Sozialabzüge) werden grundsätzlich nur im Tarif berücksichtigt. Entsprechend gibt es verschiedene **Tarife** (DBG 86): z. B. für ledige Steuerpflichtige, für Verheiratete, bei denen nur ein Ehegatte erwerbstätig ist, für Verheiratete, bei denen beide Ehegatten erwerbstätig sind, etc.

Beispiel

Alain Dupont und Simona Kovacz sind Daueraufenthalter EU / EFTA in der Schweiz. Beide sind erwerbstätig. Sie heiraten am 27.04.20_1. Simona Kovacz bekommt am 31.10.20_1 ein Kind und gibt gleichzeitig ihre Erwerbstätigkeit auf.

Quellensteuertarif:

01.01.–30.04.20_1	Tarifcode A (ledig, ohne Kind)
01.05.–31.10.20_1	Tarifcode C (Doppelverdiener)
01.11.–31.12.20_1	Tarifcode B (alleinverdienende Verheiratete)

Mit der Quellensteuer ist die auf dem Erwerbseinkommen geschuldete direkte Bundessteuer abgegolten (DBG 87).

6.1.1 Ergänzende und nachträgliche ordentliche Veranlagung

In zwei Fällen muss ergänzend oder nachträglich eine ordentliche Veranlagung vorgenommen werden.

- Ergänzende ordentliche Veranlagung: Für Einkünfte, die dem **Steuerabzug an der Quelle nicht unterworfen sind** (z. B. für Vermögenserträge oder Einkünfte aus dem Ausland), werden auch quellensteuerpflichtige ausländische Arbeitnehmer im ordentlichen Verfahren veranlagt (DBG 90 Abs. 1). Das Quellensteuereinkommen wird dabei für die Ermittlung des anwendbaren Einkommenssteuersatzes berücksichtigt.
- Nachträgliche ordentliche Veranlagung: Grundsätzlich ist mit der Erhebung der Quellensteuer die direkte Bundessteuer auf dem Erwerbseinkommen endgültig veranlagt. Sind die **Bruttoeinkünfte jedoch höher als CHF 120 000,** ist gemäss DBG 90 Abs. 2 in Verbindung mit QStV 4 eine nachträgliche ordentliche Veranlagung durchzuführen. Die an der Quelle abgezogene Steuer wird dabei angerechnet. In diesem Fall wird die Quellensteuer somit zu einer reinen Sicherungssteuer.

6.1.2 Wechsel zur ordentlichen Veranlagung

In den folgenden drei Fällen wird vom Quellensteuerverfahren zum ordentlichen Veranlagungsverfahren gewechselt:

- Erhalt der **Niederlassungsbewilligung** (Bewilligung C)
- **Heirat** mit einem(r) ausländischen Staatsangehörigen mit **Niederlassungsbewilligung**
- **Heirat** mit einer Person mit **schweizerischem Bürgerrecht**

Hinweis

Am 01.01.2021 treten das Bundesgesetz über die Revision der Quellenbesteuerung des Erwerbseinkommens und Verordnungsänderungen in Kraft.

Neu können ab dem 01.01.2021 auch quellenbesteuerte Personen mit steuerrechtlichem Wohnsitz oder Aufenthalt in der Schweiz, die keine der oben aufgeführten Voraussetzungen erfüllen, eine ordentliche Veranlagung beantragen.

6.2 Kein steuerrechtlicher Wohnsitz / Aufenthalt in der Schweiz

Steuerpflichtige ohne steuerrechtlichen Wohnsitz oder Aufenthalt in der Schweiz unterliegen lediglich aufgrund wirtschaftlicher Zugehörigkeit einer beschränkten Steuerpflicht in der Schweiz.

Diese Steuerpflichtigen verfügen über zusätzliche Einkünfte und Vermögenswerte, die ausschliesslich im Ausland besteuert werden. Das primäre Besteuerungsrecht liegt in diesen Fällen ausnahmslos im anderen Staat. Deshalb sehen die gesetzlichen Bestimmungen lediglich Abzüge vor, die mit den an der Quelle erfassten Einkünften in direktem Zusammenhang stehen. Die Möglichkeit einer nachträglichen ordentlichen Veranlagung ist ausgeschlossen.

Hinweis

Ab dem 01.01.2021 können quellenbesteuerte Personen ohne steuerrechtlichen Wohnsitz oder Aufenthalt eine nachträgliche ordentliche Veranlagung beantragen, wenn

- mindestens 90% des weltweiten Einkommens in der Schweiz steuerbar sind (inkl. der Einkünfte des Ehegatten) oder
- ihre Situation mit derjenigen einer in der Schweiz wohnhaften steuerpflichtigen Person vergleichbar ist oder
- eine solche Veranlagung erforderlich ist, um Abzüge geltend zu machen, die in einem Doppelbesteuerungsabkommen (DBA) vorgesehen sind.

Verfügt eine steuerpflichtige Person mit Wohnsitz im Ausland neben den Einkünften, die der Besteuerung an der Quelle unterliegen, über weitere in der Schweiz steuerbare Einkünfte, so werden diese unabhängig von den an der Quelle erfassten Einkünften separat besteuert.

Das DBG sieht vor, dass folgende Einkünfte von Personen ohne steuerrechtlichen Wohnsitz oder Aufenthalt in der Schweiz der Quellensteuer unterliegen:

- Erwerbseinkommen von Unselbstständigerwerbenden, die als Grenzgänger, Wochenaufenthalter oder vorübergehend für kurze Zeit in der Schweiz tätig sind (DBG 91)
- Entschädigungen von Künstlern, Sportlern und Referenten aus ihrer in der Schweiz ausgeübten persönlichen Tätigkeit (DBG 92)
- Entschädigungen (Tantiemen, Sitzungsgelder, feste Entschädigungen, Mitarbeiterbeteiligungen und ähnliche Vergütungen) von im Ausland wohnhaften Verwaltungsräten und von Mitgliedern der Geschäftsführung juristischer Personen mit Sitz oder mit tatsächlicher Verwaltung in der Schweiz bzw. ausländischer Unternehmen, wenn die Entschädigung einer schweizerischen Betriebsstätte belastet wird (DBG 93)
- Zinsen, die an im Ausland wohnhafte Gläubiger oder Nutzniesser von Forderungen ausgerichtet werden, die durch Grund- oder Faustpfand auf Grundstücken in der Schweiz gesichert sind (DBG 94)
- Pensionen, Ruhegehälter oder andere Vergütungen an im Ausland wohnhafte Rentner, die aufgrund eines früheren öffentlich-rechtlichen Arbeitsverhältnisses von einem Arbeitgeber oder einer Vorsorgekasse mit Sitz in der Schweiz ausgerichtet werden (DBG 95)
- Leistungen aus schweizerischen privatrechtlichen Einrichtungen der beruflichen Vorsorge (2. Säule) oder aus anerkannten Formen der gebundenen Selbstvorsorge (Säule 3a) an im Ausland wohnhafte Empfänger (DBG 96)
- Entschädigungen eines Arbeitgebers mit Sitz oder Betriebsstätte in der Schweiz für die Arbeit an Bord eines Schiffs, eines Luftfahrzeugs oder bei einem Transport auf der Strasse an im Ausland wohnhafte Arbeitnehmer (DBG 97)
- Einkünfte aus gesperrten oder nicht börsenkotierten Mitarbeiteroptionen, Anwartschaften auf Mitarbeiteraktien oder unechten Mitarbeiterbeteiligungen, sofern der Arbeitnehmer im Zeitpunkt des Zuflusses dieses Einkommens im Ausland wohnhaft ist (DBG 97a)

Zusammenfassung

Bei den natürlichen Personen sind die **ausländischen Arbeitnehmer** mit steuerrechtlichem Wohnsitz oder Aufenthalt in der Schweiz quellensteuerpflichtig, die nicht die Niederlassungsbewilligung C besitzen.

Die Quellensteuer wird von den **Bruttoeinkünften** berechnet. Steuerbar sind alle Einkünfte aus unselbstständiger Erwerbstätigkeit, auch die Nebeneinkünfte und Naturalleistungen und die Ersatzeinkünfte. Die **Gewinnungskosten** und andere **Abzüge** werden im Tarif berücksichtigt. Es gibt **Tarifcodes** für alleinstehende und verheiratete Steuerpflichtige, für verheiratete Doppelverdiener, für im Nebenerwerb tätige Steuerpflichtige und für Grenzgänger.

Bei der Quellensteuer kann es zu einer **ergänzenden ordentlichen Veranlagung** kommen, wenn ausländische Arbeitnehmer Vermögenserträge und Einkünfte haben, die dem Steuerabzug an der Quelle nicht unterworfen sind, **oder zu einer nachträglichen ordentlichen Veranlagung,** wenn die Bruttoeinkünfte CHF 120 000 überschreiten.

Ein **Wechsel** von der Quellensteuer zur ordentlichen Veranlagung entsteht durch den Erhalt der Niederlassungsbewilligung (Bewilligung C) und durch die Heirat mit einem Schweizer Bürger oder mit einem Ausländer mit Niederlassungsbewilligung.

Personen, die in der Schweiz **keinen steuerrechtlichen Wohnsitz oder Aufenthalt** haben, versteuern ihre Einkünfte **primär in einem anderen Staat.** Für die an der Quelle erfassten Einkünfte sind daher nur Abzüge vorgesehen, die direkt damit zusammenhängen. Eine nachträgliche ordentliche Veranlagung ist nicht möglich.

Der Quellensteuer unterliegen folgende im Ausland wohnhafte Personen:

- Kurz-, Wochenaufenthalter und Grenzgänger
- Künstler, Sportler und Referenten
- Verwaltungsräte und Mitglieder der Geschäftsführung juristischer Personen
- Gläubiger oder Nutzniesser für Zinszahlungen auf Forderungen, die durch Grund- und Faustpfand auf Grundstücken in der Schweiz gesichert sind
- Rentner, die Pensionen oder andere Ruhegehälter aus der Schweiz aufgrund eines früheren öffentlich-rechtlichen Arbeitsverhältnisses erhalten
- Empfänger von Leistungen aus schweizerischen privatrechtlichen Einrichtungen der beruflichen Vorsorge oder der gebundenen Selbstvorsorge
- Arbeitnehmer, die für ihre Arbeit im internationalen Verkehr von einem Arbeitgeber mit Sitz oder Betriebsstätte in der Schweiz Entschädigungen erhalten
- Arbeitnehmer für Einkünfte aus gesperrten oder nicht börsenkotierten Mitarbeiteroptionen, Anwartschaften auf Mitarbeiteraktien oder unechten Mitarbeiterbeteiligungen

Repetitionsfragen

26   Marco Hoop, liechtensteinischer Staatsangehöriger, wohnt und arbeitet mit einer Daueraufenthaltsbewilligung in Lugano. Er ist verheiratet und hat drei Kinder.

Marco Hoop verdient jährlich CHF 90 000; sein Arbeitgeber stellt ihm zusätzlich eine Wohnung zur Verfügung (Mietwert: CHF 700). Er besitzt Wertschriften von CHF 800 000, die einen jährlichen Ertrag von CHF 30 000 abwerfen, und eine Ferienwohnung in Scuol GR mit einem Eigenmietwert von CH 25 000.

Wie erfolgt die Einkommensbesteuerung von Marco Hoop?

27	Der alleinstehende Amerikaner Bobby Brown hat eine Daueraufenthaltsbewilligung in der Schweiz. Er erhält für das Jahr 20_1 einen monatlichen Bruttolohn von CHF 9 000 (12 Monatslöhne) und im März 20_2 einen Bonus von drei Monatslöhnen für das Jahr 20_1.
	Wie wird Bobby Brown in den Jahren 20_1 und 20_2 besteuert?
28	Der Grenzgänger Heiko Noll, wohnhaft in Singen DE, ist als Geschäftsführer eines Elektronikunternehmens in Schaffhausen angestellt. Mit seinem jährlichen Arbeitseinkommen von CHF 135 000 ist er quellensteuerpflichtig.
	Weshalb ist bei Heiko Noll eine nachträgliche ordentliche Veranlagung im Jahr 2020 ausgeschlossen?

7 Steuerverfahren

Lernziele

Nach der Bearbeitung dieses Kapitels können Sie ...

- die Verfahrensrechte und -pflichten der Steuerpflichtigen und der -behörden beschreiben.
- das Veranlagungs- und das Rechtsmittelverfahren bei der direkten Bundessteuer erklären.
- typische Verletzungen von Verfahrenspflichten beschreiben.
- die Merkmale der Steuerhinterziehung und des Steuerbetrugs nennen.

Schlüsselbegriffe

Akteneinsicht, Amtspflichten, Auskunftspflicht, Bescheinigungspflicht, Beschwerde, Beweisabnahme, Bundesgericht, Einschätzung, Einsprache, Ermessen, ESTV, Gehilfenschaft, gemischte Veranlagung, Instanzenzug, Meldepflicht, Mitwirkungspflicht, Nachsteuerverfahren, Offizialmaxime, Prüfungsverfahren, rechtliches Gehör, Rechtsmittel, Rekurs, Revision, Selbstanzeige, Steuerbehörden, Steuerbetrug, Steuererklärung, Steuerhinterziehung, Steuerrekurskommission, Steuerstrafrecht, Steuervergehen, Teilnahmehandlungen, Veranlagung, Veranlagungsverfügung, Verfahrenspflichten, Verfahrensrechte, Verjährung, Vertretung

In diesem Kapitel behandeln wir das Steuerverfahren bei der direkten Bundessteuer. Es wird unterteilt in das Veranlagungs-, Rechtsmittel- und das Strafverfahren.

Im **Veranlagungsverfahren** geht es darum, den für die Steuerpflicht massgebenden Sachverhalt zu ermitteln und den geschuldeten Steuerbetrag rechtsverbindlich festzusetzen. Der Steuerpflichtige und Dritte müssen dabei ihre Mitwirkungspflichten, die Steuerbehörden ihre Amtspflichten erfüllen.

Wenn der Steuerpflichtige mit der Veranlagung nicht einverstanden ist, kann er das gesetzlich festgelegte **Rechtsmittelverfahren** anstossen, bei dem er aber bestimmte formelle und materielle Vorschriften zwingend einhalten muss.

Das Gesetz über die direkte Bundessteuer (DBG) enthält ein eigenes Steuerstrafrecht, das den Umgang mit Steuerdelikten im **Strafverfahren** regelt.

7.1 Organisation der Steuerbehörden

Im Veranlagungsverfahren für die direkte Bundessteuer sind sowohl die eidgenössischen wie auch die kantonalen Steuerbehörden involviert.

7.1.1 Eidgenössische Steuerbehörden

Die eidgenössischen Behörden und deren Aufgaben setzen sich wie folgt zusammen:

- **Eidgenössisches Finanzdepartement (EFD):** Aufsicht über die Erhebung der direkten Bundessteuer (DBG 102 Abs. 1)
- **Eidgenössische Steuerverwaltung (ESTV):** Sorge für die einheitliche Anwendung des Gesetzes über die direkte Bundessteuer, Erlass von Vorschriften für die richtige und einheitliche Veranlagung und für den Bezug der direkten Bundessteuer (DBG 102 Abs. 2)
- **Bundesgericht:** letztinstanzliche Entscheidungsgewalt bei Meinungsverschiedenheiten und Rechtsstreitigkeiten (DBG 102 Abs. 3)

Die direkte Bundessteuer wird von den Steuerverwaltungen der einzelnen Kantone erhoben (DBG 2). Die ESTV kann gemäss DBG 103 verschiedene **aufsichtsrechtliche Massnahmen** ergreifen wie Durchführung von Kontrollen, Teilnahme an Verhandlungen, Anordnung von Untersuchungsmassnahmen oder Eröffnung von Veranlagungen und Einspracheentscheiden.

7.1.2 Kantonale Steuerbehörden

Die kantonale Verwaltung für die direkte Bundessteuer leitet und überwacht den **Vollzug** sowie die einheitliche Anwendung des Gesetzes über die direkte Bundessteuer (DBG 104 Abs. 1). Während die **Veranlagung** für die natürlichen Personen dezentral vorgenommen werden kann, hat jeder Kanton für die Veranlagung der juristischen Personen eine einzige Amtsstelle zu bezeichnen (DBG 104 Abs. 2).

Streitigkeiten werden von der **kantonalen Steuerrekurskommission** entschieden, die jeder Kanton zu bestellen hat (DBG 104 Abs. 3).

Bei der Frage, **welcher Kanton für die Veranlagung** der direkten Bundessteuer **zuständig** ist, muss man zwischen den natürlichen und den juristischen Personen und zwischen der persönlichen und der wirtschaftlichen Zugehörigkeit unterscheiden.

A] Persönliche Zugehörigkeit (DBG 105)

Steuerpflichtige **natürliche Personen** werden von dem Kanton veranlagt, in dem sie am Ende der Steuerperiode oder der Steuerpflicht ihren steuerrechtlichen Wohnsitz oder Aufenthalt haben (DBG 105 Abs. 1).

Bei den **juristischen Personen** ist ebenfalls der Ort massgebend, an dem die Gesellschaft am Ende der Steuerperiode oder der Steuerpflicht ihren Sitz oder ihre Verwaltung hat (DBG 105 Abs. 3).

Beispiel	Natürliche Person: Adrian Zuber wechselt am 14.04.20_1 seinen Wohnsitz von St. Gallen nach Bern. Zuständig für die Veranlagung der Steuerperiode 20_1 ist der Kanton Bern, weil der Wohnsitz von Adrian Zuber am Ende des Jahrs 20_1 massgebend ist.
	Juristische Person: Die Zuber AG verlegt auf den 14.04.20_1 ihren Sitz von St. Gallen nach Bern. Abschlussdatum ist jeweils der 30. September. Zuständig für die Veranlagung ist der Kanton Bern, weil die Zuber AG am Ende der Steuerperiode, d. h. am 30.09.20_1, ihren Sitz in Bern hat.

B] Wirtschaftliche Zugehörigkeit (DBG 106)

Auch bei wirtschaftlicher Zugehörigkeit ist zwischen natürlichen und juristischen Personen zu unterscheiden (DBG 106). Es stellt sich die Frage, welcher Kanton für die Veranlagung zuständig ist, wenn in **verschiedenen Kantonen** eine Steuerpflicht besteht. In diesem Fall ist der Kanton zuständig, in dem sich **der grösste Teil der steuerbaren Werte** befindet (DBG 106 Abs. 2).

Beispiel	Die Metro AG hat ihren Sitz in Paris (FR) und Betriebsstätten in Zürich, Bern, Genf und Lausanne VD. Die Betriebsstättenbuchhaltung zeigt folgende steuerbaren Werte:

Steuerbar	ZH	BE	GE	VD
Reingewinn	CHF 100 000	CHF 80 000	CHF 150 000	CHF 140 000
Kapital	CHF 500 000	CHF 450 000	CHF 600 000	CHF 500 000

Die Metro AG ist in den Kantonen ZH, BE, GE und VD beschränkt steuerpflichtig. Für die Besteuerung der direkten Bundessteuer ist der Kanton GE zuständig. Er hat alle Betriebsstättenbuchhaltungen einzufordern, um die Veranlagung gesamthaft vorzunehmen.

Bei allfälligen **Streitigkeiten über die Zuständigkeit** des Veranlagungskantons kann die ESTV beauftragt werden, den Ort der Veranlagung im Einzelfall zu bestimmen. Der Entscheid der ESTV unterliegt der Beschwerde an das Bundesgericht (DBG 108).

7.2 Verfahrensgrundsätze und Amtspflichten

An folgende fünf Verfahrensgrundsätze haben sich die Steuerbehörden und die Steuerpflichtigen zu halten:

1. Das **Legalitätsprinzip** verlangt, dass nur das besteuert werden kann, was im Gesetz geregelt ist. Es wird vorausgesetzt, dass die Steuerbehörden das Gesetz richtig anwenden, und es gelten die Offizial- und die Untersuchungsmaxime: Die Steuerbehörden sind von Amtes wegen verpflichtet, die Veranlagung vorzunehmen **(Offizialmaxime)**; sie sind aber nicht an die Angaben des Steuerpflichtigen gebunden und können sie überprüfen **(Untersuchungsmaxime)**.
2. Das **rechtliche Gehör** garantiert dem Steuerpflichtigen, dass die Veranlagungen begründet sein müssen, wenn sie von der Selbstdeklaration abweichen. Zudem hat er das Recht, seine Begehren mündlich vorzubringen und Akteneinsicht zu verlangen.
3. Der Grundsatz von **Treu und Glauben** bedeutet, dass der Steuerpflichtige sich auf die Auskünfte der Steuerbehörden verlassen kann.
4. Der Grundsatz der **Verhältnismässigkeit** verlangt von den Behörden ein angemessenes Verhältnis zwischen den angewendeten Mitteln und dem angestrebten Ziel der gerechten Besteuerung.
5. Der Grundsatz der **rechtsgleichen Behandlung** verlangt, dass die Steuerpflichtigen bei Anwendung der gesetzlichen Bestimmungen gleich behandelt werden.

Abb. [7-1] **Verfahrensgrundsätze**

Im Einschätzungs- bzw. Veranlagungsverfahren muss der Steuerpflichtige rechtsgleich und damit fair behandelt werden.

Zu diesem Zweck enthält das DBG bestimmte **Amtspflichten**, an die sich die Steuerbehörden halten müssen:

- Steuerbeamte müssen in den **Ausstand** treten, sofern sie in der Sache befangen sind, z. B. bei Verwandtschaft, beim Ehepartner usw. (DBG 109).
- Steuerbehörden unterliegen der **Schweige- und Geheimhaltungspflicht** (DBG 110).
- Steuerbehörden müssen **Amtshilfe** leisten: Zwischen den Steuerbehörden in der Schweiz gilt eine vorbehaltlose Auskunftspflicht (DBG 111). Ebenso müssen andere Behörden auf Ersuchen der Steuerbehörden alle erforderlichen Auskünfte erteilen (DBG 112).

7.3 Verfahrensrechte des Steuerpflichtigen

Als Verfahrensrechte des Steuerpflichtigen im Veranlagungsverfahren gelten die Akteneinsicht, die Beweisabnahme und die Vertretung.

Abb. [7-2] Verfahrensrechte des Steuerpflichtigen

7.3.1 Akteneinsicht (DBG 114)

Die Steuerpflichtigen haben das Recht, Einsicht in die von ihnen **eingereichten Akten** zu nehmen und auch in die **übrigen Steuerakten,** wenn die Ermittlung des Sachverhalts abgeschlossen ist und keine öffentlichen oder privaten Interessen entgegenstehen. Bei Ehegatten gilt dieses Akteneinsichtsrecht gegenseitig.

Die Akteneinsicht wird nur **auf Gesuch hin** gewährt. Bei einer Verweigerung wird auf Wunsch des Steuerpflichtigen eine Verfügung erstellt, die er mit Beschwerde anfechten kann.

7.3.2 Beweisabnahme (DBG 115)

Das Recht auf Abnahme der Beweismittel bedeutet, dass die Steuerbehörden die vom Steuerpflichtigen angebotenen Beweise annehmen müssen. Vorausgesetzt, die Beweismittel liefern die für die Veranlagung erheblichen Tatsachen.

7.3.3 Vertretung (DBG 117)

Die Veranlagungsverfügung hat grundsätzlich an den Steuerpflichtigen zu erfolgen. Wenn ein Steuerpflichtiger gegenüber den Steuerbehörden einen **Vertreter** bestimmt hat oder ein Vertreter für die Steuerbehörden erkennbar ist, ist die Veranlagungsverfügung diesem zuzustellen. Ist der Steuerpflichtige unbekannten Aufenthalts und hat er keinen Vertreter bestimmt, so kann ihm die Veranlagungsverfügung rechtswirksam durch Publikation im kantonalen **Amtsblatt** eröffnet werden.

Beispiel

Fritz Berger hat gegenüber den Steuerbehörden ausdrücklich erklärt, dass Markus Müller sein Vertreter in Steuersachen ist. Trotzdem stellen die Behörden ihm die Veranlagungsverfügung zu.

Dieses Vorgehen ist nicht ordnungsgemäss und hat daher keine Rechtswirkungen. Fritz Berger ist nicht verpflichtet, die Veranlagungsverfügung an Markus Müller weiterzuleiten. Er kann nämlich davon ausgehen, dass seinem Vertreter ebenfalls eine solche zugestellt wird.

7.4 Veranlagungsverfahren

Im Veranlagungsverfahren haben der Steuerpflichtige und auch Dritte bestimmte Mitwirkungspflichten. Nachfolgend gehen wir näher darauf ein.

Abb. [7-3] Mitwirkungspflichten im Veranlagungsverfahren

7.4.1 Mitwirkungspflichten des Steuerpflichtigen (DBG 124–126)

Die kantonalen Behörden fordern die Steuerpflichtigen auf, ihre **Steuererklärung** mit den Beilagen **innerhalb einer bestimmten Frist** einzureichen. Diese Aufforderung gilt für alle, die eine Steuererklärung erhalten haben, aber auch für jene, die keine Steuererklärung erhalten haben. Letztere müssen bei der zuständigen Behörde ein Formular verlangen, wenn sie die notwendigen Voraussetzungen erfüllen.

Die Steuerpflichtigen sind verpflichtet, die Steuererklärung

- wahrheitsgemäss und vollständig auszufüllen,
- persönlich zu unterzeichnen,
- mit den vorgeschriebenen Beilagen und
- fristgemäss den zuständigen Behörden einzureichen.

Neben der Steuererklärung muss die steuerpflichtige Person auch diverse **Beilagen** einreichen (z. B. Lohnausweis, Wertschriftenverzeichnis etc.). Auf Verlangen der Steuerbehörden hat sie zudem weitere mündliche und schriftliche **Auskünfte** zu geben oder zusätzliche Belege beizubringen.

Beweislast bedeutet, dass diejenige Partei einen behaupteten Sachverhalt zu beweisen hat, die ihn geltend macht. Im Steuerrecht unterscheidet man:

- **Steuermindernde Tatsachen** sind vom Steuerpflichtigen zu beweisen (z. B. Berufsauslagen, sonstige Betriebsaufwendungen).
- **Steuerbegründende Tatsachen** sind durch die Steuerbehörden zu beweisen (z. B. das Einkommen aus selbstständiger oder unselbstständiger Tätigkeit).

Folgen der Nichteinreichung der Steuererklärung

Wer die Steuererklärung nicht oder nur unvollständig einreicht, erhält von den Behörden eine **Mahnung** und eine **Nachfrist** zur Einreichung der Steuererklärung. Lässt der Steuerpflichtige diese Nachfrist trotz Mahnung verstreichen, kann er wegen **Widerhandlung** mit einer Ordnungsbusse bestraft werden.

7.4.2 Prüfungsverfahren und Veranlagung (DBG 130–131)

Nach der Einreichung der Steuererklärung müssen die Steuerbehörden zunächst prüfen, ob der Steuerpflichtige der Deklarationspflicht vollständig nachgekommen ist. Ist dies der Fall, entscheiden sie, ob sie die Angaben einer näheren Überprüfung unterziehen sollen.

Grundsätzlich gilt die **Offizial- oder Untersuchungsmaxime:** Die Steuerbehörden müssen **von Amts wegen** den Sachverhalt überprüfen. Dies bedeutet aber nicht, dass sie jede Steuererklärung auf ihre Richtigkeit hin zu prüfen haben. Sie stehen vielmehr vor der Ermessensfrage, ob sie den Angaben des Steuerpflichtigen glauben oder diese genauer untersuchen wollen. Den Grundsatz der rechtsgleichen Behandlung und das Prinzip der Verhältnismässigkeit müssen sie allerdings immer beachten.

Zur Überprüfung des Sachverhalts haben die Steuerbehörden **umfassende Befugnisse.** Sie können Auskünfte vom Steuerpflichtigen und von bestimmten Drittpersonen einverlangen, Belege und weitere Bescheinigungen und Urkunden prüfen oder auch eine Buchprüfung vor Ort durchführen (DBG 126 ff.). Gibt es Anhaltspunkte, wonach die Selbstdeklaration des Steuerpflichtigen falsch sein könnte, kann die Steuerbehörde **Prüfungshandlungen** vornehmen. Dabei können auch Sachverständige beigezogen werden.

Beispiel

Typische Anhaltspunkte für eine Falschdeklaration:
- Vermögensentwicklung stimmt nicht mit dem deklarierten Einkommen überein
- Einkommen stimmt nicht mit dem Lebensaufwand überein
- Buchhaltungsergebnisse stimmen nicht mit den Erfahrungszahlen überein
- Entsprechende Meldungen von Dritten liegen vor
- Steuererklärung und Hilfsblätter sind unsorgfältig ausgefüllt
- Deklarierte Einkünfte und Abzüge sind nicht glaubhaft

Nach Prüfung der Steuererklärung des Steuerpflichtigen erfolgt entweder eine **Veranlagung gemäss Steuererklärung** oder in **Abweichung von der Steuererklärung.**

Eine dritte Möglichkeit besteht in der **Veranlagung nach pflichtgemässem Ermessen** aufgrund einer fehlenden Steuererklärung oder aufgrund mangelhafter oder fehlerhafter Unterlagen (DBG 130 Abs. 2). Die Veranlagungsbehörden haben in einem solchen Fall nach pflichtgemässem Ermessen vorzugehen. Dies bedeutet, dass sie bei der Festsetzung der Steuerfaktoren auf **Erfahrungszahlen,** auf die **Vermögensentwicklung** oder den **Lebensaufwand** des Steuerpflichtigen abzustellen haben.

Beispiel

Anna Beretta ist Architektin. Sie reicht zusammen mit der Steuererklärung eine Buchhaltung ein. Der zuständige Einschätzungsbeamte verlangt eine Zusammenstellung der «Sonstigen Betriebsaufwendungen», weil er Zweifel an deren Richtigkeit hat.

Anna Beretta reicht die Zusammenstellung nicht ein. Die Steuerbehörden können in einem solchen Fall die «Sonstigen Betriebsaufwendungen» nicht akzeptieren und zum ausgewiesenen Gewinn dazurechnen.

Das Veranlagungsverfahren wird mit dem Zustellen einer **Veranlagungsverfügung** an den **Steuerpflichtigen abgeschlossen** (DBG 131). Die Veranlagungsverfügung muss **schriftlich** erfolgen, den **Steuerpflichtigen,** die **Steuerperiode,** die **Steuerfaktoren** und den **Steuerbetrag** angeben und eine **Rechtsmittelbelehrung** enthalten. Diese weist auf die Möglichkeit der Einsprache, auf die einzuhaltende Frist, auf die formellen Anforderungen sowie auf die zuständigen Behörden hin.

Ausserdem muss die Verfügung eine **Begründung** enthalten, die es dem Steuerpflichtigen erlaubt, den Entscheid der Veranlagungsbehörde zu verstehen:

- Wenn der Steuerpflichtige eine Steuererklärung eingereicht hat, muss die Behörde ihm die **Abweichungen** darlegen.
- Wenn keine Steuererklärung eingereicht wurde, muss die Behörde nur die Steuerfaktoren unter Hinweis auf eine **Schätzung nach pflichtgemässem Ermessen** angeben.

Die Veranlagung ist bei einer ungenügenden oder fehlenden Begründung nicht ungültig; diese kann im Einspracheverfahren geltend gemacht werden. Fehlt eine Begründung, ist auch die Einsprache nicht zu begründen.

Abb. 7-4 zeigt den Inhalt einer Veranlagungsverfügung.

Abb. [7-4]   **Inhalt der Veranlagungsverfügung**

Veranlagungsverfügung
Voraussetzungen: • Schriftlich • Steuerfaktoren • Steuersatz • Steuerbetrag

• Bei Abweichungen von der Selbstdeklaration:
   – Abweichung
   – Begründung
• Wenn keine Steuererklärung eingereicht wurde:
   – Begründung, dass eine Ermessensveranlagung vorgenommen wurde

Rechtsmittelbelehrung

7.4.3 Stellung des Ehegatten (DBG 113)

Die Verfahrensrechte und -pflichten werden von Ehegatten **gemeinsam** ausgeübt, sofern sie in rechtlich und tatsächlich ungetrennter Ehe leben.

Die Steuerbehörden müssen alle **Mitteilungen** an beide Ehegatten richten.

Die **Steuererklärung** ist gemeinsam einzureichen und von jedem Ehegatten zu unterzeichnen. Ist dies nicht der Fall, räumen die Steuerbehörden dem nicht unterzeichnenden Ehegatten eine Frist ein. Nach deren unbenutztem Ablauf wird die vertragliche Vertretung unter Ehegatten angenommen.

Das Ergreifen von **Rechtsmitteln** und andere **Eingaben** an die Steuerbehörden gelten hingegen als rechtzeitig erfolgt, sofern ein Ehegatte unterzeichnet.

7.4.4 Mitwirkungspflichten Dritter

Auch Drittparteien haben bestimmte Bescheinigungs-, Auskunfts- und Meldepflichten gegenüber dem Steuerpflichtigen und den Steuerbehörden.

A] Bescheinigungspflicht (DBG 127)

Im Veranlagungsverfahren können sich die Steuerbehörden auf die Angaben des Steuerpflichtigen stützen. Es sind aber auch Dritte gegenüber dem Steuerpflichtigen oder gegenüber den Behörden auskunftspflichtig.

Weigert sich der Steuerpflichtige trotz Mahnung, entsprechende Bescheinigungen einzureichen, kann die Steuerbehörde diese bei den Dritten direkt einholen.

Die Bescheinigungspflicht Dritter **gegenüber dem Steuerpflichtigen** umfasst:

- **Lohnausweis:** Der Arbeitgeber ist verpflichtet, jedem Arbeitnehmer für sämtliche Entschädigungen einen Lohnausweis auszustellen. Der Lohnausweis ist vollständig auszufüllen, d. h. inkl. Angaben über Spesenentschädigungen, Naturalleistungen usw.
- **Forderungen / Schulden:** Der Gläubiger oder Schuldner ist gegenüber dem Steuerpflichtigen verpflichtet, eine Bescheinigung auszustellen über Bestand, Höhe, Verzinsung und Sicherstellung von Forderungen.
- **Versicherungen:** Versicherer müssen den Rückkaufswert von Versicherungen und die aus dem Versicherungsverhältnis ausbezahlten oder geschuldeten Leistungen bescheinigen.
- **Vermögen und Erträge:** Treuhänder und Vermögensverwalter, die Vermögen im Auftrag von Dritten verwalten, sind verpflichtet, dem Steuerpflichtigen entsprechende Bescheinigungen über das Vermögen und die Vermögenserträge auszuhändigen.
- **Vertragliche Ansprüche und Leistungen:** Dritte, die mit dem Steuerpflichtigen in einem vertraglichen Verhältnis stehen oder standen, sind bescheinigungspflichtig für alle steuerlich relevanten Ansprüche oder Leistungen.

B] Auskunftspflicht (DBG 128)

Auf Verlangen sind Dritte gegenüber den Steuerbehörden direkt auskunftspflichtig. Dies betrifft besonders **Gesellschafter, Miteigentümer und Gesamteigentümer** hinsichtlich der Rechtsverhältnisse zum Steuerpflichtigen, insbesondere über Anteile, Ansprüche und Bezüge.

C] Meldepflicht (DBG 129)

Für einen bestimmten Kreis von natürlichen und juristischen Personen besteht von Gesetzes wegen eine Meldepflicht:

- **Juristische Personen** über Leistungen, die sie an Mitglieder der Verwaltung und andere Organe ausrichten
- Einrichtungen der **beruflichen Vorsorge** und der **gebundenen Selbstvorsorge** über die den Vorsorgenehmern oder Begünstigten erbrachten Leistungen
- **Einfache Gesellschaften** und **Personengesellschaften** über den Anteil am Einkommen und Vermögen ihrer Teilhaber
- Arbeitgeber über eingeräumte **Mitarbeiterbeteiligungen**

Diese Meldungen bzw. Bescheinigungen sind direkt den Steuerbehörden zuzustellen, mit einem Doppel an den Steuerpflichtigen.

7.5 Rechtsmittelverfahren

Wenn ein Steuerpflichtiger mit der Veranlagung der direkten Bundessteuer **nicht einverstanden** ist, hat er die Möglichkeit, sich gegen die Veranlagungsverfügung zu wehren, d. h. ein Rechtsmittel zu ergreifen.

Das DBG schreibt vor, welche Mittel dem Steuerpflichtigen offenstehen, damit er zu seinem Recht kommt. Diesen Rechtsmittelweg bezeichnet man auch als **Instanzenzug**. Abb. 7-5 gibt einen Überblick über den Instanzenzug bei der direkten Bundessteuer.

Abb. [7-5] Instanzenzug bei der direkten Bundessteuer

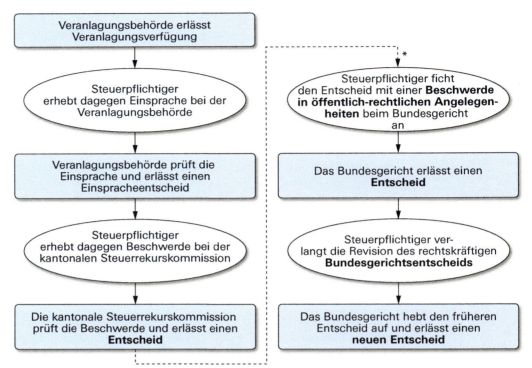

* Kantonale Beschwerdeinstanz: In AG, BE, BL, BS, GE, GL, JU, OW, SG, TG und ZH sieht das kantonale Recht eine zweite kantonale Beschwerdeinstanz vor. Der Steuerpflichtige erhebt zunächst eine Beschwerde beim kantonalen Verwaltungsgericht.

Wie das Veranlagungsverfahren zielt auch das Rechtsmittelverfahren auf die gesetzmässige Erhebung der direkten Bundessteuer. Dadurch, dass nun andere Personen den Sachverhalt beurteilen, tritt ein neuer Aspekt auf. Für den Steuerpflichtigen ist es daher wichtig zu wissen, was er vorbringen kann.

Ist die nächsthöhere Instanz an die Begehren der Parteien gebunden? Oder können diese beispielsweise Sachverhalte aufgreifen, die bisher gar nicht zur Diskussion standen?

Beispiel Rolf Vogel hat seine Steuererklärung eingereicht. Unter den Gewinnungskosten hat er u. a. die Kosten für einen Computer von CHF 4 200 und für ein Arbeitszimmer von CHF 4 800 geltend gemacht. Bei der Vornahme der Veranlagung werden die Computerkosten nicht als Abzug zugelassen und aufgerechnet. Gegen die Veranlagung erhebt Rolf Vogel Einsprache mit dem Begehren, die Kosten für den Computer seien als Abzug zuzulassen.

Bei der Behandlung der Einsprache wird nun überprüft, ob die Kosten für das Arbeitszimmer zu Recht abgezogen worden sind. Rolf Vogel wird aufgefordert, nachzuweisen, dass er zu Hause ein Zimmer nur für berufliche Arbeiten zur Verfügung hat und dass der Arbeitgeber ihm keine Räumlichkeiten zur Verfügung stellt.

Es steht der nächsthöheren Instanz frei, Abzüge und Einkommensbestandteile zu überprüfen, die von der Veranlagungsbehörde nicht abgeklärt oder unbesehen übernommen wurden.

7.5.1 Einspracheverfahren

Die Einsprache ist das Rechtsmittel, mit dem ein Steuerpflichtiger eine Veranlagungsverfügung der Steuerbehörden **in erster Instanz** anfechten kann.

A] Erhebung der Einsprache (DBG 132 und 133)

Die **Einsprachefrist** beträgt **30 Tage,** beginnt an dem der Zustellung der Veranlagungsverfügung folgenden Tag und endet am 30. Tag. Falls dieser auf einen Samstag, Sonntag oder staatlich anerkannten Feiertag fällt, endet die Frist am nächstfolgenden Werktag. Die Frist gilt als eingehalten, wenn die Einsprache entweder am letzten Tag bei der Veranlagungsbehörde eingeht oder der Post übergeben wird. Geht die Einsprache bei einer nicht zuständigen Amtsstelle ein, so gilt die Frist auch als eingehalten. Bei Ehegatten gelten Rechtsmittel und andere Eingaben als rechtzeitig eingereicht, wenn ein Ehegatte innert der Frist handelt (DBG 113 Abs. 3).

Bei der Einsprachefrist handelt es sich um eine **Verwirkungsfrist,** d. h., sie ist **nicht erstreckbar.** Auf eine verspätete Einsprache kann nicht eingetreten werden.

Das Steuergesetz sieht jedoch vor, dass auf **verspätete Einsprachen** eingetreten werden kann, wenn der Steuerpflichtige ein entsprechendes Gesuch stellt und nachweist, dass er durch Militärdienst, Krankheit, Landesabwesenheit oder andere erhebliche Gründe an der rechtzeitigen Einreichung verhindert war (DBG 133 Abs. 3).

Die Einsprache ist **schriftlich** zu erheben und vom Steuerpflichtigen bzw. seinem Vertreter zu **unterzeichnen** (DBG 132 Abs. 1). Die Einsprache hat grundsätzlich einen Antrag und eine Begründung zu enthalten.

Stützen sich der Antrag und die Begründung auf **Beweismittel,** sind diese ebenfalls zusammen mit der Einsprache einzureichen.

- Mit dem **Antrag** hat der Pflichtige darzulegen, wie die Veranlagung nach seiner Vorstellung aussehen sollte.
- Mit der **Begründung** soll der Pflichtige seine Rechtsauffassung, die zu seinem Antrag geführt hat, darlegen.

Das Einspracheverfahren ist **kostenfrei.**

B] Durchführung des Einspracheverfahrens (DBG 134)

Die Einsprache muss von der Behörde bearbeitet werden, die die **Veranlagungsverfügung erlassen** und allfällige Abklärungen vorgenommen hat.

Zunächst ist die Einsprache auf ihre **Zulässigkeit** zu prüfen (Zuständigkeit, Legitimation, Rechtzeitigkeit, Antrag, Begründung usw.):

- Erweist sich die Einsprache als **unzulässig** oder **ungültig,** wird darauf nicht eingetreten. Das Einspracheverfahren ist damit beendet. Dem Steuerpflichtigen wird mitgeteilt, dass auf die Einsprache aus formellen Gründen nicht eingetreten wird.
- Sind die **formellen Voraussetzungen erfüllt,** ist auf die Einsprache einzutreten.

Beispiel

Wegen eines Auslandaufenthalts ist die Einsprache von Charles Rey mit 20 Tagen Verspätung bei den Behörden eingetroffen. Charles Rey konnte aber keine Hinderungsgründe darlegen.

Die Behörde tritt auf die Einsprache nicht ein, weil die Frist verpasst wurde. Sie teilt Charles Rey mit, dass aus formellen Gründen auf die Einsprache nicht eingetreten werde.

Im Einspracheverfahren stehen den Behörden dieselben Befugnisse und Untersuchungsmittel wie im Veranlagungsverfahren zur Verfügung. Auch hier gilt die **Offizialmaxime:** Erachtet es die Behörde als notwendig, bisher nicht vorgenommene Untersuchungen in Form von Gutachten, Buchprüfungen usw. vorzunehmen, kann sie diese in die Wege leiten. Auch ist sie nicht an die Anträge und die Begründungen des Steuerpflichtigen gebunden und kann bisher nicht beanstandete Positionen überprüfen und eine Veranlagung zum Nachteil des Steuerpflichtigen ändern.

Beispiel

Serge Brugger hat gegen seine Veranlagung Einsprache erhoben mit der Begründung, dass es ihm nicht zuzumuten ist, für seinen Arbeitsweg das öffentliche Verkehrsmittel zu benützen. Die Steuerbehörden haben ihm die privaten Fahrkosten von CHF 6 400 aufgerechnet und nur die Kosten für das öffentliche Verkehrsmittel von CHF 1 200 zum Abzug zugelassen.

Die Steuerbehörden überprüfen die Einsprache und stellen bei ihren Abklärungen fest, dass Serge Brugger von seinem Arbeitgeber Pauschalspesen von CHF 8 400 erhalten hat. Sie rechnen diese Pauschalspesen als verdeckten Lohn auf. Die Veranlagung wird somit zuungunsten des Steuerpflichtigen abgeändert.

C] Einspracheentscheid und Eröffnung (DBG 135)

Abb. 7-6 zeigt die drei Formen eines Einspracheentscheids auf: den materiellen Entscheid, den formellen Entscheid und den Rückzug.

Abb. [7-6]   **Einspracheentscheid**

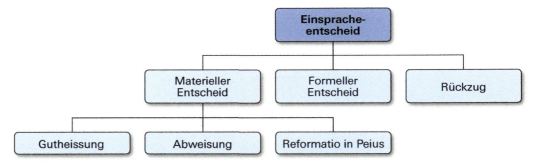

Wenn die formellen Voraussetzungen erfüllt sind, ist die Behörde verpflichtet, auf die Einsprache **materiell einzutreten.** Sie kann

- die Einsprache vollumfänglich oder teilweise **gutheissen,**
- die Einsprache ganz oder teilweise **abweisen** oder
- die Veranlagung **zuungunsten des Steuerpflichtigen** (Reformatio in Peius) ändern.

Der materielle Einspracheentscheid ist zu begründen. Für diese **Begründung** gelten strengere Anforderungen als für jene des Veranlagungsentscheids. Ausserdem muss der Einspracheentscheid eine **Rechtsmittelbelehrung** enthalten, damit er rechtskräftig wird.

Bei Ungültigkeit oder Unzulässigkeit der Einsprache kommt der **formelle Entscheid** zum Zug: Dem Steuerpflichtigen wird mitgeteilt, dass auf die Einsprache **nicht eingetreten** wird. Es findet keine materielle Prüfung der Einsprache statt.

Wenn die Steuerbehörden einen **Rückzug der Einsprache** durch den Steuerpflichtigen als unproblematisch erachten, wird das Verfahren beendet. Dem Rückzug wird nicht stattgegeben beim Verdacht, der Einspracheentscheid könnte zuungunsten des Steuerpflichtigen ausgehen.

Beispiel

Monika Wieland, Inhaberin einer Einzelfirma, hat in der Jahresrechnung Rückstellungen für künftige Investitionen gemacht, die jedoch von den Steuerbehörden nicht akzeptiert wurden.

In der Einsprache macht Monika Wieland geltend, dass die Rückstellungen geschäftsmässig begründet sind. Im Einspracheverfahren verlangt die kantonale Steuerverwaltung, dass Monika Wieland Auszüge der Privatkonten und weiterer Konten einreicht. Da Monika Wieland umfangreiche Privatausgaben über die diversen Konten verbucht hat, will sie diese Unterlagen nicht einreichen und teilt den Behörden mit, dass sie mit der Aufrechnung der Rückstellungen einverstanden sei und ihre Einsprache zurückziehen möchte.

Die Steuerbehörden müssen diesem Begehren nicht stattgeben, wenn der begründete Verdacht besteht, dass durch die nachträgliche Einreichung weitere Unstimmigkeiten zu Tage treten könnten.

7.5.2 Rekurs- oder Beschwerdeverfahren

A] Erhebung der Beschwerde (DBG 140)

Die **Steuerrekurskommission** ist die erste verwaltungsunabhängige Instanz, d. h. ein sog. **Spezialgericht.** Im Gegensatz zum Veranlagungs- und Einspracheverfahren ist das Beschwerdeverfahren ein eigentlicher Steuerprozess, in dem sich der Steuerpflichtige und der Staat gegenüberstehen.

Die **Beschwerdefrist** beträgt **30 Tage** ab Zustellung des Einspracheentscheids. Wie die Einsprachefrist kann auch die Beschwerdefrist als **Verwirkungsfrist** nicht erstreckt bzw. verlängert werden. Der Steuerpflichtige hat die Beschwerde bei der kantonalen Steuerrekurskommission einzureichen. Wie die Einsprache muss auch die Beschwerde **schriftlich** erfolgen sowie einen **Antrag** und eine **Begründung** enthalten.

An den Steuerbehörden liegt es, den Beweis für die Zustellung des Einspracheentscheids zu erbringen, und am Steuerpflichtigen, jenen für die rechtzeitige Einreichung der Beschwerde. Deshalb ist es ratsam, den Einspracheentscheid und die Beschwerde eingeschrieben zuzustellen.

Die Beschwerde kann sich richten

- gegen den Entscheid der Einsprachebehörden,
- gegen die Verweigerung des rechtlichen Gehörs,
- gegen einen nicht korrekt begründeten Veranlagungsentscheid, der auch im Einspracheverfahren nicht korrigiert wurde, und
- gegen einen nicht korrekt begründeten Einspracheentscheid.

Beispiel

Gerda Maag ist selbstständig erwerbend und führt einen Coiffeursalon. Sie hat ihre Steuererklärung mit den entsprechenden Formularen eingereicht und ein steuerbares Einkommen von CHF 26 700 deklariert. Die Steuerbehörden haben ohne weitere Angaben die Veranlagung auf einem steuerbaren Einkommen von CHF 36 000 vorgenommen.

Im Einspracheentscheid hält die Steuerbehörde fest, dass ein Einkommen von CHF 26 700 nicht für die Bewältigung des Lebensaufwands ausreiche und deshalb eine ermessensweise Veranlagung vorgenommen werden müsse. Nähere Abklärungen wurden keine vorgenommen. Ebenso wenig wurde der Steuerpflichtigen die Möglichkeit zu einer Stellungnahme gegeben.

Gerda Maag kann gegen den Einspracheentscheid Beschwerde erheben und das Vorgehen der Behörde rügen. Insbesondere haben es die Steuerbehörden unterlassen, ihr eine begründete Veranlagungsverfügung zuzustellen. Diese formell mangelhafte Veranlagung wurde auch im Einspracheverfahren nicht korrigiert. Zudem kann Gerda Maag die Verweigerung des rechtlichen Gehörs geltend machen. Wenn die Steuerbehörden von der Selbstdeklaration abweichen, müssen sie der Steuerpflichtigen die Gründe mitteilen und ihr Gelegenheit zu einer Stellungnahme geben.

Die kantonale Steuerrekurskommission kann deshalb die von der Vorinstanz gemachten Unterlassungen korrigieren, indem sie überprüfen lässt, ob die Deklaration von Gerda Maag ungenügend ist, und indem sie ihr eine Stellungnahme zur ermessensweisen Veranlagung ermöglicht. Zur Wahrung des Instanzenzugs kann die kantonale Steuerrekurskommission den Fall aber auch an die Veranlagungsbehörde zurückweisen.

B] Durchführung des Beschwerdeverfahrens (DBG 142)

Die **Steuerrekurskommission** nimmt die Beschwerde entgegen und überprüft die **Zulässigkeit** bezüglich Fristeinhaltung und Inhalt. Sind diese formellen Voraussetzungen nicht erfüllt, wird auf die Beschwerde nicht eingetreten.

Die Steuerrekurskommission gibt den beteiligten Parteien die Gelegenheit, sich schriftlich zur Beschwerde zu äussern.

Die Steuerrekurskommission hat eine umfassende Überprüfungsbefugnis. Dies bedeutet, dass sie den Sachverhalt in tatsächlicher und rechtlicher Hinsicht vollumfänglich überprüfen kann. Die Untersuchungen kann sie selbst oder die Veranlagungsbehörde durchführen. Auch die Steuerrekurskommission steht unter der **Offizialmaxime:** Sie ist nicht an die Anträge der Parteien gebunden und kann Mängel des angefochtenen Entscheids und des ihr vorangegangenen Verfahrens (z. B. die Verweigerung des rechtlichen Gehörs) beheben.

Beispiel

Sven Müller machte in der Steuererklärung beim Liegenschaftsunterhalt die effektiven Kosten von CHF 24 500 geltend, die von den Steuerbehörden ohne nähere Überprüfung akzeptiert wurden. Die Kosten für ein Arbeitszimmer im Betrag von CHF 3 600 sowie die Anschaffung eines Computers von CHF 5 000 wurden jedoch nicht zugelassen und die Einsprache entsprechend abgewiesen.

Sven Müller erhebt Beschwerde gegen den Einspracheentscheid. Die Steuerrekurskommission verlangt nun von ihm die Einreichung der Belege für die effektiven Unterhaltskosten von CHF 24 500.

Die kantonale Steuerrekurskommission ist dazu berechtigt. Sie ist nicht an die Anträge der Parteien gebunden und kann die gesamte Veranlagung überprüfen, unabhängig davon, ob die Vorinstanz dies unterlassen hat oder nicht. Ihr stehen dieselben Prüfungsinstrumente zur Verfügung wie der Veranlagungsbehörde, d. h., Unterlagen, Aufstellungen, Bescheinigungen und Auskünfte vom Steuerpflichtigen zu verlangen oder Buchprüfungen anzuordnen.

Die Steuerrekurskommission ist die letzte Instanz mit voller Überprüfungsbefugnis. Deshalb ist es wichtig, dem Steuerpflichtigen das **rechtliche Gehör** und **Akteneinsicht** zu gewähren. Wenn dies im bisherigen Veranlagungs- und Einspracheverfahren nicht der Fall war, bietet sich dazu jetzt die letzte Möglichkeit. Wird dies verweigert, weist das Bundesgericht als nächste Instanz die Beschwerde zurück.

C] Beschwerdeentscheid und Eröffnung (DBG 143)

Wenn die Steuerrekurskommission die Beschwerde aus **formellen Gründen** abweist, hat sie einen **Nichteintretensentscheid** zu fällen.

Es ist dem Steuerpflichtigen möglich, die Beschwerde zurückzuziehen. In diesem Fall entscheidet die Steuerrekurskommission, ob dem **Rückzug der Beschwerde** stattgegeben wird. Die beteiligten Parteien (vor allem die Gegenpartei) können dazu Stellung nehmen.

Wird die Beschwerde nicht aus formellen Gründen abgewiesen oder zurückgezogen, so hat die Steuerrekurskommission einen **materiellen Entscheid** zu treffen. Dabei ist sie nicht an die Begehren der Parteien gebunden, hält sich aber an deren Anträge, wenn der Sachverhalt richtig abgeklärt wurde und sich keine zusätzlichen Untersuchungen aufdrängen.

- Bestätigt sie den angefochtenen Entscheid, wird die Beschwerde **abgewiesen.**
- Ändert sie den angefochtenen Entscheid, so wird die Beschwerde ganz oder teilweise **gutgeheissen.** In diesem Fall muss sie die Änderungen angeben und begründen.
- Es steht der Steuerrekurskommission auch frei, die Beschwerde an die Veranlagungsbehörde **zurückzuweisen.**

Aus dem **Inhalt** des Beschwerdeentscheids muss hervorgehen, aufgrund welcher tatsächlichen Verhältnisse und gestützt auf welche rechtlichen Erwägungen entschieden worden ist. Er hat aber auch die Argumente der Parteien zu würdigen, wenn sie rechtserheblich sind.

Der Beschwerdeentscheid enthält als **Rechtsmittelbelehrung** den Hinweis auf die (mögliche) **Verwaltungsgerichtsbeschwerde** an das Bundesgericht. Er wird mit eingeschriebener Postsendung zugestellt.

Hinweis

Der Beschwerdeentscheid kann, sofern das kantonale Recht es vorsieht, an eine weitere verwaltungsunabhängige kantonale Instanz weitergezogen werden, z. B. an das kantonale Verwaltungsgericht (DBG 145).

Das Beschwerdeverfahren ist im Gegensatz zum Einspracheverfahren nicht kostenfrei. Bei der **Kostenverteilung** gelten folgende Grundsätze:

- Bei **vollständiger Gutheissung oder Abweisung** und bei **Rückzug der Beschwerde** muss die unterliegende bzw. zurückziehende Partei die Kosten **vollumfänglich** tragen.
- Bei **teilweiser Gutheissung** werden die Kosten den Parteien **verhältnismässig** überwälzt. Davon kann abgesehen werden, wenn eine Rechtsfrage umstritten ist oder erstmalig entschieden wird. In einem solchen Fall kann die unterliegende Partei in guten Treuen ihren Standpunkt vertreten.

7.5.3 Beschwerde in öffentlich-rechtlichen Angelegenheiten an das Bundesgericht

A] Erhebung der Beschwerde

Der Entscheid der kantonalen Steuerrekurskommission bzw. des kantonalen Verwaltungsgerichts kann mit einer Beschwerde in öffentlich-rechtlichen Angelegenheiten beim Bundesgericht angefochten werden (DBG 146). Im Gegensatz zum bisherigen Verfahren ist die Verwaltungsgerichtsbeschwerde ein **«unvollkommenes Rechtsmittel»**. Man spricht darum von einem unvollkommenen Rechtsmittel, weil die Feststellung des Sachverhalts durch die Vorinstanz das Bundesgericht bindet (BGG 105). Das Bundesgericht kann nur dann vom Sachverhalt abweichen, wenn dessen Feststellung offensichtlich unrichtig, unvollständig oder unter Verletzung wesentlicher Verfahrensbestimmungen zustande gekommen ist.

Bei der Überprüfung von Rechtsfragen ist das Bundesgericht frei, hinsichtlich des Sachverhalts und des Ermessens indessen gebunden.

Die **Beschwerdefrist** beträgt **30 Tage** ab Zustellung des Entscheids der Vorinstanz (BGG 100 Abs. 1). Wie bereits bei der Einsprache und bei der Beschwerde ist diese Frist nicht erstreckbar, es besteht aber **Fristtillstand** während einer gewissen Zeit: vom 7. Tag vor bis und mit dem 7. Tag nach Ostern, vom 15. Juli bis und mit dem 15. August und vom 18. Dezember bis und mit dem 2. Januar (BGG 46). Eine Fristwiederherstellung kann dann gewährt werden, wenn der Gesuchsteller oder sein Vertreter unverschuldeterweise abgehalten wurden, innerhalb der Frist zu handeln (BGG 50).

Die Beschwerde in öffentlich-rechtlichen Angelegenheiten muss **schriftlich** erfolgen und **unterzeichnet** sein. Sie hat ebenfalls einen **Antrag** und eine **Begründung** zu enthalten (BGG 42 Abs. 1). Die Beschwerde ist in dreifacher Ausfertigung einzureichen, unter Beilage des angefochtenen Entscheids sowie der entsprechenden Beweismittel, auf die sie sich stützt. Fehlen diese Beilagen oder sind Antrag und Begründung unklar, ist dem Beschwerdeführer eine kurze Nachfrist anzusetzen.

B] Durchführung des Beschwerdeverfahrens

Das Bundesgericht prüft zunächst die **Prozessvoraussetzungen.** Die Beschwerdeschrift wird den beteiligten Parteien zur Stellungnahme unterbreitet.

Die öffentliche Beratung in Steuersachen ist auf **Parteiöffentlichkeit** beschränkt, d. h., Zutritt haben nur die Parteien und deren Vertreter. Grundsätzlich entscheidet das Bundesgericht in einer Dreierbesetzung.

C] Beschwerdeentscheid und Eröffnung

Die Anforderungen an Form und Inhalt des Entscheids sind die gleichen wie bei der Beschwerde. Auch hier wird das Verfahren mit einem **Entscheid** beendet:

- Der Entscheid des Bundesgerichts wird den beteiligten Parteien sofort im **Dispositiv** zugestellt. Dies bedeutet, dass die Zusammensetzung der Richter und der Entscheid ohne Begründung mitgeteilt werden. Mit der Zustellung erlangt der Entscheid Rechtskraft. Der Entscheid kann grundsätzlich nicht mehr infrage gestellt werden und ist vollstreckbar. Die **schriftliche Begründung** des Urteils wird nachgeliefert.
- **Sachurteil:** Der Beschwerdeentscheid wird aufgehoben.
- **Rückweisung** an die Vorinstanz zu einer neuen Beurteilung.
- **Nichteintretensentscheid,** wenn eine oder mehrere Sachurteilsvoraussetzungen fehlen.
- **Abschreibungsbeschluss,** wenn die Beschwerde vom Beschwerdeführer zulässigerweise zurückgezogen wird.

Im Fall einer Abschreibung oder auch im Urteil entscheidet das Bundesgericht auch über die **Kosten** (BGG 66). Diese bestehen aus den Barauslagen des Gerichts, einer Gerichtsgebühr sowie den Kanzleigebühren. Die Gerichtskosten werden in der Regel der unterliegenden Partei auferlegt. Unnötige Kosten müssen von der Partei übernommen werden, die sie verursacht hat. Das Bundesgericht kann auch entscheiden, dass die unterliegende Partei eine Entschädigung der obsiegenden Partei entrichten muss.

7.5.4 Revision (DBG 147 und BGG 121)

Eine rechtskräftige Verfügung oder ein rechtskräftiger Bundesgerichtsentscheid kann nur mit dem **ausserordentlichen Rechtsmittel** der Revision zugunsten des Steuerpflichtigen geändert werden.

Insbesondere bei einer **Verletzung von Verfahrensvorschriften** oder nachträglichem Entdecken **erheblicher Tatsachen** oder **entscheidender Beweise** kann der Steuerpflichtige eine Revision des Bundesgerichtsentscheids verlangen (DBG 147 und BGG 121). Die Revision ist ausgeschlossen, wenn der Antragsteller als Revisionsgrund vorbringt, was er bei der ihm zumutbaren Sorgfalt schon im ordentlichen Verfahren hätte geltend machen können.

Findet die zuständige Behörde oder das Bundesgericht, dass der Revisionsgrund zutrifft, wird die frühere Verfügung oder der frühere Entscheid aufgehoben und neu entschieden (DBG 149 und BGG 128).

7.6 Verjährungsfristen

Im Veranlagungs-, Einsprache- und Beschwerdeverfahren sind bestimmte Fristen einzuhalten. Diese gelten sowohl für den Steuerpflichtigen als auch für die Behörden. Die Verjährung kann unter bestimmten Umständen auch unterbrochen werden.

7.6.1 Veranlagungsverfahren

Das Veranlagungsverfahren ist mit der **Steuererklärung** eingeleitet, die der Steuerpflichtige zu Beginn der Steuerperiode erhält. Das Recht, eine Steuer zu veranlagen, verjährt **5 Jahre** nach Ablauf der Steuerperiode (DBG 120). Falls ein Steuerpflichtiger keine Steuererklärung erhält, ist er verpflichtet, von sich aus eine Steuererklärung einzureichen (DBG 124). Die Steuerbehörden haben in diesem Fall das Recht, die Veranlagung noch 5 Jahre später einzuleiten (DBG 120 Abs. 1).

Die **absolute Verjährung** beträgt **15 Jahre** nach Ablauf der Steuerperiode (DBG 120 Abs. 4).

7.6.2 Bezugsverjährung

Die Steuerforderungen verjähren **5 Jahre,** nachdem die Veranlagung rechtskräftig geworden ist. Die **absolute Verjährung** für den Bezug der Steuern beträgt **10 Jahre** (DBG 121).

7.6.3 Revisions- und Nachsteuerverfahren

Bei der **Revision** handelt es sich um die Änderung einer Veranlagung **zugunsten des Steuerpflichtigen** (DBG 147 Abs. 1). Ein Revisionsbegehren muss **innerhalb von 90 Tagen** nach der Entdeckung des Revisionsgrunds erhoben werden, spätestens aber **10 Jahre** nach Eröffnung der Verfügung oder des Entscheids (DBG 148).

Zum **Nachsteuerverfahren** werden Veranlagungen **zuungunsten des Steuerpflichtigen** angepasst (DBG 151 Abs. 1). Das Recht, ein Nachsteuerverfahren einzuleiten, erlischt **10 Jahre** nach Ablauf der Steuerperiode. Eine **absolute Verjährung** entsteht nach **15 Jahren** (DBG 152).

7.7 Steuerstrafrecht

Das Gesetz über die direkte Bundessteuer enthält ein eigenes Steuerstrafrecht (DBG 174 ff.). Die **Steuerdelikte** werden in zwei Gruppen eingeteilt:

- **Verletzung von Verfahrenspflichten** (DBG 174) und **Steuerhinterziehung** (DBG 175 ff.), die von den Steuerbehörden im Administrativverfahren geahndet werden.
- **Steuervergehen** (Steuerbetrug; DBG 186 ff.), die von den Strafverfolgungs- und Strafjustizbehörden gemäss Strafprozessrecht beurteilt werden.

Abb. [7-7]   Arten von Steuerdelikten

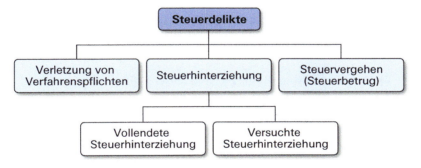

7.7.1 Verletzung von Verfahrenspflichten

Die Veranlagungsbehörden sind zur Ermittlung der Steuerfaktoren auf die Mitwirkung des Steuerpflichtigen angewiesen. Erfüllt dieser die gesetzlichen Pflichten nicht, besteht die Gefahr, dass die Steuerfaktoren nicht richtig ermittelt werden können. Aus diesem Grund stellt der Gesetzgeber die Unterlassung von Mitwirkungspflichten unter Strafe.

Mit einer **Busse** wegen Verletzung von Verfahrenspflichten wird bestraft, wer einer Verfahrenspflicht oder einer Anordnung nicht nachkommt (DBG 174), insbesondere:

- die Steuererklärung oder die dazugehörenden Beilagen nicht einreicht (DBG 124 und 125),
- eine Bescheinigungs-, Auskunfts- oder Meldepflicht nicht erfüllt (DBG 126–129) oder
- Pflichten verletzt, die ihm als Erben oder Drittem im Inventarverfahren obliegen (DBG 156–158).

Das Gesetz sieht eine **Höchststrafe** von CHF 1 000 vor. In schweren Fällen oder bei Rückfall beträgt sie bis zu CHF 10 000 (DBG 174 Abs. 2).

Eine Bestrafung wegen Verletzung von Verfahrenspflichten kann bei natürlichen und juristischen Personen erfolgen und setzt immer eine **Mahnung** voraus. Diese enthält die Aufforderung an den Pflichtigen, innert einer bestimmten **Frist** das Versäumte nachzuholen. Die möglichen **Rechtsnachteile bei einer Zuwiderhandlung** sind anzudrohen. Aus Beweisgründen wird die Mahnung in der Regel eingeschrieben zugestellt.

7.7.2 Steuerhinterziehung

Eine Steuerhinterziehung liegt dann vor, wenn ein Steuerpflichtiger dem Gemeinwesen nicht jene Steuern abliefert, die er aufgrund des Gesetzes abzuliefern hätte. Wesentlich dabei ist, dass der Steuerpflichtige **unrichtige Angaben** gegenüber den Behörden macht oder diesen **wesentliche Tatsachen** verschweigt. Unter Steuerhinterziehung ist daher jedes pflichtwidrige Tun oder Unterlassen zu verstehen, das zu einer **ungenügenden Besteuerung** des tatsächlichen Steuersubstrats führt. Dabei wird zwischen vollendeter und versuchter Steuerhinterziehung unterschieden.

A] Vollendete Steuerhinterziehung (DBG 175)

Bei einer vollendeten Steuerhinterziehung bewirkt der Täter **vorsätzlich oder fahrlässig,** dass eine Veranlagung zu Unrecht unterbleibt oder dass eine rechtskräftige Veranlagung unvollständig ist und er somit den geschuldeten Steuerbetrag nicht oder nicht vollumfänglich entrichten muss. Eine rechtskräftige Veranlagung ist dann unvollständig, wenn der Steuerpflichtige keine, unvollständige oder falsche Angaben in der Steuererklärung und in den Beilagen macht oder im Veranlagungs- und / oder Beschwerdeverfahren keine, unvollständige oder falsche Auskünfte erteilt.

Die **Busse** bemisst sich nach der hinterzogenen Steuer und beträgt in der Regel das Einfache davon. Bei leichtem Verschulden kann sie auf ein Drittel ermässigt, bei schwerem Verschulden auf das Dreifache erhöht werden.

B] Versuchte Steuerhinterziehung (DBG 176)

Die versuchte Steuerhinterziehung ist nur bei **vorsätzlicher Begehung** strafbar. Eine versuchte Steuerhinterziehung liegt vor,

- wenn die Hinterziehungshandlung des Steuerpflichtigen **vor Eintritt der Rechtskraft der Veranlagung entdeckt** wird,
- wenn der Steuerpflichtige mittels falscher Angaben eine **Rückerstattung** zu erwirken versucht und die Steuerbehörden dies vor Eintritt der Rechtskraft der Rückerstattungsverfügung entdecken,
- wenn der Steuerpflichtige mittels falscher Angaben einen **Steuererlass** zu erlangen versucht und die für den Erlass zuständige Amtsstelle dies vor der Eröffnung der Verfügung feststellt.

Die **Busse** bemisst sich nach dem Steuerbetrag, den man zu hinterziehen versuchte. Sie beträgt zwei Drittel der Busse, die bei vorsätzlicher und vollendeter Steuerhinterziehung festzusetzen wäre. Der Steuerbetrag entspricht der Differenz zwischen der Veranlagung nach Durchführung des Verfahrens wegen Hinterziehungsversuchs und der Veranlagung ohne Berücksichtigung dieser Korrekturen.

C] Straflose Selbstanzeige

Das Bundesgesetz über die Vereinfachung der Nachbesteuerung in Erbfällen und die Einführung der straflosen Selbstanzeige ermöglichen es Steuerpflichtigen, den Steuerbehörden bisher nicht deklarierte Einkommen (und Vermögen) anzuzeigen und damit zu legalisieren. Eine solche **teilweise Steueramnestie** ermöglicht den Steuerpflichtigen, einer strafrechtlichen Verfolgung zuvorzukommen. Nachsteuern und Verzugszinsen bleiben aber weiterhin geschuldet.

Für die vereinfachte Nachbesteuerung in Erbfällen und für die straflose Selbstanzeige (DBG 175 Abs. 3; DBG 177 Abs. 3; DBG 178 Abs. 4; DBG 181a) müssen kumulativ folgende **Voraussetzungen** erfüllt sein:

1. Die Steuerhinterziehung war vor der Selbstanzeige keiner Behörde bekannt.
2. Die Erben oder die steuerpflichtige Person unterstützen die Steuerbehörden bei der Feststellung der hinterzogenen Vermögens- und Einkommenselemente vorbehaltlos.
3. Die Erben oder die steuerpflichtige Person bemühen sich tatsächlich um die Bezahlung der geschuldeten Steuern.

Die vereinfachte **Nachbesteuerung in Erbfällen** wird auf die dem Todesjahr des Erblassers vorangegangenen **drei Steuerperioden** beschränkt. Für diese Zeit erfolgt eine exakte Berechnung der Nachsteuern und der Verzugszinsen. Anzeigeberechtigt sind jeder Erbe sowie der Erbschaftsverwalter und der Willensvollstrecker; die Anzeigenden haben das Recht, eine vereinfachte Nachbesteuerung auch gegen den Willen anderer Erben zu verlangen.

Bei einer **straflosen Selbstanzeige** von natürlichen und juristischen Personen sind die hinterzogene Steuer sowie die Verzugszinsen für **höchstens 10 Jahre** geschuldet. Auf die Erhebung einer Busse wird verzichtet. Natürliche und juristische Personen können sich **nur einmal** in ihrem Leben bzw. Bestehen straflos selbst anzeigen. Bei jeder weiteren Selbstanzeige wird die Busse – wie unter dem bisherigen Recht – auf einen Fünftel der hinterzogenen Steuer ermässigt.

D] Teilnahmehandlungen (DBG 177)

Neben dem Steuerpflichtigen können auch **Dritte** an einer Hinterziehung teilnehmen. Das DBG umschreibt die Teilnahmehandlungen wie folgt:

- **Anstiftung:** Wenn der Anstifter den Steuerpflichtigen vorsätzlich zur Begehung einer Steuerhinterziehung veranlasst (z. B., wenn der vertragliche Vertreter eines Steuerpflichtigen diesen zur Steuerhinterziehung anhält).
- **Gehilfenschaft:** Wenn der Gehilfe dem Steuerpflichtigen bei einer Steuerhinterziehung vorsätzlich Hilfe leistet und es sich dabei um einen kausalen Beitrag handelt.
- **Mitwirkung:** Wenn der vertragliche Vertreter eines Steuerpflichtigen für diesen aus eigenem Antrieb und ohne dessen Wissen die Steuer verkürzt.

Für Dritte beträgt die **Busse** bis zu CHF 10 000; in schweren Fällen oder bei Rückfall bis zu CHF 50 000.

7.7.3 Steuervergehen (DBG 186 ff.)

Bei Steuervergehen sind die ordentlichen Strafverfolgungs- und Strafjustizbehörden für das Verfahren zuständig (DBG 188). Als Steuervergehen gemäss Steuerstrafrecht gelten:

- **Steuerbetrug** liegt vor, wenn zum Zweck einer Steuerhinterziehung vorsätzlich falsche, gefälschte oder inhaltlich unwahre Urkunden zur Täuschung der Steuerbehörden gebraucht werden, wie z. B. Bilanzen, Erfolgsrechnungen, Lohnausweise (DBG 186).
- **Veruntreuung von Quellensteuern** liegt vor, wenn ein zum Quellensteuerabzug Verpflichteter die Quellensteuer zwar von der steuerbaren Leistung (z. B. vom Lohn) abzieht, diese jedoch der Steuerbehörde nicht abliefert, sondern zu seinen eigenen Nutzen oder zum Nutzen eines Dritten verwendet (DBG 187).

Steuervergehen werden mit **Freiheitsstrafe** bis zu 3 Jahren oder mit einer **Geldstrafe** (max. 360 Tagessätze zu je max. CHF 3 000) bestraft. Eine bedingte Strafe kann mit Busse bis zu CHF 10 000 verbunden sein.

7.7.4 Verjährungsfristen (DBG 184 und 189)

Die Verjährungsfristen bei Strafverfolgung und bei Steuervergehen betragen bei:

- **Verletzung von Verfahrenspflichten:** 3 Jahre nach rechtskräftigem Abschluss des Verfahrens
- **Versuchter Steuerhinterziehung:** 6 Jahre nach rechtskräftigem Abschluss des Verfahrens
- **Vollendeter Steuerhinterziehung:** 10 Jahre nach Ablauf der massgebenden Steuerperiode
- **Steuervergehen:** 15 Jahre nach Ausführung der letzten strafbaren Tätigkeit

Auch die Verjährung von Strafverfolgungen kann **unterbrochen** werden. Mit jeder Unterbrechung beginnt die Verjährungsfrist neu zu laufen: Sie kann aber insgesamt nicht um mehr als die Hälfte ihrer ursprünglichen Dauer hinausgeschoben werden.

Zusammenfassung

Zu den **eidgenössischen Steuerbehörden** zählen das Finanzdepartement, die ESTV und das Bundesgericht. Die **kantonalen Steuerbehörden** sind für die Veranlagung und den Vollzug der direkten Bundessteuer zuständig.

Im Veranlagungsverfahren gelten:

- **Verfahrensgrundsätze** für Steuerpflichtige und Steuerbehörden: Legalitätsprinzip, rechtliches Gehör, Treu und Glauben, Verhältnismässigkeit und rechtsgleiche Behandlung.
- **Amtspflichten der Steuerbehörden:** bei Befangenheit in der Sache in Ausstand treten, Geheimhaltungspflicht wahren und Amtshilfe leisten.
- **Rechte der Steuerpflichtigen:** Akteneinsicht, Beweisabnahme und das Recht auf eine Vertretung.

Unter **Veranlagung** versteht man die verpflichtende Festsetzung des Betrags der Steuerschuld. Zunächst ermittelt wird die Berechnungsgrundlage, wie z. B. das Einkommen oder Vermögen, und danach der Steuerbetrag.

Die Veranlagung kann entweder entsprechend der **Selbstdeklaration,** in **Abweichung** von dieser oder aufgrund einer **ermessensweisen Veranlagung** erfolgen.

Nach Abschluss des Veranlagungsverfahrens wird eine **Veranlagungsverfügung** erlassen.

- Die Veranlagungsverfügung muss **schriftlich** erfolgen und Folgendes enthalten: Steuerfaktoren, Steuersatz, Steuerbetrag, Abweichungen und deren Gründe (bei Selbstdeklaration), die Begründung für die Ermessensveranlagung (wenn keine Steuererklärung eingereicht wurde) sowie die Rechtsmittelbelehrung.
- Die Veranlagungsverfügung muss dem **Steuerpflichtigen** (bzw. seinem Vertreter) zugestellt oder aber im **Amtsblatt** publiziert werden.

Am Veranlagungsverfahren sind der **Steuerpflichtige** und **Dritte** mit den folgenden Pflichten beteiligt:

Steuerpflichtiger: **Mitwirkungspflicht** (DBG 124 ff.)	• Einreichung der Steuererklärung und der Beilagen • Auskunftspflicht • Bescheinigungspflicht (Vorlegen von Geschäftsbüchern, Belegen, weiteren Bescheinigungen und Urkunden) • Aktenaufbewahrungspflicht
Dritte: **Bescheinigungspflicht** (DBG 127)	• Arbeitgeber: Leistungen an den Arbeitnehmer • Gläubiger und Schuldner: Bestand, Höhe, Verzinsung und Sicherstellung von Forderungen • Versicherer: Rückkaufswert von Versicherungen • Treuhänder / Vermögensverwalter: Vermögen und Erträge • Personen, die mit dem Steuerpflichtigen Geschäfte tätigen oder getätigt haben: gegenseitige Ansprüche und Leistungen
Dritte: **Auskunftspflicht** (DBG 128)	Nur auf Verlangen der Behörden: • Gesellschafter / Miteigentümer / Gesamteigentümer: Rechtsverhältnisse (Anteile, Ansprüche und Bezüge)
Dritte: **Meldepflicht** (DBG 129)	Ohne Aufforderung der Behörden: • Juristische Personen: Leistungen an Mitglieder der Verwaltung und der Organe • Stiftungen: Leistungen an Begünstigte • Einrichtungen der beruflichen Vorsorge: Vorsorgeleistungen an Begünstigte • Einfache Gesellschaften und Personengesellschaften: alle Verhältnisse zu den Teilhabern, die für die Veranlagung von Bedeutung sein können • Arbeitgeber: Mitarbeiterbeteiligungen

Der Steuerpflichtige kann sich gegen die Steuerveranlagung der direkten Bundessteuer wehren, indem er bestimmte **Rechtsmittel** ergreift:

1. die **Einsprache** an die Veranlagungsbehörde,
2. die **Beschwerde** an die kantonale Steuerrekurskommission (Spezialgericht),
3. die **Beschwerde in öffentlich-rechtlichen Angelegenheiten** an das Bundesgericht und
4. die **Revision** des rechtskräftigen Bundesgerichtsentscheids an das Bundesgericht.

Das kantonale Recht kann eine zweite kantonale Rekursinstanz vorsehen.

Die **Einsprachefrist** beträgt **30 Tage** und beginnt an dem der Zustellung folgenden Tag. Die **Beschwerdefrist** beträgt ebenfalls **30 Tage** ab der Zustellung des Einspracheentscheids.

Es handelt sich dabei um **Verwirkungsfristen,** die nach Ablauf nicht verlängert werden können. Die Einsprache muss **schriftlich** erfolgen, einen **Antrag** (mit den Steuerfaktoren) und eine **Begründung** enthalten und vom Steuerpflichtigen bzw. von seinem Vertreter **unterschrieben** werden.

Beim Einsprache- und beim Beschwerdeverfahren gilt die **Offizialmaxime:** Die Behörden müssen den Sachverhalt von Amtes wegen überprüfen und können dabei auch bisher nicht vorgenommene Untersuchungen durchführen.

Es gibt drei Arten von Einsprache- und Beschwerdeentscheiden:

- **Formeller Entscheid** (Nichteintretensentscheid): Abweisung bei Nichterfüllung der formellen Anforderungen
- **Materieller Entscheid:** teilweise oder vollumfängliche Gutheissung bzw. Abweisung oder Änderung zuungunsten des Steuerpflichtigen. Im Beschwerdeverfahren ist überdies die Rückweisung an die Veranlagungsbehörde möglich
- **Rückzug** durch den Steuerpflichtigen

Nur das Einspracheverfahren ist kostenfrei. Die Kosten für das Beschwerdeverfahren werden entweder vollumfänglich der unterliegenden bzw. zurückziehenden Partei oder beiden Parteien verhältnismässig überwälzt.

Die Beschwerde in öffentlich-rechtlichen Angelegenheiten beim Bundesgericht ist ein unvollkommenes Rechtsmittel, weil das Bundesgericht grundsätzlich an die Feststellung des Sachverhalts durch die Vorinstanz gebunden ist.

Die Beschwerdefrist beträgt 30 Tage ab Zustellung des Entscheids der Steuerrekurskommission und ist nicht erstreckbar. Die Beschwerde muss schriftlich, unterschrieben und in dreifacher Ausfertigung eingereicht werden, einen Antrag, eine Begründung, den angefochtenen Entscheid und die entsprechenden Beweismittel enthalten.

Das Beschwerdeverfahren endet mit einem Entscheid. Das Urteil kann auf Nichteintreten, Abweisung, teilweise oder ganze Gutheissung oder Abschreibung der Beschwerde lauten.

Im Veranlagungs- und Rechtsmittelverfahren gelten bestimmte Verjährungsfristen:

- Veranlagungsverjährung (5 Jahre / absolut 15 Jahre)
- Bezugsverjährung (5 Jahre / absolut 10 Jahre)
- Revisionsverfahren (10 Jahre)
- Nachsteuerverfahren (10 Jahre / absolut 15 Jahre)

Das Steuerstrafrecht unterscheidet

- **Verletzung von Verfahrenspflichten** und vollendete oder versuchte **Steuerhinterziehung**: von den Steuerbehörden im Administrativverfahren geahndet
- **Steuervergehen:** vom Strafrichter gemäss Strafprozessrecht beurteilt

	Tatbestände	Busse	Verjährung
Verletzung Verfahrenspflichten	- Nichteinreichen der Steuererklärung und der Beilagen - Nichterfüllen einer Bescheinigungs-, Auskunfts- oder Meldepflicht - Verletzung von Pflichten, die einem als Erben oder Dritten obliegen	Bis CHF 10 000	3 Jahre
Versuchte Steuerhinterziehung	Vorsätzlicher Versuch, die Steuer zu hinterziehen	2/3 der Busse, die bei der vollendeten Hinterziehung festgesetzt worden wäre	6 Jahre
Vollendete Steuerhinterziehung	Der Täter bewirkt vorsätzlich oder fahrlässig, dass - die Veranlagung zu Unrecht unterbleibt oder - die rechtskräftige Veranlagung unvollständig ist.	Das Einfache bzw. 1/3 bis zum Dreifachen des hinterzogenen Steuerbetrags	10 Jahre
Steuervergehen	- Versuch der Verwendung gefälschter, verfälschter oder inhaltlich unwahrer Urkunden - Veruntreuung von Quellensteuern	Freiheitsstrafe bis 3 Jahre Geldstrafe bis max. 360 Tagessätze à CHF 3 000	15 Jahre

> Das Bundesgesetz über die Vereinfachung der **Nachbesteuerung in Erbfällen** und die Einführung der **straflosen Selbstanzeige** bewirkt eine **teilweise Steueramnestie** für natürliche und für juristische Personen. Es wird keine Busse verhängt, Nachsteuern und Verzugszinsen bleiben jedoch geschuldet.

Repetitionsfragen

29 Lukas Brunnenmeier ist an der Kollektivgesellschaft Brunnenmeier & Co. beteiligt, die auch Eigentümerin mehrerer Liegenschaften ist. Lukas Brunnenmeier wohnt in einer dieser Liegenschaften. Der Eigenmietwert ist auf CHF 25 000 festgelegt.

In den Jahresabschlüssen 20_1 und 20_3 wurde der Eigenmietwert als Ertrag ordnungsgemäss verbucht, in der Jahresrechnung 20_2 wurde diese Verbuchung jedoch unterlassen.

Sind damit die Voraussetzungen einer Steuerhinterziehung erfüllt?

30 A) Sind die folgenden fünf Aussagen richtig (R) oder falsch (F)?

B) Begründen Sie kurz, falls Sie die Aussage für falsch halten.

R	F	Aussage
☐	☐	Die Veranlagung für die direkte Bundessteuer wird von den kantonalen Behörden durchgeführt.
☐	☐	Die letzte Instanz bei Meinungsverschiedenheiten und Rechtsstreitigkeiten ist das Bundesgericht.
☐	☐	Erhält der Steuerpflichtige keine Steuererklärung, muss er keine Steuererklärung einreichen.
☐	☐	Eine Revision ist die Abänderung einer Veranlagung zuungunsten des Steuerpflichtigen.
☐	☐	Die Verjährungsfrist ist bei der vollendeten Steuerhinterziehung höher als bei der versuchten Steuerhinterziehung.

31 Anton Berger, verheiratet, erhebt fristgerecht Einsprache gegen die Veranlagungsverfügung der direkten Bundessteuer. Er selbst unterschreibt die Einsprache, nicht aber seine Ehefrau.

Ist dieses Vorgehen formell korrekt?

32 Was versteht man unter dem Legalitätsprinzip?

33 Was bedeutet die Aussage «die Einsprachefrist ist eine Verwirkungsfrist»?

34 Lukas Troxler hat seine Beschwerde ordnungsgemäss eingereicht. Nun ersucht er um einen Rückzug dieser Beschwerde.

Wird das Beschwerdeverfahren damit automatisch aufgehoben?

35 Daniel Burger erhielt in den letzten 10 Jahren Pauschalspesen von CHF 1 200 pro Monat zusätzlich zum Lohn ausbezahlt. Die Steuerbehörden haben diese Pauschalspesen immer ohne Nachweis der effektiven Spesen akzeptiert. In der aktuellen Veranlagungsperiode werden die Spesen jedoch ohne nähere Begründung als steuerbare Leistung aufgerechnet. In einem weiteren schriftlichen Briefwechsel erklären die Steuerbehörden, dass die Spesen nachgewiesen werden müssen.

Wie beurteilen Sie das Vorgehen der Steuerbehörden?

Teil C Weitere Steuern des Bundes

8 Mehrwertsteuer

Lernziele

Nach der Bearbeitung dieses Kapitels können Sie …

- die Voraussetzungen für die Erhebung der Inland-, Bezug- und Einfuhrsteuer nennen.
- das Prinzip der schweizerischen Mehrwertsteuer erklären.
- anhand von Beispielen bestimmen, ob auf den betreffenden Umsätzen eine Mehrwertsteuerpflicht besteht.
- die Kriterien für die Wahl des Abrechnungsverfahrens nennen.

Schlüsselbegriffe

Allphasen-Nettoumsatzsteuer, Bestimmungsort, Bezugsteuer, Bezugsverjährung, Dienstleistung, effektive Abrechnungsmethode, Einfuhrsteuer, Empfängerort, Erbringerort, Festsetzungsverjährung, Inlandsteuer, Lieferung von Gegenständen, Meldeverfahren, MWST, MWSTG, Normalsatz, Ort der gelegenen Sache, Ort der Tätigkeit, Ort der zurückgelegten Strecke, Rechtsmittelverfahren, Saldosteuersatzmethode, Sondersatz für Beherbergungsleistungen, taxe occulte, Unternehmer, Verbrauchssteuer, Vorsteuerabzug, Zollschuldner

Die Mehrwertsteuer (MWST) ist eine allgemeine **Verbrauchssteuer** auf Konsumgütern und Dienstleistungen und die **wichtigste Einnahmequelle des Bundes.** Als «Verbrauch» bezeichnet der Gesetzgeber die Verwendung von Einkommen und Vermögen zum Erwerb von Gütern und Dienstleistungen. Der Verbrauch gilt als ein Massstab für die wirtschaftliche Leistungsfähigkeit.

Nebst der MWST gibt es auch spezielle Verbrauchssteuern auf einzelnen Gütern (z. B. die Tabak- und die Mineralölsteuer).

Die gesetzliche Grundlage für die Erhebung der MWST ist das Bundesgesetz über die Mehrwertsteuer (MWSTG). Es wurde per 01.01.2018 einer Teilrevision unterzogen.

Die Mehrwertsteuer wird auf drei Tatbeständen erhoben:

- Der **Inlandsteuer** unterliegen die gegen Entgelt durch steuerpflichtige Personen **im Inland erbrachten** steuerpflichtigen **Leistungen,** d. h. die Lieferung von Gegenständen und Dienstleistungen.
- Die **Bezugsteuer** belastet **Dienstleistungen,** die Empfänger im Inland **von Unternehmen mit Sitz im Ausland** beanspruchen. Sie verhindert eine Steuerlücke: Ein Konsument im Inland soll die entsprechenden Leistungen nicht aus dem Ausland steuerfrei beziehen können, die bei einem Bezug im Inland steuerbelastet wären.
- Mit der **Einfuhrsteuer** wird sichergestellt, dass der **Erwerb von Gegenständen im Ausland** gegenüber jenem im Inland steuerlich nicht bevorteilt wird.

Abb. [8-1] Mehrwertsteuer

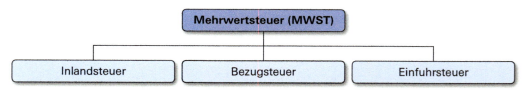

8.1 Prinzip der Allphasen-Nettoumsatzsteuer mit Vorsteuerabzug

Die Mehrwertsteuer ist als Allphasen-Nettoumsatzsteuer mit Vorsteuerabzug ausgestaltet. Das bedeutet:

- Die Steuer wird für jede Phase des Wertschöpfungsprozesses erhoben.
- Die Steuer ist auf dem Nettobetrag der Leistung geschuldet; die Steuer selber gehört damit nicht zur Bemessungsgrundlage der Steuer.
- Jeder Steuerpflichtige kann die von ihm an seine Lieferanten oder Auftragnehmer bezahlte Mehrwertsteuer als Vorsteuer von seiner eigenen Steuerschuld abziehen. Der Vorsteuerabzug verhindert die unerwünschte taxe occulte (Schattensteuer), d. h. eine mehrfache steuerliche Belastung des Verbrauchs. Bei einem Steuerpflichtigen wird die Mehrwertsteuer somit jeweils nur auf der eigenen Wertschöpfung erhoben.

Dieses Prinzip wird nachfolgend am Beispiel eines Kleiderhandels dargestellt.

Beispiel

Ein Kleidergrosshändler mit Sitz in der Schweiz bezieht Kleider von einem ausländischen Produzenten und liefert diese von seinem Zentrallager aus an verschiedene Modehäuser in der Schweiz.

Die Steuererhebung nach dem System der Mehrwertsteuer funktioniert wie folgt:

Abb. [8-2] Prinzip der Allphasen-Nettoumsatzsteuer mit Vorsteuerabzug (Beispiel)

→ Steuerbare Lieferung mit Anspruch auf Vorsteuerabzug
→ Steuerbare Lieferung ohne Anspruch auf Vorsteuerabzug

Phase 1: Import der Kleider

Die Eidgenössische Zollverwaltung (EZV) belastet den Kleiderimport im Wert von CHF 100 bei der Einfuhr mit 7.7% MWST (Einfuhrsteuer), d. h. mit CHF 7.70.

Phase 2: Inlandlieferung der Kleider: Rechnung des Grosshändlers an das Modehaus

Zusätzlich zum Warenwert der Inlandlieferung von CHF 170 müssen 7.7% MWST (CHF 13.10) in Rechnung gestellt werden. Da der Grosshändler die Ware bereits MWST-belastet bezogen hat, kann er einen Vorsteuerabzug von CHF 7.70 beanspruchen. Seine Zahlung an die ESTV beläuft sich auf CHF 5.40.

Phase 3: Verkauf der Kleider: Rechnung des Modehauses an den Kunden

Auf dem Nettoverkaufspreis von CHF 200 (Preis ohne MWST) sind 7.7% MWST (Inlandsteuer) geschuldet (CHF 15.40), die das Modehaus dem Kunden verrechnet. Die vom Kleidergrosshändler belastete MWST von CHF 13.10 kann es als Vorsteuer abziehen. Das Modehaus schuldet der ESTV nur die Nettosteuer von CHF 2.30.

Berechnung der Steuerlast (in CHF):

MWST	Import	Grosshändler	Modehaus	Total
Nettobetrag Leistung	100.00	170.00	200.00	
Einfuhrsteuer (7.7%)	7.70	–	–	
Inlandsteuer (7.7%)	–	13.10	15.40	
Vorsteuerabzug	–	–7.70	–13.10	
Steuerlast	7.70	5.40	2.30	15.40

Der Kunde bezahlt dem Modehaus CHF 215.40. Die Steuerlast ergibt total CHF 15.40; die Mehrwertsteuer ist somit auf dem gesamten Konsum (Warenwert des Endverbrauchs) abgerechnet.

8.2 Allgemeine Bestimmungen

8.2.1 Inland

Gegenstand der Mehrwertsteuer können nur Umsätze in einem Gebiet sein, auf das sich die Hoheitsgewalt der **Schweizerischen Eidgenossenschaft** erstreckt. Neben dem schweizerischen Staatsgebiet gelten auch die folgenden **ausländischen Gebiete** als Inland (MWSTG 3 lit. a):

- Die deutsche Gemeinde Büsingen und das Fürstentum Liechtenstein gelten gemäss staatsvertraglichen Vereinbarungen als schweizerisches Zollgebiet. Somit findet das MWSTG auch in diesen Gebieten Anwendung.
- Als Inland gelten – mit Sonderbestimmungen – auch Teile des Flughafens Basel-Mülhausen-Freiburg EuroAirport.

Als Spezialfall behandelt werden auch die Engadiner Talschaften Samnaun und Sampuoir: Bezüglich Dienstleistungen (inkl. Leistungen des Hotel- und Gastgewerbes) gelten sie als Inland, bezüglich der Lieferung von Gegenständen dagegen als Ausland (MWSTG 4).

8.2.2 Umsatzarten

Im Mehrwertsteuersystem unterscheidet man die vier Umsatzarten gemäss Abb. 8-3.

Abb. [8-3] **Umsatzarten bei der Mehrwertsteuer**

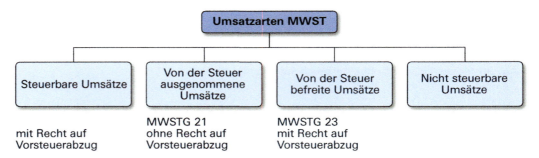

A] Steuerbare Umsätze

Steuerbar sind die Umsätze für die **im Inland erbrachten unternehmerischen Leistungen** (Lieferungen und Dienstleistungen), soweit sie nicht von der Mehrwertsteuer ausgenommen oder befreit sind (MWSTG 18). Auf Aufwendungen, die im Zusammenhang mit den steuerbaren Umsätzen angefallen sind, darf der Vorsteuerabzug geltend gemacht werden.

B] Von der Steuer ausgenommene Umsätze

Auf den von der Steuer ausgenommenen Umsätzen (MWSTG 21) muss **keine Mehrwertsteuer** abgerechnet werden, es besteht aber auch **kein Recht auf Vorsteuerabzug.** Diese Leistungen werden aus sozial- oder bildungspolitischen Gründen nicht besteuert oder sie unterliegen einer anderweitigen Besteuerung oder Abgabepflicht.

Damit auch auf ausgenommenen Leistungen der Vorsteuerabzug möglich ist, sieht MWSTG 22 die Möglichkeit der Option vor. Die **Option** ist eine **freiwillige Versteuerung der ausgenommenen Umsätze.** Diese benötigt keine Bewilligung durch die ESTV, die Mehrwertsteuer muss aber in den Rechnungen offen ausgewiesen werden.

Keine Option ist möglich auf ausgenommenen Umsätzen im Bereich der **Versicherungen** (MWSTG 21 Abs. 2 Ziff. 18), des Geld- und Kapitalverkehrs (MWSTG 21 Abs. 2 Ziff. 19) und der **Glücksspiele** (MWSTG 21 Abs. 2 Ziff. 23). Auf ausgenommenen Umsätzen bei **Grundstücken** gemäss MWSTG 21 Abs. 2 Ziff. 20 und 21 ist die Option ausgeschlossen, wenn der Empfänger der Leistung diese ausschliesslich für private Zwecke nutzt.

Beispiel

Zu den von der Mehrwertsteuer ausgenommenen Umsätzen gehören u. a.:
- Briefpostsendungen (bis 50 Gramm)
- Leistungen im Gesundheitswesen der Humanmedizin, in der Sozialhilfe und Sozialfürsorge (Behandlungen im Spital, von Ärzten, Zahnärzten, Psychotherapeuten, Physiotherapeuten usw.)
- Leistungen im Sozialbereich (Altersheime, Kinder- und Jugendbetreuung) und Bildungsleistungen
- Leistungen von nicht gewinnstrebigen Vereinen, Gewerkschaften usw. an ihre Mitglieder
- Kulturelle Leistungen, einschliesslich sportlicher Anlässe
- Finanz- und Versicherungsleistungen (Ausnahmen: Vermögensverwaltung, Inkasso)
- Dauerhafte Vermietung und Verpachtung von Grundstücken, Wohnungen usw.
- Umsätze bei Geldspielen, soweit diese der Spielbankenabgabe nach dem Geldspielgesetz unterliegen oder der damit erzielte Reingewinn für gemeinnützige Zwecke verwendet wird

C] Von der Steuer befreite Umsätze

Auf den von der Steuer befreiten Umsätzen muss **keine Mehrwertsteuer** eingerechnet werden (MWSTG 23). Hauptsächlich betrifft dies Umsätze aus Exporten. Der **Vorsteuerabzug** ist jedoch möglich für vorsteuerbelastete Gegenstände und Dienstleistungen, die für die Erzielung von steuerbefreiten Umsätzen verwendet werden.

Beispiel

Zu den von der Mehrwertsteuer befreiten Umsätzen gehören:
- Lieferung von Gegenständen ins Ausland
- Transportleistungen über die Grenze
- Dienstleistungen an Empfänger mit Geschäfts- oder Wohnsitz im Ausland
- Verkäufe von Konsumgütern in den Zollfreiläden von Flughäfen
- Personenbeförderungsleistungen im grenzüberschreitenden Luft-, Bahn- und Busverkehr

D] Nicht steuerbare Umsätze

Nicht steuerbare Umsätze fallen **nicht in den Anwendungsbereich der Mehrwertsteuer**, z. B. bei Leistungen von Privatpersonen oder von Unternehmern, die einen weltweiten Jahresumsatz von weniger als CHF 100 000 erzielen und steuerbefreit sind (MWSTG 10).

8.2.3 Ort der Lieferung

Damit eine steuerbare Lieferung eines **Gegenstands** vorliegt, muss der damit erzielte Umsatz steuerbar sein und die Lieferung **im Inland gegen Entgelt** durch eine mehrwertsteuerpflichtige Person erfolgen. Als Gegenstand gelten bewegliche und unbewegliche Sachen sowie Elektrizität, Gas, Fernwärme u. Ä. (MWSTG 3 lit. b).

Für die Bestimmung des **Ortes einer Lieferung** und damit die Frage, ob sie der Mehrwertsteuer unterliegt, gelten folgende Grundsätze (MWSTG 7):

- Wird der Gegenstand nicht befördert, gilt der Ort, wo sich der Gegenstand befindet (MWSTG 7 Abs. 1 lit. a).
- Wird der Gegenstand vom Lieferanten oder von einem beauftragten Dritten zum Abnehmer oder zu einem Dritten befördert, gilt der Ort, an dem die Beförderung des Gegenstands beginnt (MWSTG 7 Abs. 1 lit. b).

- Bei der Lieferung von Elektrizität, Gas und Fernwärme über das jeweilige Verteilnetz gilt der Ort des Empfängers dieser Lieferung, d. h. dessen Geschäftssitz, Betriebsstätte, oder der Ort, an dem die Energie tatsächlich genutzt wird (MWSTG 7 Abs. 2).

8.2.4 Ort der Dienstleistung

Auch **Dienstleistungen** unterliegen nur dann der Mehrwertsteuer, wenn sich der Ort der Dienstleistung im Inland befindet und sie gegen Entgelt von einer mehrwertsteuerpflichtigen Person erbracht werden. Als Dienstleistung gilt jede Leistung, die **keine Lieferung eines Gegenstands** zum Inhalt hat (MWSTG 3 lit. e). Der Ort einer Dienstleistung wird nach den **sechs Grundprinzipien** gemäss Abb. 8-4 bestimmt, wobei die Ortsbestimmung nach dem Empfängerortsprinzip immer dann gilt, wenn nicht eines der anderen fünf Prinzipien zur Anwendung kommt (MWSTG 8).

Abb. [8-4]   **Ort der Dienstleistung (Grundprinzipien)**

Grundprinzip	Ortsbestimmung	Beispiele für Dienstleistungen	MWSTG 8
Empfängerort	Wo der Empfänger der Dienstleistung den Sitz der wirtschaftlichen Tätigkeit, eine Betriebsstätte oder seinen Wohnsitz hat	• Werbeleistungen • Leistungen von Beratern, Vermögensverwaltern, Treuhändern, Anwälten • Datenverarbeitung, Telekommunikation und elektronische Dienstleistungen • Güterbeförderung • Bank-, Finanz- und Versicherungsleistungen	Abs. 1
Erbringerort	Wo der Dienstleistungserbringer den Sitz der wirtschaftlichen Tätigkeit hat	• Heilbehandlungen, Therapien, Pflegeleistungen • Körperpflege (z. B. Coiffeur, Kosmetik) • Ehe-, Familien- und Lebensberatung • Sozial-, Sozialhilfeleistungen, Kinder- und Jugendbetreuung • Dienstleistungen von Reisebüros und Veranstaltungsorganisatoren	Abs. 2 lit. a–b
Ort der Tätigkeit	Wo die Tätigkeiten ausgeübt oder erbracht werden	• Gastgewerbliche Leistungen • Sportliche, kulturelle, künstlerische, wissenschaftliche, unterrichtende und unterhaltende Tätigkeiten	Abs. 2 lit. c–d
Ort der zurückgelegten Strecke	Wo die Beförderung stattfindet	• Personenbeförderungsleistungen	Abs. 2 lit. e
Ort der gelegenen Sache	Wo das Grundstück oder Gebäude gelegen ist	• Vermittlung, Verwaltung, Begutachtung oder Schätzung des Grundstücks • Dienstleistungen beim Erwerb oder der Bestellung von dinglichen Rechten am Grundstück • Architektur-, Ingenieur-, Bauaufsichtsleistungen • Überwachungsleistungen • Beherbergungsleistungen	Abs. 2 lit. f
Bestimmungsort	Ort, für den die Dienstleistung bestimmt ist	• Internationale Entwicklungszusammenarbeit • Humanitäre Hilfe	Abs. 2 lit. g

8.3 Steuersubjekt

Eine Leistung gilt grundsätzlich als von jener Person erbracht, die als **Leistungserbringerin** nach aussen auftritt (MWSTG 20 Abs. 1). Wenn eine bevollmächtigte Person (Vertreter) in fremdem Namen und für fremde Rechnung tätig ist, gilt der Vertretene als Leistungserbringer (MWSTG 20 Abs. 2).

Abb. 8-5 zeigt die Steuersubjekte bei der Inland-, bei der Bezug- und bei der Einfuhrsteuer und die Voraussetzungen der Steuerpflicht.

Abb. [8-5]   Steuersubjekt bei der Mehrwertsteuer

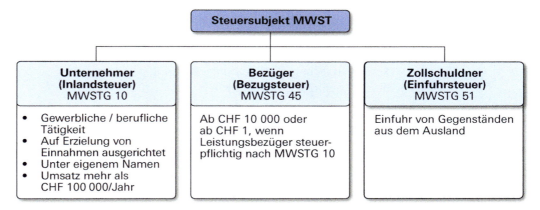

8.3.1 Inlandsteuer

Bei der Inlandsteuer ist steuerpflichtig, wer ein **Unternehmen** mit Sitz, Wohnsitz oder Betriebsstätte **im Inland** betreibt. Als Unternehmen gilt (MWSTG 10), wer

- eine auf die nachhaltige Erzielung von **Einnahmen** aus Leistungen ausgerichtete berufliche oder gewerbliche Tätigkeit **selbstständig** ausübt und
- **unter eigenem Namen** nach aussen auftritt.

Von der obligatorischen Mehrwertsteuerpflicht ist **befreit** (MWSTG 10 Abs. 2), wer

- im In- und Ausland einen Jahresumsatz von weniger als CHF 100 000 aus Leistungen erzielt, die nicht von der Steuer ausgenommen sind.
- als nicht gewinnstrebiger, ehrenamtlich geführter Sport- oder Kulturverein oder als gemeinnützige Institution im In- und Ausland einen Jahresumsatz von weniger als CHF 150 000 aus Leistungen erzielt, die nicht von der Steuer ausgenommen sind.

Es ist jedoch möglich, auf die Befreiung von der Mehrwertsteuerpflicht zu verzichten (MWSTG 11). In diesem Fall spricht man von der **freiwilligen Steuerpflicht.**

Auf den ersten Blick scheint ungewöhnlich, dass das MWSTG eine freiwillige Steuerpflicht vorsieht. Doch gibt es klare Gründe für einen Verzicht auf die Steuerbefreiung: Vorsteuerabzüge darf nämlich nur machen, wer selbst mehrwertsteuerpflichtig ist.

Beispiel   Das Start-up-Unternehmen X-Tec AG, in der Robotik tätig, ist im Gründungsjahr nicht obligatorisch steuerpflichtig, weil es den massgebenden Jahresumsatz von CHF 100 000 nicht erreicht.

Die X-Tec AG hat trotzdem ein Interesse, sich bei der Gründung freiwillig im MWST-Register eintragen zu lassen. Dadurch wird sie nämlich zum Vorsteuerabzug auf Vorleistungen berechtigt. Denn bei einer Befreiung von der Steuerpflicht könnte sie später – wenn sie aufgrund ihres Umsatzes obligatorisch steuerpflichtig wird – die Vorsteuern aus der Gründungsphase nur noch teilweise geltend machen.

8.3.2 Bezugsteuer

Werden Dienst- oder Arbeitsleistungen **ohne Materialimport** von **ausländischen Leistungsanbietern** bezogen, unterliegen diese Leistungen nicht der Einfuhrsteuer, sondern der Bezugsteuer. Mit der Bezugsteuer sollen ausländische Leistungsanbieter auf dem inländischen Markt nicht bevorteilt werden, weil auf diesen Leistungen keine Mehrwertsteuer anfallen würde. Die Bezugsteuer ist in MWSTG 45–49 geregelt.

Damit Leistungen der Bezugsteuer unterliegen, müssen die folgenden **Voraussetzungen** erfüllt sein:

- Die Leistungen unterliegen dem Empfängerortsprinzip nach MWSTG 8 Abs. 1.
- Der Ort der Leistungserbringung liegt im Inland.
- Die Leistungen würden im Inland der Mehrwertsteuer unterliegen.
- Der Dienstleistungserbringer ist ein Unternehmen mit Sitz im Ausland und nicht im schweizerischen MWST-Register eingetragen.

Die Steuerpflicht bei der Bezugsteuer hängt davon ab, ob der Bezüger selbst im Register der MWST eingetragen ist oder nicht.

A] Mehrwertsteuerpflichtige Bezüger

Wer gemäss MWSTG 10 für die **Inlandsteuer steuerpflichtig** und somit im Register der MWST eingetragen ist, muss die Bezugsteuer auf **sämtlichen Leistungsbezügen aus dem Ausland** abrechnen, sofern die Voraussetzungen erfüllt sind.

Gegebenenfalls kann die deklarierte Bezugsteuer wieder als Vorsteuer in Abzug gebracht werden.

B] Nicht mehrwertsteuerpflichtige Bezüger

Wer als Bezüger aufgrund von MWSTG 10 nicht steuerpflichtig und somit nicht im Register der MWST eingetragen ist, kann trotzdem für die Bezugsteuer steuerpflichtig werden, wenn die **Bezüge** von Unternehmen mit Sitz im Ausland **mehr als CHF 10 000** pro Kalenderjahr betragen (MWSTG 45).

Wird dieser Betrag überschritten, ist die Bezugsteuer für **sämtliche Bezüge** von Unternehmen mit Sitz im Ausland geschuldet und nicht nur für denjenigen Teil der Dienstleistungen, der die CHF 10 000 übersteigt. Es besteht keine Anforderung hinsichtlich der Unternehmereigenschaft des Empfängers: Auch wer die Leistungen ausschliesslich **für den privaten Bedarf** bezieht, hat diese Bezüge unter gewissen Voraussetzungen abzurechnen.

Wer einzig aufgrund der Bezugsteuer steuerpflichtig wird, hat sich innert 60 Tagen nach Ablauf des Kalenderjahrs, für das er steuerpflichtig ist, schriftlich bei der ESTV anzumelden und gleichzeitig die bezogenen Leistungen zu deklarieren.

8.3.3 Einfuhrsteuer

Wer Waren **von ausländischen Anbietern** importiert, zahlt die Einfuhrsteuer, die in MWSTG 50–64 geregelt ist. Für die Erhebung der Einfuhrsteuer ist die **Eidgenössische Zollverwaltung** zuständig.

Bei der Einfuhr von Gegenständen aus dem Ausland ist der **Zollschuldner** steuerpflichtig (MWSTG 51 Abs. 1). Gewisse Einfuhren sind aber von der Einfuhrsteuer befreit, wie z. B. Gegenstände mit geringem Wert, Hausrat oder Kunstwerke, die vom Künstler selbst eingeführt werden.

Seit 01.01.2019 ist die **Versandhandelsregelung** (MWSTG 7 Abs. 3 lit. b) in Kraft. Ausländische Leistungsanbieter (insbesondere Onlinehändler) werden für Wareneinfuhren steuerpflichtig, die aufgrund eines Steuerbetrags von weniger als CHF 5 eigentlich von der Einfuhrsteuer befreit wären (MWSTG 53 Abs. 1 lit. a). Vorausgesetzt, dass sie mit diesen Einfuhren einen **Mindestumsatz von jährlich CHF 100 000** erzielen, wodurch die Lieferungen als Inlandlieferungen gelten.

8.4 Bemessungsgrundlage und Steuersätze

Bemessungsgrundlage der Mehrwertsteuer ist bei im Inland erbrachten Lieferungen und Dienstleistungen das tatsächlich **empfangene** bzw. das **vereinbarte Entgelt** (MWSTG 24).

Nicht in die Bemessungsgrundlage einbezogen werden:

- Billett-, Handänderungssteuer und die Mehrwertsteuer auf der betreffenden Leistung
- Der Wert des Bodens (z. B. bei der Veräusserung von Immobilien)
- Gewisse kantonale Abgaben an Wasser-, Abwasser- oder Abfallfonds
- Durchlaufende Posten, d. h. die blosse Erstattung von Auslagen, die in der Rechnung gesondert ausgewiesen werden (z. B. im Namen und auf Rechnung des Kunden bezahlte Gebühren)

Bei der Mehrwertsteuer gibt es drei verschiedene Steuersätze (MWSTG 25).

Abb. [8-6] Steuersätze der Mehrwertsteuer

Steuersatz		Geltungsbereich	MWSTG 25
7.7%	Normalsatz	Für alle der Mehrwertsteuer unterliegenden Leistungen, die nicht dem reduzierten Satz oder dem Sondersatz für Beherbergungsleistungen unterliegen	Abs. 1
2.5%	Reduzierter Satz	Unter anderem für Nahrungsmittel, Medikamente, gedruckte und elektronische Bücher, kulturelle Dienstleistungen Eine Liste der Leistungen mit reduziertem Satz ist auf www.estv.admin.ch abrufbar.	Abs. 2
3.7%	Sondersatz für Beherbergungsleistungen	Für die Hotellerie und für die Parahotellerie (Ferienwohnungen, Jugendherbergen, Campingplätze), und zwar für die Gewährung von Unterkunft einschliesslich des Frühstücks Die Dauer dieses Sondersatzes ist gesetzlich bis zum 31.12.2027 begrenzt.	Abs. 4

Beispiel Berechnung der Mehrwertsteuer:

	Satz	Preis inkl. MWST	Berechnung Preis exkl. MWST	Preis exkl. MWST	MWST (Differenz)
Kauf von Schuhen	7.7%	150.00	150.00 · 100% / 107.7%	139.28	10.72
Kauf von Brot	2.5%	5.00	5.00 · 100% / 102.5%	4.88	0.12
Hotelübernachtung	3.7%	240.00	240.00 · 100% / 103.7%	231.44	8.56

8.5 Steuerabrechnung

Die Mehrwertsteuerabrechnung mit der ESTV ist **in Schweizer Franken** vorzunehmen.

Wenn der Leistungserbringer seine Leistungen in **ausländischer Währung** in Rechnung stellt, muss er das Entgelt **in Schweizer Franken umrechnen**. Für häufig verwendete Währungen gibt die ESTV jeweils die für den Folgemonat geltenden Mittelkurse bekannt, bei den übrigen Währungen gilt der jeweilige Devisen-Tageskurs einer inländischen Bank. Innerhalb eines Konzerns können die internen Konzernumrechnungskurse angewendet werden.

8.5.1 Rechnungsstellung und Vorsteuerabzug

Da die Mehrwertsteuer als **Allphasen-Nettoumsatzsteuer mit Vorsteuerabzug** ausgestaltet ist, dürfen Steuerpflichtige in ihrer Mehrwertsteuerabrechnung grundsätzlich diejenige Mehrwertsteuer abziehen (Vorsteuerabzug), die auf den von ihnen **selbst bezogenen Gegenständen und Dienstleistungen** sowie auf der **Einfuhr von Gegenständen** lastet (MWSTG 28). Durch diesen Vorsteuerabzug wird eine Steuerkumulation (steuerbelasteter Einkauf und Versteuerung des Umsatzes) vermieden.

Ein Grossteil der von einer mehrwertsteuerpflichtigen Person geltend gemachten **Vorsteuern** basiert auf den von einem Leistungserbringer **ausgestellten Rechnungen.** Daher hat die Rechnungsstellung für Zwecke der Mehrwertsteuer eine besondere Bedeutung. Entsprechend hat der Leistungserbringer dem Leistungsempfänger auf Verlangen eine Rechnung auszustellen, die folgende **Anforderungen** erfüllt (MWSTG 26):

- Identifikation des Leistungserbringers (Name, Ort sowie MWST-Nummer)
- Identifikation des Leistungsempfängers (Name und Ort)
- Datum oder Zeitraum der Leistungserbringung, soweit dies nicht mit dem Rechnungsdatum übereinstimmt
- Art, Gegenstand und Umfang der Leistung
- Entgelt für die Leistung
- Anwendbarer Steuersatz und geschuldeter Steuerbetrag. Wenn das Entgelt die Steuer einschliesst, genügt die Angabe des anwendbaren Steuersatzes

Bei **Kassenzetteln** von automatischen Kassen muss der Leistungsempfänger bei Beträgen bis CHF 400 nicht angegeben werden.

Der **Vorsteuerabzug** von der eigenen, geschuldeten Umsatzsteuer ist für alle Einkäufe möglich, die für die Leistungserbringung verwendet wurden (s. Kap. 8.1, S. 111). Aufgrund von MWSTG 28 Abs. 1 kann die steuerpflichtige Person in ihrer Steuerabrechnung deshalb folgende Vorsteuern abziehen:

- Die ihr von Leistungserbringern in Rechnung gestellte **Inlandsteuer,** wenn sie die Vorsteuer bezahlt hat
- Die von ihr deklarierte **Bezugsteuer** (s. Kap. 8.3.2, S. 115)
- Die von ihr entrichtete oder zu entrichtende **Einfuhrsteuer** (s. Kap. 8.3.3, S. 116)

8.5.2 Zeitliche Bemessung

Als **Steuerperiode** gilt das **Kalenderjahr** (MWSTG 34).

Von der Steuerperiode zu unterscheiden ist die **Abrechnungsperiode,** d. h. der Zeitraum, für den die steuerpflichtige Person die Umsätze und Vorsteuern mit der ESTV abrechnen muss.

Gemäss MWSTG 35 gibt es drei Möglichkeiten:

- Im **Normalfall** wird **vierteljährlich** (quartalsweise) abgerechnet.
- Bei der Abrechnung mit **Saldosteuersatz** wird **halbjährlich** abgerechnet.
- Bei **regelmässigem Vorsteuerüberschuss** kann auf Antrag **monatlich** abgerechnet werden.

Beispiel

Die Chemie AG erzielt mehr als 90% ihres Umsatzes aus steuerfreien Medikamentenlieferungen ins Ausland. Im Inland fällt nur wenig Umsatz an, der zusätzlich nur zum reduzierten Steuersatz steuerbar ist. Die Vorsteuern übersteigen die geschuldete Umsatzsteuer bei Weitem.

Die Chemie AG beantragt die monatliche Abrechnung, damit die ESTV ihr den Vorsteuerüberschuss schneller zurückerstattet.

8.5.3 Abrechnungsmethoden

Grundsätzlich ist nach der **effektiven Abrechnungsmethode** abzurechnen (MWSTG 36). Die Mehrwertsteuerforderung ergibt sich dabei aus der Differenz zwischen der geschuldeten Inlandsteuer (d. h. der den Leistungsempfängern in Rechnung gestellten Mehrwertsteuer), der Bezugsteuer sowie der Einfuhrsteuer abzüglich des Vorsteuerguthabens der entsprechenden Abrechnungsperiode.

Unter bestimmten Voraussetzungen ist die Abrechnung nach der **Saldo-** und der **Pauschalsteuersatzmethode** möglich (MWSTG 37). Saldo- und Pauschalsteuersätze (SSS und PSS) sind Branchensätze, die die gesamten Vorsteuern im Sinn einer **Pauschale** berücksichtigen. Der Anspruch auf Vorsteuerabzug wird erfüllt, indem das steuerpflichtige Unternehmen seine Steuerschuld gegenüber der ESTV pauschal mit einem **Prozentsatz vom Umsatz** bestimmt. Die Berechnung der Vorsteuer entfällt somit, was die administrativen Arbeiten hinsichtlich Buchhaltung und Mehrwertsteuerabrechnung wesentlich erleichtert. Ein weiterer Vorteil ist, dass bei der Abrechnung nach Saldosteuersätzen nur **halbjährlich abgerechnet** werden muss.

Die Saldosteuersätze dienen lediglich als Hilfsmittel für die **Berechnung der Steuerschuld** gegenüber der ESTV. An den Leistungsempfänger muss der Leistungserbringer aber in jedem Fall die gesetzlichen Steuersätze in Rechnung stellen (2.5%, 3.7% oder 7.7%, je nach erbrachter Leistung).

Die ESTV legt die entsprechenden **Branchensätze** fest. Diese basieren auf Erfahrungswerten und sind immer tiefer als der Normalsatz von 7.7%.

Beispiel

Ausgewählte Branchensätze:

Architektur	5.9%	Parahotellerie (Sondersatz)	2.0%
Baugeschäft	4.3%	Restaurant (Normalsatz)	5.1%
Buchhandlung	0.6%	Skilift	3.5%
Elektroinstallationsgeschäft	4.3%	Temporärfirma	6.5%
Kosmetiksalon	5.1%	Zügelunternehmen	4.3%

Die Abrechnung nach der Saldosteuersatzmethode verringert die administrativen Arbeiten beträchtlich. Aus diesem Grund wird sie heute von beinahe **jedem dritten Steuerpflichtigen** angewendet. Mit Saldosteuersätzen abrechnen darf allerdings nur, wer jährlich

- einen **Gesamtumsatz** von **maximal CHF 5 005 000** im Inland hat und
- nach dem massgebenden Saldosteuersatz eine **Steuerlast** von **maximal CHF 103 000** bezahlen muss (MWSTG 37 Abs. 1).

Die Abrechnung nach der Saldosteuersatzmethode muss **bei der ESTV beantragt** und während mindestens einer Steuerperiode beibehalten werden. Entscheidet sich der Steuerpflichtige für die effektive Abrechnungsmethode, kann er frühestens nach drei Jahren zur Saldosteuersatzmethode wechseln (MWSTG 37 Abs. 4).

8.5.4 Steuerentrichtung

Die Entrichtung der geschuldeten Steuern kann auf zwei Arten erfolgen:

- Grundsätzlich durch **Bezahlung** der Steuer innerhalb von **60 Tagen** nach Ablauf der Abrechnungsperiode (MWSTG 86).
- In bestimmten Fällen durch das **Meldeverfahren** (z. B. bei Umstrukturierungen). Dabei wird ein steuerpflichtiger Vorgang lediglich der ESTV gemeldet. Der Leistungserbringer zahlt somit keine Steuer, der Leistungsempfänger kann darauf aber auch keine Vorsteuer geltend machen (obligatorisches Meldeverfahren gemäss MWSTG 38).

Ergibt die Steuerabrechnung einen **Überschuss** zugunsten des Steuerpflichtigen, wird er grundsätzlich **60 Tage** nach Einreichung der Abrechnung von der ESTV ausgezahlt (MWSTG 88).

8.6 Steuerverfahren

8.6.1 Rechte und Pflichten

Nebst der Pflicht zur Steuerentrichtung muss sich die steuerpflichtige Person unaufgefordert bei der ESTV **an-** und **abmelden** sowie in der vorgeschriebenen Form **abrechnen** (MWSTG 66).

Die ESTV hat den Auftrag, die Erfüllung dieser Pflichten zu überprüfen (MWSTG 77). Zu diesem Zweck führt sie auch **Kontrollen vor Ort** durch (MWSTG 78). Liegen keine oder nur unvollständige Aufzeichnungen vor oder stimmen die ausgewiesenen Ergebnisse mit dem wirklichen Sachverhalt offensichtlich nicht überein, nimmt die ESTV eine **Ermessenseinschätzung** vor (MWSTG 79).

Die steuerpflichtige Person hat das **Recht auf Auskunft** innert angemessener Frist, wenn sie der ESTV eine Anfrage zu den Steuerfolgen eines bestimmten Sachverhalts unterbreitet hat (MWSTG 69).

8.6.2 Verjährungsfristen

Bei der Mehrwertsteuer gibt es die Festsetzungsverjährung und die Bezugsverjährung:

- Die **Festsetzungsverjährung** legt fest, innert welchem Zeitraum die deklarierten Umsätze und Vorsteuern von der steuerpflichtigen Person oder von der ESTV noch korrigiert werden können. Nach MWSTG 42 Abs. 1 gilt dafür eine Verjährungsfrist von **fünf Jahren** nach Ablauf der Steuerperiode, in der die Steuerforderung entstanden ist. Diese Frist kann unterbrochen werden, verjährt aber in jedem Fall nach zehn Jahren (MWSTG 42 Abs. 4 und 6).
- Die **Bezugsverjährung** betrifft den Zeitraum für die Eintreibung der festgesetzten Steuern. MWSTG 91 setzt hier eine Frist von ebenfalls **fünf Jahren,** und zwar ab dem Zeitpunkt, **ab dem die Steuer rechtskräftig** geworden ist. Auch bei der Bezugsverjährung sind Unterbrechungen möglich, jedoch auch hier längstens bis auf zehn Jahre (MWSTG 92 Abs. 3 und 5).

8.6.3 Rechtsmittelverfahren

Die ESTV erlässt **Verfügungen** nur auf Antrag des Steuerpflichtigen (MWSTG 82). Eine Mehrwertsteuerabrechnung oder eine von der ESTV vorgenommene Korrekturabrechnung gilt nicht als Verfügung; diese Abrechnungen enthalten deshalb auch keine Rechtsmittelbelehrung.

Verfügungen der ESTV kann die steuerpflichtige Person **innert 30 Tagen** mit **Einsprache** bei der ESTV anfechten (MWSTG 83). Die ESTV erlässt danach einen Einspracheentscheid.

Wiederum innert 30 Tagen kann dagegen **Beschwerde** beim Bundesverwaltungsgericht erhoben werden (MWSTG 85). Der Beschwerdeentscheid kann mittels **Verwaltungsgerichtsbeschwerde** an das Bundesgericht gezogen werden, das einen **Bundesgerichtsentscheid** fällt. In Ausnahmefällen kann gegen eine Verfügung auch direkt Beschwerde beim Bundesverwaltungsgericht erhoben werden (MWSTG 83 Abs. 4).

Hinweis	Für eine vertiefte Behandlung der Mehrwertsteuer empfehlen wir Ihnen das Compendio-Lehrmittel «Die Mehrwertsteuer».

Zusammenfassung

Die Mehrwertsteuer (MWST) ist eine **Verbrauchssteuer**, die von den leistungserbringenden Unternehmen abgeliefert, aber auf die Konsumenten überwälzt wird.

Es werden folgende Vorgänge besteuert:

- **Inlandsteuer:** gegen Entgelt im Inland erbrachte Lieferungen von steuerbaren Gegenständen und Dienstleistungen durch steuerpflichtige Personen
- **Bezugsteuer:** Bezug von Leistungen von Unternehmen mit Sitz im Ausland, die im Inland nicht als mehrwertsteuerpflichtig eingetragen sind
- **Einfuhrsteuer:** Einfuhr von steuerpflichtigen Gegenständen aus dem Ausland

Die MWST ist eine **Allphasen-Nettoumsatzsteuer mit Vorsteuerabzug:** Der Umsatz wird auf dem auf jeder Stufe geschaffenen Mehrwert besteuert. Die bezahlte Steuer kann aber als Vorsteuer von der eigenen Steuerschuld abgezogen werden.

Man unterscheidet steuerbare, nicht steuerbare, von der Steuer ausgenommene und von der Steuer befreite Umsätze.

Von der MWST befreite und ausgenommene Umsätze unterliegen nicht der MWST. Ein Unterschied besteht jedoch beim Anspruch auf den Vorsteuerabzug:

- Ein **Vorsteuerabzug** ist möglich auf Umsätzen, die von der MWST **befreit** sind.
- **Kein Vorsteuerabzug** ist möglich auf Umsätzen, die von der MWST **ausgenommen** sind.

Eine steuerpflichtige **Lieferung eines Gegenstands** muss im **Inland** und **gegen Entgelt** erfolgen. Daneben unterliegen auch **Dienstleistungen** der MWST. Die Bestimmung des Orts der Dienstleistung erfolgt nach sechs Grundprinzipien:

1. Empfängerort
2. Erbringerort
3. Ort der Tätigkeit
4. Ort der zurückgelegten Strecke
5. Ort der gelegenen Sache
6. Bestimmungsort

Aktuell gibt es drei **Steuersätze** für steuerbare Leistungen:

- Normalsatz: 7.7%
- Reduzierter Satz: 2.5%
- Sondersatz für Beherbergungsleistungen: 3.7%

Als **Steuerperiode** gilt das Kalenderjahr. Die Abrechnung erfolgt im Normalfall vierteljährlich, auf Antrag auch monatlich, falls regelmässig ein Vorsteuerüberschuss erzielt wird.

Unternehmen mit einem Umsatz bis CHF 5 005 000 und einer Steuerzahllast von höchstens CHF 103 000 können die Abrechnung nach branchenüblichen **Saldo- und Pauschalsteuersätzen** (SSS und PSS) anwenden. Sie rechnen halbjährlich mit der ESTV ab.

Die **Steuerentrichtung** erfolgt durch Bezahlung innerhalb von 60 Tagen nach Ablauf der Abrechnungsperiode oder in bestimmten Fällen auch durch das Meldeverfahren. Ausserdem müssen sich die Steuerpflichtigen unaufgefordert bei der ESTV an- und abmelden.

Die **Verjährungsfrist** bei der MWST beläuft sich auf 5 Jahre, sowohl auf Korrekturen der deklarierten Umsätze und Vorsteuern (Festsetzungsverjährung) als auch auf der Steuereintreibung (Bezugsverjährung).

Das **Rechtsmittelverfahren** bei der MWST: Verfügung der ESTV auf Verlangen des Steuerpflichtigen – Einsprache an die ESTV – Beschwerde an das Bundesverwaltungsgericht – Verwaltungsgerichtsbeschwerde an das Bundesgericht.

Repetitionsfragen

36 Wie hoch ist die Mehrwertsteuer in den folgenden beiden Fällen?

A] Ein steuerpflichtiger Gemüsehändler liefert dem Wirt des Restaurants Krone Gemüse gegen Barzahlung von CHF 500.

B] Die Apotheke X erwirbt eine Lagerbewirtschaftungssoftware für CHF 50 000 exkl. MWST. Die Apotheke X verkauft ausschliesslich Produkte zum Steuersatz von 2.5%.

37 Weshalb wird auf bestimmten Leistungen eine Bezugsteuer erhoben?

38 Handelt es sich in den folgenden Fällen um eine mehrwertsteuerpflichtige Leistung und nach welchem Prinzip wird der Ort der Dienstleistung festgelegt?

A] Steuerberatung eines Treuhänders mit Sitz in Zug für eine GmbH mit Sitz in München (DE).

B] Verkauf einer Bratwurst an eine Touristin an einem Take-away-Stand in Zürich. Geschäftssitz der Take-away-Kette ist Bern.

C] Vermittlung einer Liegenschaft in Neuchâtel durch einen Immobilientreuhänder mit Geschäftssitz in Lausanne.

D] Architekturleistungen eines Architekturbüros in Buchs SG für die Renovation einer Überbauung in Schaan (FL).

39 Das Architekturbüro Kaiser & Von Bergen AG rechnet nach der Saldosteuersatzmethode mit einem Branchensatz von 5.9% ab. Für ein Bauprojekt in Olten stellt es dem Bauherrn folgende Rechnung:

Rechnungsposition	Grundlage	CHF
Architekturhonorar	pauschal	75 000
zuzüglich Mehrwertsteuer	5.9% gemäss Branchensatz	4 425
Rechnungsbetrag total	**inkl. MWST**	**79 425**

Ist diese Rechnung korrekt? Begründen Sie Ihre Einschätzung.

40 Ist für die nachstehenden Sachverhalte des mehrwertsteuerpflichtigen Bauunternehmens Patt AG der Vorsteuerabzug möglich?

A] Die Patt AG lässt sich betreffend eines Bauhandwerkerpfandrechts beraten. Das Anwaltshonorar beläuft sich auf CHF 1 800.

B] Die Patt AG besitzt ein Mehrfamilienhaus, dessen Wohnungen sie an Privatpersonen vermietet. Für deren Gartenunterhalt erwirbt sie einen Rasenmäher für CHF 2 000.

C] Die Patt AG bezahlt ihren Mitarbeitenden auf Baustellen eine Verpflegungsentschädigung von CHF 25 je Tag.

9 Verrechnungssteuer

Lernziele Nach der Bearbeitung dieses Kapitels können Sie …

- den Zweck der Verrechnungssteuer nennen.
- beschreiben, wie die Verrechnungssteuer als Quellensteuer funktioniert.
- für ausgewählte Beispiele bestimmen, ob eine Verrechnungssteuerpflicht vorliegt.
- die Überwälzungspflicht bei der Verrechnungssteuer erklären.

Schlüsselbegriffe AIA-Abkommen, Beteiligungen, bewegliches Kapitalvermögen, Doppelbesteuerungsabkommen, Geldspiele, Geschicklichkeitsspiele, Inländer, Kapitaleinlageprinzip, Kundenguthaben, Liquidationsüberschuss, Lotterien, Objektsteuer, Obligationen, Quellensteuer, Rückerstattung, Selbstveranlagung, Sicherungssteuer, Überwälzungspflicht, Versicherungsleistungen

Die Verrechnungssteuer ist eine vom Bund an der Quelle erhobene Steuer auf dem **Ertrag des beweglichen Kapitalvermögens** (insbesondere auf Zinsen und Dividenden), auf bestimmten **Gewinnen aus Geldspielen, Lotterien und Geschicklichkeitsspielen** sowie auf bestimmten **Versicherungsleistungen**.

Die Verrechnungssteuer bezweckt in erster Linie die **Eindämmung der Steuerhinterziehung;** die Steuerpflichtigen sollen veranlasst werden, die mit der Verrechnungssteuer belasteten Einkünfte sowie das entsprechende Vermögen anzugeben, d. h., sie dient als **Sicherungssteuer**.

Die Verrechnungssteuer wird unter bestimmten Voraussetzungen durch **Verrechnung mit der Einkommenssteuer** oder in bar zurückerstattet. In der Schweiz wohnhafte Steuerpflichtige, die ihrer Deklarationspflicht nachkommen, werden durch die Verrechnungssteuer somit nicht endgültig belastet. Für im Ausland domizilierte Steuerpflichtige kann die Verrechnungssteuer jedoch eine endgültige Belastung sein.

9.1 Steuerobjekt

Die Verrechnungssteuer wird als **Quellensteuer** auf den folgenden Erträgen erhoben:

- Kapitalerträge auf beweglichem Vermögen (VStG 4)
- Gewinne aus Geldspielen, Lotterien und Geschicklichkeitsspielen (VStG 6)
- Versicherungsleistungen (VStG 7)

Voraussetzung dafür, dass die Verrechnungssteuer überhaupt erhoben werden kann, ist, dass der Schuldner der Leistung Inländer ist.

Abb. [9-1] Steuerobjekt der Verrechnungssteuer

9.1.1 Erträge des beweglichen Kapitalvermögens

Die Verrechnungssteuer erfasst die Zinsen, Dividenden, Gewinnanteile und sonstigen Erträge der (VStG 4)

- von einem Inländer ausgegebenen **Obligationen** (Anleihens- und Kassenobligationen), **Serienschuldbriefe, Seriengülten** und **Schuldbuchguthaben,**
- von einem Inländer ausgegebenen **Beteiligungen** in Form von Aktien, Stammanteilen an Gesellschaften mit beschränkter Haftung (GmbH), Genossenschaftsanteilen, Partizipationsscheinen und Genussscheinen,
- von einem Inländer (oder einem Ausländer in Verbindung mit einem Inländer) ausgegebenen **Anteile an einer kollektiven Kapitalanlage** gemäss Kollektivanlagengesetz (KAG),
- **Kundenguthaben** bei inländischen Banken und Sparkassen.

Ebenfalls als steuerbarer Ertrag aus Beteiligungen gelten die Ausgabe von **Gratisaktien zulasten der übrigen Reserven,** die Ausrichtung von **Liquidationsüberschüssen** sowie **geldwerte Leistungen** einer Gesellschaft oder Genossenschaft an die Inhaber gesellschaftlicher Beteiligungsrechte oder an ihnen nahe stehende Dritte (VStV 14, 28).

Eine **geldwerte Leistung** kann einerseits dem Anteilsinhaber in Form einer **verdeckten Gewinnausschüttung,** zulasten eines Aufwandkontos ausgeschüttet werden, z.B. in Form von überhöhten Lohn-, Provisions-, Zins- oder Mietzahlungen. Anderseits kann die geldwerte Leistung auch in einem **Gewinnverzicht** der Gesellschaft bestehen. Bei diesen Gewinnvorwegnahmen verzichtet die Gesellschaft für eine von ihr erbrachte Leistung auf ein angemessenes Entgelt. Dies kommt z.B. bei verbilligter Abgabe von Waren oder zu tiefen Wohnungsmietzinsen vor. Das Motiv einer geldwerten Leistung ist, die wirtschaftliche Doppelbelastung zu vermeiden, die sich aus der Besteuerung einerseits der Gewinne bei der Gesellschaft und anderseits der Dividendenausschüttung bei den Anteilsinhabern ergibt. Anstelle von Dividenden werden daher möglichst viele für Gewinnsteuerzwecke als abzugsfähiger Aufwand anerkannte Leistungen bezogen.

Auch der **Rückkauf eigener Beteiligungsrechte** zur Kapitalherabsetzung, die **Sitzverlegung** einer inländischen Gesellschaft **ins Ausland** und der **Mantelhandel** (d.h. die Übertragung der Mehrheit der Beteiligungsrechte einer faktisch liquidierten Gesellschaft) gelten als Liquidation und können der Verrechnungssteuer unterliegen.

Nicht verrechnungssteuerpflichtig sind die privaten Kapitalgewinne und sämtliche Erträge aus unbeweglichem Vermögen.

Gemäss dem **Kapitaleinlageprinzip** ist die **Rückzahlung von Kapitaleinlagen** (z.B. Aufgelder und Zuschüsse) einer Gesellschaft an ihre Anteilsinhaber analog zur Rückzahlung von Nominalkapital nicht verrechnungssteuerpflichtig. Die Steuerfreiheit solcher Ausschüttungen betrifft auch die Einkommenssteuer von **Privataktionären** mit Wohnsitz in der Schweiz. Voraussetzung ist, dass diese Kapitaleinlagen von Anteilsinhabern getätigt wurden, von der Gesellschaft in der Handelsbilanz auf einem gesonderten Konto ausgewiesen werden und jede Veränderung auf diesem Konto der ESTV gemeldet wird (VStG 5 Abs. 1bis).

Sofern **Dividenden** den Reserven aus Kapitaleinlagen belastet werden sollen, erfordert dies einen detaillierten Gewinnverwendungsbeschluss der General- bzw. Gesellschafterversammlung.

9.1.2 Gewinne aus Geldspielen, Lotterien und Geschicklichkeitsspielen

Der Verrechnungssteuer unterliegen Gewinne aus Geldspielen im Sinne des Geldspielgesetzes (BGS) und Gewinne aus Lotterien und Geschicklichkeitsspielen zur Verkaufsförderung (VStG 1 Abs. I), sofern sie nach dem Bundesgesetz über die direkte Bundessteuer (DBG) nicht steuerfrei sind (DBG 24 lit. i bis j).

Verrechnungssteuerpflichtig sind z. B. Geld- und Naturalgewinne aus schweizerischen Lotterien und Geschicklichkeitsspielen zur Verkaufsförderung von mehr als CHF 1 000, sofern sie von Medienunternehmen durchgeführt oder die Teilnahme ausschliesslich über den Kauf von Waren und Dienstleistungen möglich ist, oder Gewinne aus Grossspielen (Swiss Lotto, EuroMillions, Swisslos usw.) und aus Online-Spielbankenspielen ab einem Gewinnbetrag von CHF 1 Mio.

Nicht verrechnungssteuerpflichtig sind Gewinne aus einer Lotterie oder einem Geschicklichkeitsspiel, wenn die Teilnahme daran ausschliesslich gratis möglich ist, und zwar unabhängig von der Höhe des Gewinns und vom Veranstalter der entsprechenden Lotterie oder des entsprechenden Geschicklichkeitsspiels. Ebenfalls nicht verrechnungssteuerpflichtig sind Gewinne, die in Schweizer Casinos mit Spielbankenspielen erzielt werden, sowie Gewinne aus Kleinspielen, die nach dem Geldspielgesetz (BGS) zugelassen sind.

9.1.3 Versicherungsleistungen

Der Verrechnungssteuer auf Versicherungsleistungen (VStG 7 Abs. 1) unterliegen

- Kapitalleistungen jeder Art von mehr als CHF 5 000 im Jahr, sofern sie auf Lebensversicherungen beruhen.
- Leibrenten und Pensionen von mehr als CHF 500 im Jahr aus jeder Versicherungsart (Lebens-, Haftpflicht-, Unfall-, Krankenversicherung). Steuerbar sind vor allem die Alters-, Invaliden-, Witwen- und Waisenrenten der öffentlich-rechtlichen und privaten Personalvorsorgeeinrichtungen.

Ausgenommen sind hingegen Leistungen aufgrund der Bundesgesetze über die Alters- und Hinterlassenenversicherung und die Invalidenversicherung (VStG 8 Abs. 1 lit. c).

9.2 Steuersubjekt

Steuersubjekt bei der Verrechnungssteuer ist der Schuldner der steuerbaren Leistung (VStG 10).

Eine Steuerpflicht setzt voraus, dass der Schuldner Inländer ist. Als Inländer gemäss VStG 9 Abs. 1 gilt, wer im Inland

- Wohnsitz oder
- dauernden Aufenthalt oder
- statutarischen Sitz hat oder
- als Unternehmen im inländischen Handelsregister eingetragen ist oder
- bei statutarischem Sitz im Ausland tatsächlich im Inland geleitet wird und hier eine Geschäftstätigkeit ausübt.

Beispiel

- Mauro Zegna, mit Wohnsitz in Bergamo (IT), besitzt eine Ferienwohnung in St. Moritz und verbringt dort regelmässig seine Ferien. Er gilt nicht als Inländer, da er nicht Wohnsitz oder dauernden Aufenthalt im Inland hat.
- Eine ausländische Vermögensverwaltungsgesellschaft wird vom Schweizer Büro in Zug aus verwaltet und erbringt Beratungsleistungen in der Schweiz. Sie gilt als Inländerin, obwohl der statutarische Sitz im Ausland ist. Entscheidend ist der Ort der Geschäftsleitung und der Geschäftstätigkeit.
- Ein ausländisches Rohstoffhandelsunternehmen ist ausschliesslich im Ausland tätig, wird aber von der Schweiz aus geleitet. Es gilt trotzdem nicht als Inländer, weil es keine inländische Geschäftstätigkeit ausübt.

Das **Fürstentum Liechtenstein** gilt bei der Verrechnungssteuer nicht als Inland – anders als bei der Mehrwertsteuer (s. Kap. 8, S. 110) und bei den Stempelabgaben (s. Kap. 10, S. 134).

Abb. [9-2]   **Steuersubjekt der Verrechnungssteuer**

Steuerobjekt	Steuersubjekt der steuerbaren Leistung
Erträge des beweglichen Kapitalvermögens	**Schuldner** der jeweiligen Leistung: - Obligationenerträge: inländischer Obligationenschuldner - Beteiligungserträge: inländische Gesellschaft oder Genossenschaft - Erträge aus Anteilen an kollektiven Kapitalanlagen: inländische Fondsleitung, Investment- oder Kommanditgesellschaft - Zinsen auf Kundenguthaben: inländische Bank / Sparkasse
Gewinne aus Geldspielen, Lotterien und Geschicklichkeitsspielen	**Veranstalter** der im Inland durchgeführten Geldspiele, Lotterien und Geschicklichkeitsspiele
Versicherungsleistungen	Inländischer **Versicherer**, der die steuerbare Leistung ausrichtet

9.3 Steuerberechnung

Die Verrechnungssteuer ist eine **Objektsteuer,** d. h., sie belastet ein Steuerobjekt ohne Rücksicht auf die gesamte wirtschaftliche Leistungsfähigkeit des Empfängers der steuerbaren Leistung. Drei Steuersätze kommen zur Anwendung: 8%, 15% und 35% (VStG 13 Abs. 1).

Abb. [9-3]   **Steuersätze der Verrechnungssteuer**

Satz	Geltungsbereich	Besondere Bestimmungen
35%	Erträge des beweglichen Kapitalvermögens	Zinsen auf Kundenguthaben bei inländischen Banken und Sparkassen sind bis zu einem Betrag von CHF 200 von der Verrechnungssteuer befreit (VStG 5 Abs. 1 lit. c), wenn sie einmal pro Kalenderjahr abgeschlossen werden. Bei Kundenguthaben mit monatlichen, quartalsweisen oder halbjährlichen Abschlüssen wird auf den Zinserträgen die Verrechnungssteuer erhoben.
35%	Gewinne aus Geldspielen, Lotterien und Geschicklichkeitsspielen	Lotterien, Geschicklichkeitsspiele: Gewinnsumme von über CHF 1 000; Grossspiele und Online-Spielbankenspiele: Gewinne ab CHF 1 Mio. (VStG 6 Abs. 2).
15%	Leibrenten / Pensionen	Zahlungen von über CHF 500 jährlich (VStG 8 Abs. 1 lit. b).
8%	Sonstige Versicherungsleistungen	Zum Beispiel Kapitalleistungen von über CHF 5 000 (VStG 8 Abs. 1 lit. a).

9.4 Steuerverfahren

Die Verrechnungssteuerforderung entsteht bei **Fälligkeit** der steuerbaren Leistung bei Kapitalerträgen und Lotteriegewinnen und bei **Erbringung** der Versicherungsleistungen (VStG 12). Die Verrechnungssteuerforderung wird **30 Tage** nach ihrer Entstehung oder Erbringung fällig (VStG 16 Abs. 1).

9.4.1 Steuerentrichtung

Die Steuerentrichtung erfolgt bei der Verrechnungssteuer grundsätzlich durch **Selbstveranlagung** des Steuerpflichtigen (VStG 12 ff.) bzw. durch **Meldung** (VStG 19 und VStG 20).

In beiden Fällen besteht eine **Überwälzungspflicht:** Der Schuldner der steuerbaren Leistung ist verpflichtet, dem Empfänger die von ihm an die ESTV abgelieferte Verrechnungssteuer zu belasten (VStG 14 Abs. 1). Eine Überwälzung ist erforderlich, da bei der Verrechnungssteuer Steuersubjekt (Schuldner) und Steuerträger (Empfänger) nicht identisch sind. Effektiv steuerpflichtig und somit Steuerträger ist in allen Fällen der Empfänger der steuerbaren Leistung.

Beispiel

Fiona Haller prüft die Abrechnung ihres Bankkontos per 31.12.20_1. Vom Bruttozins von CHF 600 wurden 35% bzw. CHF 210 mit dem Vermerk «Verrechnungssteuer» abgezogen und ihr somit nur der Nettozins von CHF 390 gutgeschrieben.

Die Bank ist verpflichtet, die Verrechnungssteuer vom Bruttozins abzuziehen und der ESTV abzuliefern.

Das **Meldeverfahren** kommt in den nachfolgenden Fällen zur Anwendung:

A] Versicherungsleistungen

Bei der Auszahlung von **Renten und Kapitalleistungen** wird die Verrechnungssteuer grundsätzlich nicht erhoben. Stattdessen erfüllt der Versicherer die Steuerpflicht in der Regel durch Meldung der steuerbaren Leistung (VStG 19).

Der Versicherer hat die Verrechnungssteuer nur dann abzuliefern, wenn der Versicherungsnehmer oder ein Anspruchsberechtigter bei ihm schriftlich **Einspruch gegen die Meldung** erhoben hat.

Beispiel

Fiona Haller hat mit der Swiss Life eine Versicherung über CHF 500 000 abgeschlossen. Nach einem Arbeitsunfall kann Fiona Haller nicht mehr einer Erwerbstätigkeit nachgehen. Die Versicherung zahlt die Versicherungssumme aus und macht dazu eine Meldung an die Steuerbehörde.

Falls die Auszahlung der Versicherungsleistung steuerbar ist, hat sie Fiona Haller als Einkommen zu versteuern.

Verlangt Fiona Haller von der Swiss Life, keine Meldung an die Steuerbehörden zu machen, ist diese zum Abzug der Verrechnungssteuer von 8% verpflichtet (VStG 19). Die Verrechnungssteuer kann Fiona Haller zurückverlangen, wenn sie die Auszahlung der Versicherungsleistung deklariert und bei der Swiss Life eine entsprechende Abzugsbescheinigung einholt (VStG 33).

B] Kapitalerträge

Das Meldeverfahren kommt zudem bei Kapitalerträgen zur Anwendung, bei denen die Ablieferung der Verrechnungssteuer **unnötige Umtriebe** verursachen oder eine **offenbare Härte** bedeuten würde.

Im Einzelnen sind es die folgenden Sachverhalte (VStV 24, VStV 24a):

- Steuern, die Leistungen aus den Vorjahren betreffen und bei amtlichen Kontrollen festgestellt wurden
- Gratisaktienkapitalerhöhungen
- Ausrichtung von Naturaldividenden
- Liquidationsüberschuss mittels Abtretung von Aktiven
- Sitzverlegungen ins Ausland
- Rückkauf eigener Aktien

In all diesen Fällen dürfen es max. 20 rückerstattungsberechtigte Leistungsempfänger sein, die aufgrund des Gesetzes einen vollumfänglichen Anspruch auf Rückerstattung hätten (VStV 24 Abs. 2). Laut Kreisschreiben Nr. 48 vom 04.12.2019 setzt der vollumfängliche Rückerstattungsanspruch zudem die ordnungsgemässe Versteuerung (Deklaration) der Kapitalerträge beim Leistungsempfänger voraus.

C] Dividenden im schweizerischen Konzernverhältnis

Die Verrechnungssteuerpflicht auf Dividendenausschüttungen im schweizerischen Konzernverhältnis kann im Meldeverfahren erfüllt werden (VStV 26a). Es kommt allerdings nur unter den folgenden Bedingungen zur Anwendung:

- Die **inländische Muttergesellschaft,** auf die die Verrechnungssteuer zu überwälzen wäre, ist nach dem Verrechnungssteuergesetz **rückerstattungsberechtigt.** Sie muss ihren statutarischen Sitz im Inland haben und infolge persönlicher Zugehörigkeit unbeschränkt steuerpflichtig sein.
- Die Rechtsform der Muttergesellschaft muss eine **Kapitalgesellschaft** sein.
- Die **Beteiligungsquote** an der inländischen Tochtergesellschaft muss **mindestens 20%** betragen.

D] Dividenden an ausländische Gesellschaften mit wesentlichen Beteiligungen

Eine Schweizer Tochtergesellschaft einer ausländischen Muttergesellschaft kann unter bestimmten Voraussetzungen auch im internationalen Verhältnis das Meldeverfahren beantragen.

Das Meldeverfahren wird von der ESTV dann gewährt, wenn die ausländische Dividendenempfängerin, auf die die Verrechnungssteuer zu überwälzen wäre, eine **Kapitalgesellschaft** ist und in einem Staat ansässig ist, mit dem die Schweiz ein **Doppelbesteuerungsabkommen (DBA)** abgeschlossen hat.

Zudem muss die ausländische Muttergesellschaft das Nutzungsrecht an den Dividenden haben und über eine **wesentliche Beteiligung** verfügen. Wesentlich ist eine Beteiligung dann, wenn sie mindestens der Quote entspricht, die im entsprechenden DBA vorgesehen ist (Verordnung über die Steuerentlastung schweizerischer Dividenden aus wesentlichen Beteiligungen ausländischer Gesellschaften vom Dezember 2004). Für die Anwendung des Meldeverfahrens ist eine **Bewilligung der ESTV** erforderlich.

Gemäss dem **AIA-Abkommen** (Abkommen für automatischen Informationsaustausch in Steuersachen Schweiz–EU) können Dividendenzahlungen von einer Schweizer Tochtergesellschaft an ihre in einem Mitgliedstaat der EU ansässige Muttergesellschaft ohne Abzug der Verrechnungssteuer erfolgen (AIA-Abkommen 9 Abs. 1). Die Anwendung des Meldeverfahrens setzt voraus, dass die Dividendenempfängerin in einem Mitgliedstaat der **EU ansässig** ist und über die erforderliche **Beteiligungsquote von mindestens 25%** am Kapital der schweizerischen Dividendenschuldnerin verfügt, die während mindestens zweier Jahre gehalten wurde.

E] Gewinne aus Geldspielen, Lotterien und Geschicklichkeitsspielen

Bei **Naturalgewinnen** kann der Lotterieveranstalter die Verrechnungssteuerpflicht im Meldeverfahren mit dem amtlichen Formular 122 erfüllen (VStG 20a i. V. m. VStV 41a und VStV 41c).

F] Feststellung von geldwerten Leistungen durch die Steuerbehörden

Geldwerte Leistungen sind bedeutend für die Verrechnungssteuer wie auch für die direkten Steuern. Grundsätzlich führt das Vorliegen einer **verdeckten Gewinnausschüttung** zu Aufrechnungen bei der Gesellschaft und bei den Anteilsinhabern.

Selten nehmen Steuerpflichtige am Ende des Jahres aber eine Abgrenzung ihrer Privatanteile vor und deklarieren in der Steuererklärung die entsprechenden Anteile als verdeckte Gewinnausschüttungen. In den meisten Fällen werden die geldwerten Leistungen bei einer **Revision** bemerkt oder aufgrund von **Auflagen,** die an das Unternehmen oder die Anteilsinhaber gestellt werden.

Kontrollen und Revisionen werden nicht nur von den Verrechnungssteuerbehörden, sondern auch von den kantonalen Steuerverwaltungen durchgeführt. Wird bei solchen Kontrollen festgestellt, dass die Gesellschaft verdeckte Gewinnausschüttungen erbracht hat, stellt sich die Frage, ob die Verrechnungssteuer erhoben werden muss oder ob allenfalls die Leistung durch Meldung erfüllt werden kann.

Werden geldwerte Leistungen von den Verrechnungssteuerbehörden festgestellt, erfolgt grundsätzlich eine **Meldung an die kantonalen Steuerbehörden:** an den Wohnsitzkanton des Aktionärs, an den Sitzkanton der Gesellschaft sowie an die Hauptabteilung «Direkte Bundessteuern» der ESTV, die aufgrund ihrer Aufsichtstätigkeit eine Kontrolle vornehmen kann. Mit dieser Meldung erhalten die kantonalen Steuerverwaltungen die notwendigen Informationen, um bei den **direkten Steuern** die entsprechenden Aufrechnungen vornehmen zu können.

9.4.2 Rückerstattung

Die Verrechnungssteuer bezweckt, steuerbares Einkommen und Vermögen bei den direkten Steuern dem Bund, den Kantonen und den Gemeinden zu melden. Für im Inland ansässige Empfänger steuerbarer Leistungen ist die Verrechnungssteuer eine reine **Sicherungssteuer.** Der ehrliche inländische Steuerpflichtige kann daher die Verrechnungssteuer zurückfordern. Wäre die Rückerstattung der Verrechnungssteuer ausgeschlossen, ergäbe sich eine verfassungswidrige Doppelbesteuerung.

Andererseits darf die Deklaration der um die Verrechnungssteuer gekürzten Einkünfte sowie der dazugehörenden Vermögensbestandteile nicht mit der Begründung unterbleiben, der Fiskus habe die Verrechnungssteuer bereits erhalten. Die Verrechnungssteuer trifft daher nur den inländischen Steuerhinterzieher und den Ausländer endgültig, sofern das anwendbare Doppelbesteuerungsabkommen bzw. das AIA-Abkommen zwischen der Schweiz und der EU keine vollständige Entlastung vorsieht.

Ein Berechtigter hat Anspruch auf Rückerstattung der ihm vom Schuldner abgezogenen Verrechnungssteuer, wenn er bei Fälligkeit der steuerbaren Leistung das Recht zur **Nutzung des Vermögenswerts** besass bzw. wenn er bei Lotteriegewinnen anlässlich der Ziehung **Eigentümer des Loses** war, das den steuerbaren Ertrag generierte (VStG 21 Abs. 1).

- Bei **natürlichen Personen** ist zudem erforderlich, dass sie bei Fälligkeit der steuerbaren Leistung ihren **Wohnsitz im Inland** hatten und die mit der Verrechnungssteuer belasteten Einkünfte oder Vermögen **ordnungsgemäss deklarieren** (VStG 22 und 23).
- **Juristische Personen** haben Anspruch auf Rückerstattung der Verrechnungssteuer, wenn sie bei Fälligkeit der steuerbaren Leistung ihren **Sitz im Inland** hatten bzw. bei ausländischem Sitz tatsächlich **im Inland geleitet** werden und hier eine **Geschäftstätigkeit** ausüben (VStG 24 ff.).

Zudem darf die Rückerstattung der Verrechnungssteuer nicht zu einer Steuerumgehung führen (VStG 21 Abs. 2).

Der **Anspruch auf Rückerstattung** erlischt grundsätzlich, wenn der Antrag nicht **innert dreier Jahre** nach Ablauf des Kalenderjahrs gestellt wird, in dem die steuerbare Leistung fällig geworden ist (VStG 32 Abs. 1).

Abb. 9-4 stellt die Zahlungs- und Rückerstattungsvorgänge bei der Verrechnungssteuer am Beispiel von Zinszahlungen an eine natürliche Person dar.

Abb. [9-4]   **Zahlungen und Rückerstattungen der Verrechnungssteuer**

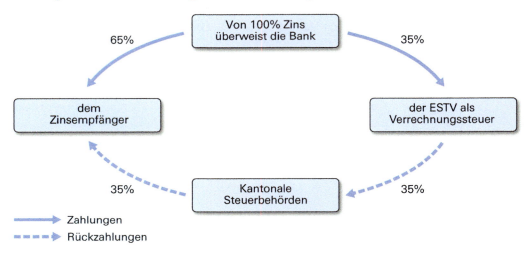

Die **Rückerstattung** der Verrechnungssteuer erfolgt:

- an die natürlichen Personen durch die Kantone, wobei der zurückzuerstattende Betrag in der Regel mit den kantonalen Einkommenssteuern verrechnet wird (VStG 30 Abs. 1).
- an die juristischen Personen direkt durch den Bund (VStG 30 Abs. 2).

Beispiel

Fiona Haller muss in ihrer Steuererklärung 20_1 den Bruttozins von CHF 600 auf ihrem Sparkonto bei der Bank als Einkommen deklarieren.

Die Verrechnungssteuer von 35% bzw. CHF 210 wird ihr dann von den kantonalen Einkommenssteuern des Folgejahrs 20_2 abgezogen.

Für die im **Ausland** ansässigen Empfänger ist die Verrechnungssteuer auf inländischen Erträgen jedoch eine **definitive Steuerbelastung**. Sofern aber die Schweiz mit dem betreffenden Staat ein **Doppelbesteuerungsabkommen** (DBA) abgeschlossen hat, kann die Verrechnungssteuer ganz oder teilweise zurückgefordert werden. Dasselbe gilt für das **AIA-Abkommen** zwischen der Schweiz und der EU. Natürlich gilt dies auch umgekehrt, wenn im Ausland auf Vermögenserträgen Quellensteuern anfallen.

9.4.3 Verjährungsfristen

Die Geltendmachung der Verrechnungssteuer **verjährt fünf Jahre** nach Ablauf des Kalenderjahrs, in dem die Steuerforderung entstanden ist (VStG 17 Abs. 1). Die durch Hinterziehung oder Steuerbetrug zu Unrecht nicht entrichtete Steuer verjährt nicht, solange die Strafverfolgung und die Strafvollstreckung nicht verjährt sind.

Das VStG kennt also **keine absolute Verjährungsfrist.**

9.4.4 Rechtsmittelverfahren

Verfügungen und Entscheide der ESTV kann der Steuerpflichtige innerhalb von 30 Tagen schriftlich mit **Einsprache** anfechten (VStG 42).

Gegen Einspracheentscheide der ESTV kann der Steuerpflichtige innerhalb von 30 Tagen eine **Beschwerde** beim Bundesverwaltungsgericht vorbringen und dessen Entscheid mit Beschwerde in öffentlich-rechtlichen Angelegenheiten an das Bundesgericht weiterziehen.

Hinweis Für eine vertiefte Behandlung der Verrechnungssteuer empfehlen wir das Compendio-Lehrmittel «Die Verrechnungssteuer und die Stempelabgaben».

Zusammenfassung

Die Verrechnungssteuer ist eine **Quellensteuer.** Sie wird beim inländischen Schuldner der steuerbaren Leistung erhoben.

Der Verrechnungssteuer unterliegen **Kapitalerträge aus beweglichem Vermögen** (Zinsen, Dividenden, Gewinnanteile und sonstigen Erträge), Gewinne aus **Geldspielen, Lotterien** und **Geschicklichkeitsspielen** zur Verkaufsförderung und **Versicherungsleistungen** aus inländischer Quelle. Nicht steuerpflichtig sind dagegen die privaten Kapitalgewinne, sämtliche Erträge aus Grundbesitz und die Rückzahlung von Kapitaleinlagen einer Gesellschaft an ihre Anteilsinhaber, die sie selbst geleistet hatten.

Steuersubjekt ist der **inländische Schuldner** der steuerbaren Leistung (Obligationenschuldner, Gesellschaft, Genossenschaft, Fondsleitung, Investmentgesellschaft, Kommanditgesellschaft, Bank oder Sparkasse, Veranstalter, Versicherer).

Aktuelle **Steuersätze** der Verrechnungssteuer:

- 35% auf Erträgen des beweglichen Kapitalvermögens (Ausnahme: Zinsen bis CHF 200 auf Kundenguthaben mit Jahresabschluss)
- 35% auf Gewinnen aus Geldspielen, Lotterien und Geschicklichkeitsspielen (ab CHF 1 000 bzw. CHF 1 Mio.)
- 15% auf Renten und Pensionen (ab CHF 500 jährlich)
- 8% auf sonstigen Versicherungsleistungen (ab CHF 5 000 jährlich)

Die Verrechnungssteuerforderung entsteht bei **Fälligkeit** der steuerbaren Leistung bei Kapitalerträgen und Lotteriegewinnen und bei **Erbringung** der Leistung bei den Versicherungsleistungen.

Die **Steuerentrichtung** erfolgt durch Selbstveranlagung und Bezahlung innerhalb von 30 Tagen. Bei Versicherungsleistungen kommt grundsätzlich das Meldeverfahren zur Anwendung.

Bei **Kapitalerträgen**, bei denen die Steuerentrichtung zu unnötigen Umtrieben oder zu offenbarer Härte führen würde, kommt ebenfalls das **Meldeverfahren** zur Anwendung. Voraussetzungen für das Meldeverfahren sind, dass:

- die Anzahl der rückerstattungsberechtigten Leistungsempfänger 20 nicht übersteigt,
- die Aktionäre ihren Wohnsitz in der Schweiz haben und
- aufgrund des Gesetzes vollumfänglich Anspruch auf Rückerstattung hätten.

Für **Inländer** ist die Verrechnungssteuer eine **Sicherungssteuer** und kann zurückgefordert werden. Anspruch auf **Rückerstattung** hat, wer im Zeitpunkt der Fälligkeit der steuerbaren Leistung das Recht zur Nutzung des betreffenden Vermögenswerts besass bzw. beim Lotteriegewinn Eigentümer des Loses war und bei Versicherungsleistungen die Abzugsbescheinigungen sowie alle notwendigen Angaben vermittelt. Berechtigt sind natürliche Personen mit inländischem Wohnsitz oder mit Aufenthalt und unbeschränkter Steuerpflicht und juristische Personen mit Sitz im Inland.

Für **Ausländer** ist die Verrechnungssteuer eine definitive Steuer, wenn nicht ein Doppelbesteuerungsabkommen oder das AIA-Abkommen mit der EU eine teilweise oder vollständige Rückerstattung zulassen.

Die **Rückerstattung** erfolgt durch Anrechnung an die geschuldeten Staats- und Gemeindesteuern bei natürlichen Personen oder durch Barzahlung in allen anderen Fällen.

Die **Verjährungsfrist** bei der Verrechnungssteuer beträgt 5 Jahre.

Rechtsmittelverfahren bei der Verrechnungssteuer: Verfügung der ESTV – Einsprache an die ESTV innert 30 Tagen – Beschwerde gegen den Einspracheentscheid an das Bundesverwaltungsgericht innert 30 Tagen – Verwaltungsgerichtsbeschwerde an das Bundesgericht.

Repetitionsfragen

41	Weshalb gibt es bei der Verrechnungssteuer eine Überwälzungspflicht? Erklären Sie diese anhand der Dividendenzahlung einer Aktiengesellschaft an ihre Aktionäre.
42	Unter gewissen Bedingungen werden auch Gewinne aus Geldspielen, Lotterien und Versicherungsleistungen von der Verrechnungssteuer erfasst. Sind diese Bedingungen in den folgenden Fällen erfüllt? A] Auszahlung eines Geldgewinns von CHF 2 800 im Spielcasino von Luzern. B] Hauptpreis bei einem Jubiläumswettbewerb der Migros mit Gratisteilnahme: Reisegutschein im Wert von CHF 9 500. C] Monatliche Pensionszahlung einer privaten Personalvorsorgeeinrichtung: CHF 400. D] Auszahlung der Kapitalleistung aus einer inländischen Lebensversicherung: CHF 4 800.

43 Der Verwaltungsangestellte Roger Werlen erzielt im Jahr 20_1 zusätzlich zu seinen Lohneinkünften noch die folgenden Erträge:

Ertrag	CHF
Bruttozins auf Sparkonto bei der Walliser Kantonalbank, Brig	214.30
Bruttozins auf Sparkonto bei der CS, Zürich	12.10
Bruttozins auf Privatkonto bei der CS, Zürich	3.30
Bruttodividende auf 200 Schweizer Aktien	460.00
Kapitalgewinn aus dem Verkauf von Aktien der Swiss Re	7 250.00
Zinsertrag auf Obligationen des Kantons Bern	150.80

A] Auf welchen Erträgen 20_1 wird die Verrechnungssteuer belastet und wie hoch fällt die Verrechnungssteuer 20_1 bei Roger Werlen aus?

B] Welche Erträge muss Roger Werlen in seiner Steuererklärung 20_1 ordnungsgemäss deklarieren?

44 Welche Voraussetzungen muss eine juristische Person erfüllen, damit sie bei der Verrechnungssteuer als Inländerin gilt?

10 Stempelabgaben

Lernziele	Nach der Bearbeitung dieses Kapitels können Sie ... • die gesetzlichen Grundlagen der Stempelabgaben nennen. • die Voraussetzungen für die Erhebung der Emissionsabgabe, der Umsatzabgabe und der Abgabe auf Versicherungsprämien bestimmen.
Schlüsselbegriffe	Abgabe auf Versicherungsprämien, Beteiligungsrechte, Effektenhändler, Emissionsabgabe, FINMA, Mantelhandel, Rechtsverkehrssteuern, Selbstveranlagung, Umsatzabgabe, Wertpapiere, Zuschüsse

Die Stempelabgaben sind **Rechtsverkehrssteuern,** d. h., sie werden auf bestimmten Vorgängen des Rechtsverkehrs erhoben. Der steuerpflichtige Vorgang besteht in der **Ausgabe von inländischen Wertpapieren** bzw. der Begründung von Eigenkapital (Aktien und andere Beteiligungspapiere), im **Umsatz von Wertpapieren** sowie in der **Zahlung von bestimmten Versicherungsprämien.** Der Name «Stempelabgaben» erinnert daran, dass diese Abgaben früher mittels Stempelmarken oder Urkundenstempel erhoben wurden.

Aufgrund des Zollanschlussvertrags vom 29.03.1923 gilt das **Bundesgesetz über die Stempelabgaben (StG)** auch für das Fürstentum Liechtenstein.

Der Bund erhebt drei Arten von Stempelabgaben:

- Die **Emissionsabgabe** (StG 5–12) wird auf Kapitalbeschaffungsvorgängen (Beschaffung von Eigenkapital) bei gewissen juristischen Personen erhoben, so auf der entgeltlichen oder unentgeltlichen Begründung und Erhöhung des Nennwerts von inländischen Beteiligungsrechten oder auf Zuschüssen in das Eigenkapital.
- Die **Umsatzabgabe** (StG 13–20) wird bei der entgeltlichen Übertragung von in- und ausländischen Wertpapieren erhoben, sofern eine der Vertragsparteien oder einer der Vermittler inländischer Effektenhändler ist.
- Die **Abgabe auf bestimmten Versicherungsprämien** (StG 21–26) wird mit einer Stempelabgabe besteuert.

Abb. [10-1]   **Stempelabgaben**

Die Stempelabgaben sind **Selbstveranlagungssteuern.** Die Abgabeforderung entsteht grundsätzlich immer im Zeitpunkt der Rechtsbegründung, -verwirklichung oder -übertragung. Der Abgabepflichtige hat sich unaufgefordert bei der für die Stempelabgaben zuständigen ESTV anzumelden, die vorgeschriebene Abrechnung mit den Belegen einzureichen und gleichzeitig die Abgabe zu entrichten (StG 34 ff.).

Bei den Stempelabgaben gibt es – im Gegensatz zur Verrechnungssteuer – **keine Überwälzungspflicht.** Es steht den Abgabepflichtigen frei, die geschuldete Abgabe selbst zu tragen oder weiterzubelasten.

10.1 Emissionsabgabe

Steuerobjekt der Emissionsabgabe sind **Eigenkapitalbeschaffungsvorgänge.**

Die Emissionsabgabe (StG 5 Abs. 1) wird auf der unentgeltlichen oder entgeltlichen **Begründung** und **Erhöhung** des Nennwerts von **inländischen Beteiligungen** erhoben (Aktien, Stammeinlagen bei GmbHs, Genossenschaftsanteile, Genuss- und Partizipationsscheine). Die Ausgabe von Anleihens- und Kassenobligationen sowie von Geldmarktpapieren (d. h. die Beschaffung von Fremdkapital) unterliegt hingegen nicht der Emissionsabgabe.

Beispiel Die Vetter AG erhöht ihr Aktienkapital um CHF 250 000 auf CHF 1.5 Mio. Auf der Kapitalerhöhung von CHF 250 000 wird die Emissionsabgabe erhoben.

Der Ausgabe von inländischen Beteiligungsrechten gleichgestellt sind **Zuschüsse von Anteilsinhabern** sowie der **Mantelhandel,** d. h. der Handwechsel der Mehrheit von Beteiligungsrechten an Gesellschaften und Genossenschaften, die wirtschaftlich liquidiert sind oder deren Aktiven in liquide Form gebracht wurden (StG 5 Abs. 2).

Das StG enthält eine Reihe von **Ausnahmen,** bei denen keine Emissionsabgabe geschuldet ist (StG 6). Zu den wichtigsten Ausnahmen gehören u. a. Umstrukturierungen, Sitzverlegungen in die Schweiz und Sanierungen.

Steuersubjekt und somit abgabepflichtig sind die **Gesellschaften,** die Beteiligungsrechte ausgeben (StG 10).

Die Abgabe auf inländischen **Beteiligungsrechten** beträgt **1%** (StG 8). Grundsätzlich gilt aber ein **Freibetrag von CHF 1 Mio.** Der Freibetrag ist bei der Gründung oder einer späteren Kapitalerhöhung anwendbar (StG 6 Abs. 1 lit. h), nicht aber bei Zuschüssen, Gratisaktien oder beim Mantelhandel.

Beispiel Die Winter AG erhöht ihr Aktienkapital von CHF 500 000 auf CHF 950 000. Aufgrund der Freigrenze von CHF 1 Mio. wird keine Emissionsabgabe fällig.

Würde die Winter AG ihr Aktienkapital auf CHF 1 200 000 erhöhen, müsste sie die Emissionsabgabe von 1% auf dem die Freigrenze übersteigenden Betrag von CHF 200 000 entrichten.

Die Emissionsabgabe auf unentgeltlich ausgegebenen (nennwertlosen) **Genussscheinen** beträgt **CHF 3** pro Titel (StG 9 Abs. 1 lit. d).

Grundsätzlich wird die Abgabeforderung **30 Tage nach deren Entstehung** fällig (StG 7).

10.2 Umsatzabgabe

Bei der **entgeltlichen Übertragung** von in- und ausländischen **Wertpapieren** ist die Umsatzabgabe unter den folgenden Voraussetzungen zu entrichten (StG 13 Abs. 1):

- Es wird ein auf **entgeltliche Übertragung** von Eigentum an Wertschriften gerichtetes Geschäft abgeschlossen und
- ein **inländischer Effektenhändler** ist als Vertragspartei oder als Vermittler an diesem Geschäft beteiligt.

Beispiel Sie kaufen Obligationen eines schweizerischen Unternehmens durch Ihre Bank. Diese ist Effektenhändlerin, belastet Sie mit der Umsatzabgabe und liefert diese der ESTV ab.

Hätten Sie die Obligationen von Ihrem Freund (nicht Effektenhändler) erworben, wäre das Geschäft umsatzabgabefrei gewesen.

Zu den steuerbaren **Wertpapieren** gehören (StG 13 Abs. 2):

- In- und ausländische Anleihens- und Kassenobligationen und ähnliche Urkunden
- In- und ausländische Aktien, Anteilscheine von GmbHs und Genossenschaften, Partizipationsscheine, Genussscheine
- In- und ausländische Anteile an kollektiven Kapitalanlagen gemäss Kollektivanlagengesetz (KAG)
- Ausweise über Unterbeteiligungen an steuerbaren in- und ausländischen Urkunden

Die Umsatzabgabe ist sowohl auf kotierten als auch auf nicht kotierten Wertpapieren geschuldet. Das StG sieht gewisse **Ausnahmen** von der Umsatzsteuerpflicht vor (StG 14), so z. B. Umstrukturierungen oder der Handel mit Geldmarktpapieren.

Steuersubjekt bei der Umsatzabgabe ist der Effektenhändler. Als **Effektenhändler** gelten (StG 13 Abs. 3):

- Inländische **Banken** und bankähnliche **Finanzgesellschaften** im Sinn des Bankengesetzes (BankG), die **Schweizerische Nationalbank** sowie die zentralen Gegenparteien im Sinne des **Finanzmarktinfrastrukturgesetzes** (FinfraG)
- Alle inländischen natürlichen und juristischen Personen, Personengesellschaften, Anstalten und Zweigniederlassungen ausländischer Unternehmen, deren Tätigkeit ausschliesslich oder zu einem wesentlichen Teil darin besteht, für Dritte den **Handel mit Wertschriften** zu betreiben (Händler) oder als **Anlageberater** oder **Vermögensverwalter** den Kauf und Verkauf von Wertschriften zu vermitteln (Vermittler)
- Kapitalgesellschaften und Genossenschaften sowie inländische Einrichtungen der **beruflichen** Vorsorge und der **gebundenen Vorsorge,** die in ihrer Bilanz Wertschriften und Beteiligungen (steuerbare Urkunden) für mehr als CHF 10 Mio. Buchwert ausweisen
- Der **Bund,** die **Kantone** und die politischen **Gemeinden,** sofern sie in ihrer Rechnung für mehr als CHF 10 Mio. steuerbare Urkunden ausweisen sowie inländische Einrichtungen der Sozialversicherung

Wer aufgrund der Qualifikation als Effektenhändler abgabepflichtig wird, hat sich vor Beginn der Abgabepflicht unaufgefordert bei der ESTV anzumelden. Die **ESTV registriert** die Effektenhändler und gibt jedem die ihm zugeteilte Effektenhändlernummer bekannt.

Die Steuerforderung entsteht mit dem **Abschluss** oder bei **Erfüllung** des Rechtsgeschäfts (StG 15). Basis für die Abgabeberechnung ist das Entgelt, d. h. der beim **Kauf oder Verkauf des Titels bezahlte Preis.** Besteht das Entgelt nicht aus einem Geldbetrag, berechnet sich die Abgabe auf dem **Verkehrswert** der Gegenleistung, z. B. bei einem Tauschgeschäft (StG 16).

Die Umsatzabgabe beträgt (StG 16 Abs. 1 lit. a und b)

- 1.5‰ für eine **inländische** Urkunde (bzw. 0.75‰ je Vertragspartei),
- 3‰ für eine **ausländische** Urkunde (bzw. 1.5‰ je Vertragspartei).

Bei der Beurteilung, ob es sich um eine in- oder ausländische Urkunde handelt, richtet man sich nach dem Schuldner bzw. Emittenten.

10.3 Abgabe auf Versicherungsprämien

Steuerobjekt der Abgabe auf Versicherungsprämien sind **Prämienzahlungen** für Versicherungen (StG 21), die

- zum inländischen Bestand einer **inländischen Versicherungsgesellschaft** oder einer inländischen Zweigniederlassung einer ausländischen Versicherungsgesellschaft gehören, die der Aufsicht der Eidgenössischen Finanzmarktaufsicht (FINMA) unterstehen;
- ein **inländischer Versicherungsnehmer** mit einem nicht der FINMA unterstellten ausländischen Versicherer abgeschlossen hat.

Der Abgabe auf Versicherungsprämien unterliegen Prämienzahlungen für **Haftpflicht- und Fahrzeugkaskoversicherungen,** für bestimmte weitere **Sachversicherungen** (insbesondere Mobiliar-, Immobilien-, Diebstahl-, Glasschaden- und Wasserschadenversicherungen) und für **rückkaufsfähige Lebensversicherungen** mit Einmalprämienzahlung.

Die von der Stempelabgabe auf Versicherungsprämien ausgenommenen Versicherungen werden im StG abschliessend aufgezählt. Ausgenommen sind insbesondere Personenversicherungen wie Kranken-, Unfall-, Invaliditäts-, Arbeitslosenversicherungen und alle weiteren Lebensversicherungen, bestimmte Sachversicherungen, u. a. Transport-, Hagel-, Elementarschaden- und Rückversicherungen (StG 22).

Abgabepflichtig sind die inländischen **Versicherungsgesellschaften** oder der inländische **Versicherungsnehmer,** der eine Versicherung mit einem nicht der FINMA unterstellten ausländischen Versicherer abgeschlossen hat (StG 25).

Die Abgabe wird auf der Barprämie berechnet und beträgt **5%**. Für die rückkaufsfähigen Lebensversicherungen beträgt sie **2.5%** (StG 24). Fällig wird die Abgabe 30 Tage nach Ablauf des Vierteljahrs, in dem die Abgabeforderung entstanden ist (StG 26).

Zusammenfassung

Stempelabgaben sind **Rechtsverkehrssteuern,** die als Selbstveranlagungssteuern funktionieren. Das Fürstentum Liechtenstein gilt stempelsteuerrechtlich als Inland.

Die **Emissionsabgabe** erfasst die Ausgabe von inländischen **Beteiligungsrechten** (Aktien, GmbH-Anteile, Genossenschaftsanteile, Genuss- und Partizipationsscheine), **Zuschüsse** von Anteilsinhabern und den **Mantelhandel**.

Die Emissionsabgabe beträgt **1%** (StG 8) bei einem **Freibetrag** von **CHF 1 Mio.** Auf unentgeltlich ausgegebenen **Genussscheinen** beträgt sie **CHF 3** pro Titel.

Die **Umsatzabgabe** wird auf der **entgeltlichen Übertragung** von in- und ausländischen Obligationen, Beteiligungsrechten und Anteilen an kollektiven Kapitalanlagen erhoben, wenn eine Vertragspartei oder ein Vermittler inländischer **Effektenhändler** ist.

Die Umsatzabgabe wird grundsätzlich auf dem **beim Kauf oder Verkauf bezahlten Preis (Entgelt) berechnet** und beträgt 1.5‰ für inländische und 3‰ für ausländische Urkunden.

Steuerobjekt der **Abgabe auf Versicherungsprämien** sind die Prämienzahlungen für Versicherungen, die bei einer **inländischen Versicherungsgesellschaft,** bei einer inländischen **Zweigniederlassung einer ausländischen Versicherungsgesellschaft** oder von einem **inländischen Versicherten** bei einer ausländischen Versicherungsgesellschaft abgeschlossen wurden. Der Abgabe unterliegen vor allem die Prämien von Mobiliar-, Immobilien-, Diebstahl-, Haftpflicht-, Fahrzeugkaskoversicherungen sowie von rückkaufsfähigen Lebensversicherungen mit Einmalprämienzahlung.

Die Abgabe wird von der Versicherungsprämie berechnet und beträgt **5%**, für rückkaufsfähige Lebensversicherungen mit Einmalprämienzahlung **2.5%**.

Repetitionsfragen

45 Der inländische Effektenhändler Jean Müller schenkt seinem Freund Gerhard Keller eine Aktie der Nestlé AG.

Ist die Umsatzabgabe geschuldet?

46 Der Aktionär Stefan Baum zahlt der Baum AG einen Zuschuss von CHF 100 000 ein.

Besteht eine Abgabepflicht und wie viel beträgt die Emissionsabgabe?

47 Norbert Meier hat seine Fahrzeugkaskoversicherung mit einer ausländischen Versicherung abgeschlossen, da dies für ihn billiger ist. Die Prämie beträgt jeweils CHF 3 000 pro Jahr. Die ausländische Versicherung hat keinen Beauftragten in der Schweiz.

Ist die Abgabe auf Versicherungsprämien geschuldet? Wenn ja, von wem und in welcher Höhe?

48 Wird die Emissionsabgabe fällig bei den folgenden Vorgängen?

A] Gründung der X-Tec AG mit Sitz in Zürich durch Herausgabe von 50 Aktien zum Nennwert von je CHF 2 000.

B] Die UBS AG verkauft im Auftrag von Ralf Bruggmann 20 inländische Aktien aus seinem Wertschriftendepot im Gesamtwert von CHF 14 000.

Teil D Steuern der Kantone und Gemeinden

11 Einkommens- und Vermögenssteuer natürlicher Personen

Lernziele   Nach der Bearbeitung dieses Kapitels können Sie ...

- die steuerrechtliche Zugehörigkeit bei der Einkommens- und Vermögenssteuer bestimmen.
- erläutern, wie das steuerbare Vermögen ermittelt wird.
- die Steuerberechnung der Einkommens- und Vermögenssteuer beschreiben.
- die Grundsätze der interkantonalen Steuerausscheidung natürlicher Personen nennen.

Schlüsselbegriffe   Beschränkte Steuerpflicht, Doppelbesteuerung, Doppeltarif, Ertragswert, Familienbesteuerung, Forderungen, Grundstücke, Kollisionsnormen, Lebensversicherungen, Mitarbeiterbeteiligungen, Nutzniessung, Quellensteuer, Reinvermögen, Repartitionswert, Risikoversicherungen, Schuldenabzug, Sozialabzüge, Splitting, Steuerausscheidung, Steuerberechnung, StHG, unbeschränkte Steuerpflicht, Vermögensbemessung, Vermögensstandvergleich, Vermögenswerte, Wertpapiere, Wohnsitzwechsel

Die Kantone sind bei der Ausgestaltung ihrer kantonalen Steuergesetze an das Bundesgesetz über die Harmonisierung der direkten Steuern der Kantone und Gemeinden (StHG) vom 14.12.1990 gebunden, wobei das StHG die Einkünfte, die Aufwendungen und die allgemeinen Abzüge regelt.

Alle Kantone wenden das System der allgemeinen Einkommenssteuer mit ergänzender Vermögenssteuer für natürliche Personen an. Als wichtigste Steuereinnahmequelle macht die Einkommenssteuer heute rund 40% der Gesamtsteuereinnahmen der Kantone und Gemeinden aus, die Vermögenssteuer dagegen weniger als 10%.

In diesem Kapitel konzentrieren wir uns vor allem auf die Bestimmungen zur Vermögenssteuer, die von den Kantonen und Gemeinden erhoben wird, vom Bund aber nicht.

11.1 Steuerpflicht

Wie bei der direkten Bundessteuer (s. Kap. 3.1, S. 30) unterscheidet man auch bei der Einkommens- und Vermögenssteuer zwischen der **persönlichen** und der **wirtschaftlichen Zugehörigkeit** bzw. zwischen der unbeschränkten und der beschränkten Steuerpflicht:

- **Unbeschränkt steuerpflichtig** sind natürliche Personen, die im Steuergebiet (Kanton, Gemeinde) ihren Wohnsitz haben oder sich mit der Absicht dauernden Verbleibens aufhalten (StHG 3).
- **Beschränkt steuerpflichtig** sind natürliche Personen ohne Wohnsitz oder dauernden Aufenthalt mit einer wirtschaftlichen Beziehung zum Steuergebiet (StHG 4). Für die wirtschaftliche Zugehörigkeit zum Kanton bzw. zur Gemeinde gelten sinngemäss dieselben Kriterien wie bei der direkten Bundessteuer, wie z. B. Geschäftsbetriebe, Betriebsstätten oder Grundstückbesitz.

Bei einem **Wohnsitzwechsel** von einem Kanton in einen anderen **während einer Steuerperiode** ist die natürliche Person für die gesamte Steuerperiode in dem Kanton unbeschränkt steuerpflichtig, in dem sie am **Ende der Steuerperiode,** d. h. am **31.12.** des betreffenden Jahres, den Wohnsitz hat.

Diese Regelung gilt auch für die Gemeindesteuern. Abweichungen gibt es unter anderem im Kanton FR (beim Wohnsitzwechsel innerhalb des Kantons wird die Gemeindesteuer gemäss der Dauer des Aufenthalts erhoben) oder im Kanton NW (Wohnsitz am 01.01. der Steuerperiode ist massgebend).

Beispiel
- Kanton: Reto Cassis zieht am 30.09.20_1 von Lugano TI nach Olten SO. Er bezahlt für das ganze Jahr 20_1 Steuern in Olten bzw. im Kanton SO.
- Gemeinde: Bettina Koller zieht am 03.05.20_1 innerhalb des Kantons SG um, von Zuzwil nach Sargans. Sie bezahlt für das ganze Jahr 20_1 Steuern in der Gemeinde Sargans.
- Spezialfall Gemeinde NW: Noah Huber zieht am 03.05.20_1 innerhalb des Kantons NW um, von Stans nach Hergiswil. Er bezahlt für das ganze Jahr 20_1 Steuern in der Gemeinde Stans.

Beim Wohnsitzwechsel eines der Quellensteuer unterliegenden Steuerpflichtigen während einer Steuerperiode und innerhalb der Schweiz steht dem jeweiligen Kanton das Besteuerungsrecht im Verhältnis zur Dauer der Steuerpflicht zu, d.h. pro rata temporis (StHG 38 Abs. 4). Laut Gerichtspraxis ist bei einer nachträglichen ordentlichen Veranlagung hingegen der Wohnsitz am Ende der Steuerperiode für die Besteuerung der gesamten Steuerperiode massgebend.

Wie bei der direkten Bundessteuer beginnt und endet die beschränkte Steuerpflicht mit dem Beginn bzw. mit der Aufgabe der wirtschaftlichen Zugehörigkeit. Bei einer unterjährigen Steuerpflicht wird der diesem Zeitraum entsprechende Teilbetrag der Steuer erhoben. Es findet eine Besteuerung pro rata temporis statt: Die regelmässig fliessenden Einkünfte sowie das Vermögen werden dabei für die Satzbestimmung auf zwölf Monate umgerechnet, die unregelmässigen Einkünfte nicht (s. auch Kap. 3.4, S. 36 und Kap. 11.5, S. 147).

11.2 Einkommenssteuer

Die Einkommenssteuer der Kantone und Gemeinden ist ähnlich ausgestaltet wie die direkte Bundessteuer natürlicher Personen (Details dazu s. Kap. 4, S. 40).

Grundsätzlich unterliegt das gesamte erzielte Einkommen der Einkommenssteuer (StHG 7). Die natürlichen Personen müssen ihr Einkommen aus unselbstständiger und selbstständiger Erwerbstätigkeit, aus Vorsorge, aus beweglichem und unbeweglichem Vermögen sowie allfällige Nebeneinkünfte und die übrigen Einkünfte versteuern.

Abzugsfähig sind in allen Kantonen die Gewinnungskosten, die unmittelbar mit der Erzielung des Einkommens zusammenhängen, sowie die allgemeinen Abzüge und die Sozialabzüge. Ausgestaltung und Höhe dieser Abzüge werden jedoch von Kanton zu Kanton unterschiedlich gehandhabt.

11.3 Vermögenssteuer

Die Vermögenssteuer ist eine Ergänzungssteuer zur Einkommenssteuer; sie wird nur von den Kantonen und Gemeinden erhoben, nicht vom Bund.

Die Vermögenssteuer soll grundsätzlich die Substanz des Vermögens nicht angreifen. Die Sätze für die Vermögenssteuer sind daher relativ tief. Dennoch hat die Deklaration des Vermögens für die Prüfung des deklarierten Einkommens eine grosse Bedeutung. Die Steuerbehörden können mit einem sog. Vermögensstandvergleich das Einkommen mit der Vermögensentwicklung des Steuerpflichtigen vergleichen.

Beispiel

Ein Steuerpflichtiger deklariert für das Jahr 20_1 ein Einkommen von CHF 120 000 und folgende Vermögenswerte:

Vermögen	01.01.20_1	31.12.20_1
Wertschriften	120 000	250 000
Liegenschaften	400 000	400 000
Total	**520 000**	**650 000**

Das deklarierte Einkommen 20_1 von CHF 120 000 bei einem gleichzeitigen Vermögenszuwachs von CHF 130 000 lässt sich nicht ohne Weiteres erklären. Die Steuerbehörden überprüfen deshalb, wie dieser Vermögenszuwachs entstehen konnte.

11.3.1 Steuerobjekt

Steuerobjekt der Vermögenssteuer ist das gesamte **Reinvermögen** (StHG 13 Abs. 1), d. h. die Differenz zwischen den Aktiven (Vermögenswerten) und den Passiven (Schulden) und den Sozialabzügen. Als steuerbare Vermögenswerte gelten diejenigen Aktiven, die einer steuerpflichtigen Person zum **Eigentum** oder zur **Nutzniessung** zustehen (StHG 13 Abs. 2).

Abb. [11-1] **Ermittlung des steuerbaren Reinvermögens**

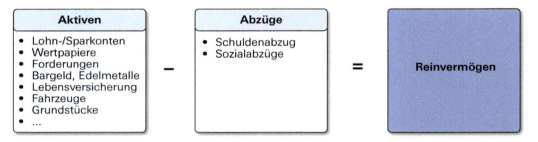

Zu den **steuerbaren Vermögenswerten** gehören insbesondere:

- Lohnkonten, Sparguthaben bei Banken sowie Postguthaben
- Wertpapiere (Obligationen, Aktien, GmbH- und Genossenschaftsanteile, Genuss- und Partizipationsscheine, Optionen usw.) sowie Anteile an kollektiven Kapitalanlagen
- Forderungen: private Darlehen, Hypothekarforderungen usw.
- Bargeld und Edelmetalle (Gold, Silber usw.)
- Rückkaufsfähige Kapitalversicherungen (z. B. Lebensversicherungen), Rentenversicherungen und Prämiendepots bei Versicherungsgesellschaften
- Fahrzeuge: Autos, Schiffe, Wohnwagen usw.
- Grundstücke
- Sammlungen aller Art (Marken, Münzen, Kunstwerke usw.) und Schmuckgegenstände
- Tiere: Viehhabe, Pferde usw.

Gewisse Vermögenswerte sind von der Vermögenssteuer ausdrücklich **ausgenommen,** z. B.:

- Hausrat und persönliche Gebrauchsgegenstände
- Angespartes Vorsorgevermögen der Säulen 2 und 3a
- Anwartschaften, z. B. eine Versicherungsleistung, die bei Tod oder Invalidität des Versicherten zur Auszahlung kommt
- Stammrechte an Pensionen, Renten, Alimenten, Wohnrechten usw. Deren Renten sind bei der Auszahlung einkommenssteuerpflichtig

Beispiel

Fabian Gerber hat von seinen Eltern die Liegenschaft mit einem Verkehrswert von CHF 750 000 und mit den entsprechenden Hypotheken von CHF 450 000 gekauft. Die Eltern haben sich ein lebenslängliches Wohnrecht vorbehalten zum jährlichen Eigenmietwert von CHF 14 000.

Fabian Gerbers Eltern müssen den Eigenmietwert für das Wohnrecht von CHF 14 000 als Einkommen versteuern, nicht das kapitalisierte Wohnrecht als Vermögen.

11.3.2 Bewertung des Vermögens

Gemäss Steuerrecht sollte das Vermögen nach dem **wirklichen Wert** bemessen werden, d. h. nach dem **Verkehrswert**, wobei der Ertragswert angemessen berücksichtigt werden kann (StHG 14 Abs. 1). Allgemein gilt als Verkehrswert der Wert, den ein Vermögensgegenstand beim Kauf oder Verkauf unter Dritten hat.

In der Praxis ist es gelegentlich schwierig, den wirklichen Wert eines Vermögensobjekts zu schätzen. Aus diesem Grund gibt es **allgemein anerkannte Bewertungsgrundsätze,** die dann gelten, wenn die kantonalen Steuergesetze nichts anderes vorsehen.

A] Wertpapiere

In allen kantonalen Steuergesetzen wird zwischen kotierten und nicht kotierten Wertpapieren unterschieden.

- **Kotierte Wertpapiere** werden **an der Börse gehandelt** und in der Regel zum **Kurswert** besteuert. Massgebend ist der Kurs am Ende der Steuerperiode (StHG 17 Abs. 1). In einigen Kantonen (BL, BS, SO) kann der Kurswert herabgesetzt werden, wenn extrem hohe Kurswerte vergleichsweise tiefen Ertragswerten gegenüberstehen.
- **Nicht kotierte Wertpapiere** werden **nicht an der offiziellen Börse gehandelt** und weisen somit keinen Kurswert auf. Der Verkehrswert solcher Wertpapiere ist zu schätzen. Es wird auf den sog. «**inneren Wert**» abgestellt.

Hinweis

Der innere Wert wird gemäss der «Wegleitung zur Bewertung von Wertpapieren ohne Kurswert für die Vermögenssteuer» ermittelt. Nach dieser Wegleitung entspricht der Wert von Wertpapieren ohne Kurswert dem **Anteil am Unternehmenswert,** den diese Wertpapiere verkörpern. Der Unternehmenswert wird wie folgt berechnet:

$$\text{Unternehmenswert} = \frac{\text{Substanzwert} + 2 \cdot \text{Ertragswert}}{3}$$

- Der Substanzwert wird aufgrund der Bilanzwerte und der stillen Reserven ermittelt.
- Der Ertragswert ergibt sich aus den Gewinnen der letzten Jahresrechnungen, exkl. allfälliger ausserordentlicher Aufwendungen und Erträge.

Bei der Bewertung wird grundsätzlich zwischen einzelnen Unternehmenstypen (z. B. Handels-, Industrie- oder Immobiliengesellschaften), den Wertpapiertypen (z. B. Aktien, Genussscheinen oder Anteilen an kollektiven Kapitalanlagen) sowie zwischen inländischen und ausländischen Papieren unterschieden. Weitere Details siehe Kreisschreiben Nr. 28 vom August 2008 der Schweizerischen Steuerkonferenz.

Vereinzelte Kantone kennen abweichende Bewertungsregelungen für Aktien und Anteilscheine von schweizerischen Unternehmen, die nicht an der Börse kotiert sind.

B] Forderungen

Forderungen und Darlehen werden im Allgemeinen zum **Nennwert** bewertet. Wenn die Forderung nicht eindeutig bewertet werden kann oder wenn bei Gläubigern eine Verlustgefahr besteht, kann vom Nennwertprinzip abgewichen werden. Ist die Forderung uneinbringlich oder wenigstens unsicher, darf bei der Bewertung ein Einschlag gewährt werden.

C] Lebens- und Rentenversicherungen

Rückkaufsfähige Lebens- und Rentenversicherungen werden mit ihrem aufgelaufenen **Rückkaufswert zuzüglich den Überschussanteilen** angerechnet. Rückkaufsfähig ist eine Versicherung dann, wenn der Eintritt des versicherten Ereignisses und damit die Auszahlung der Versicherungssumme an den Anspruchsberechtigten sicher ist. Dies trifft meistens auf die gewöhnlichen Lebensversicherungen zu.

Die Versicherungsgesellschaften haben den Versicherungsnehmern per Ende eines jeden Kalenderjahrs den steuerbaren Rückkaufswert (inkl. Gutschrift der Überschussanteile) von Lebens- und Rentenversicherungen zu bescheinigen. Diese **Bescheinigung** ist vom Versicherungsnehmer der Steuererklärung beizulegen.

Hinweis	Nicht rückkaufsfähige Risikoversicherungen mit einer beschränkten Laufzeit haben keinen Rückkaufswert und unterliegen somit auch nicht der Vermögenssteuer.

D] Mitarbeiterbeteiligungen

Frei verfügbare oder gesperrte Mitarbeiteraktien sowie freie börsenkotierte Mitarbeiteroptionen, die **im Zeitpunkt der Zuteilung** der Einkommenssteuer unterliegen (s. Kap. 4.1.5, S. 43), sind für Vermögenssteuerzwecke zum **Verkehrswert** zu berücksichtigen. Allfällige Sperrfristen werden dabei berücksichtigt (StHG 14a Abs. 1).

Nicht börsenkotierte oder gesperrte Mitarbeiteroptionen, die erst **im Ausübungszeitpunkt** der Einkommenssteuer unterliegen, sind für die Dauer zwischen Zuteilung und Ausübung **ohne Steuerwert** zu deklarieren (StHG 14a Abs. 2).

E] Liegenschaften

Bei Grundstücken bzw. Liegenschaften wird in der Regel periodisch ein sog. **Steuerwert** festgelegt. Zur Bestimmung des Steuerwerts stellen die kantonalen Steuergesetze mehrheitlich auf den **Ertragswert,** auf den **Verkehrswert** oder auf eine **Kombination** von beiden ab. Vereinzelt ist auch der **Katasterwert** oder die **amtliche Schätzung** massgeblich.

Grundsätzlich unterscheiden alle kantonalen Steuerordnungen zwischen landwirtschaftlich und nicht landwirtschaftlich genutzten Grundstücken und Gebäuden, für die unterschiedliche kantonale Bewertungsvorschriften gelten.

Landwirtschaftliche Liegenschaften werden zum **Ertragswert** bewertet (StHG 14 Abs. 2). Nach kantonalem Recht kann der Verkehrswert jedoch mitberücksichtigt werden.

Bei **Veräusserung** oder **Aufgabe der landwirtschaftlichen Nutzung** einer solchen Liegenschaft kann die Differenz zwischen dem Ertragswert und dem Verkehrswert nachbesteuert werden. Diese Nachbesteuerung erfolgt entsprechend der Besitzdauer, höchstens jedoch für die letzten 20 Jahre.

Nicht landwirtschaftliche Liegenschaften sind grundsätzlich zum **Verkehrswert** unter angemessener Berücksichtigung des Ertragswerts zu bewerten.

- Bei **entgeltlich erworbenen** Liegenschaften gilt in der Regel der **Kaufpreis** als Verkehrswert.
- Wurde die Liegenschaft **unentgeltlich erworben** oder haben sich die Verhältnisse wesentlich verändert, so ist der **Verkehrswert zu schätzen,** wobei der Landwert, der Realwert und der Ertragswert angemessen zu berücksichtigen sind.

11.3.3 Abzüge

Die Steuergesetze lassen verschiedene Arten von Abzügen vom Vermögen zu: den Schuldenabzug und die Sozialabzüge.

A] Schuldenabzug

Um die wirtschaftliche Leistungsfähigkeit einer Person beurteilen zu können, muss man auch ihre Schulden berücksichtigen. Daher dürfen vom Gesamt- bzw. Bruttovermögen die **effektiven Schulden** abgezogen werden. Dadurch erhält man das Reinvermögen.

Bei der **Nutzniessung** darf der Nutzniesser, der das nutzbringende Vermögen zu versteuern hat, auch die entsprechenden Schulden des Nutzniessungsvermögens abziehen.

Abzugsberechtigt sind aber nur die **persönlichen Schuldverpflichtungen.** Wenn der Steuerpflichtige einen Vermögenswert für fremde Schulden verpfändet hat, kann er dafür keinen Abzug machen.

Beispiel

Peter Bruderer gewährt seinem Neffen ein Darlehen von CHF 80 000 zur Finanzierung des Studiums. Auf seiner Liegenschaft lässt er dazu einen Schuldbrief von CHF 80 000 errichten.

Die Schuldzinsen auf dieser Hypothek bezahlt der Neffe, weshalb er sie als steuerlichen Abzug geltend machen kann. Peter Bruderer kann diesen Schuldenabzug nicht auch noch geltend machen.

Abzugsfähig sind nur die entstandenen Schulden, nicht aber die nur voraussehbaren, **anwartschaftlichen Schulden.** Darunter versteht man Verpflichtungen, deren Höhe, Fälligkeit und Beginn noch nicht bekannt sind.

Ebenfalls nicht als Schulden gelten **Verpflichtungen zu periodischen Leistungen** (Alimente, Wohnrecht).

Beispiel

Eine Bürgschaftsverpflichtung ist eine anwartschaftliche Schuld, weil sie erst dann entsteht, wenn der Hauptschuldner nicht mehr zahlungsfähig ist und der Bürge für die Schuld aufkommen muss.

B] Sozialabzüge

Vom Reinvermögen werden die Sozialabzüge abgezogen. Damit erhält man das **steuerbare Vermögen,** das für die Vermögenssteuerberechnung massgebend ist.

Der Zivilstand, das Alter, die Zahl der Kinder oder der unterstützungsbedürftigen Personen sollen durch die Sozialabzüge bei der Bemessung der Steuerlast angemessen berücksichtigt werden (s. Kap. 4.7.5, S. 60). Bezüglich der Höhe der Sozialabzüge weisen die einzelnen kantonalen Steuergesetze allerdings grosse Unterschiede auf.

Beispiel

Klaus Keller lebt mit seiner Frau und zwei minderjährigen Kindern im gemeinsamen Haushalt im Kanton TG. Sein Reinvermögen (nach Schuldenabzug und vor Sozialabzügen) beträgt CHF 350 000.
Wie hoch ist das steuerbare Vermögen?
Vom Reinvermögen von CHF 350 000 kann Klaus Keller noch folgende Abzüge geltend machen:
- CHF 200 000, weil er in ungetrennter Ehe lebt
- CHF 100 000 für jedes nicht selbstständig besteuerte (minderjährige) Kind, d. h. total 200 000

Somit resultiert kein steuerpflichtiges Vermögen.

11.4 Steuerberechnung

Alle Kantone veranlagen die Einkommens- und Vermögenssteuern nach dem **Postnumerandosystem** mit einjähriger Gegenwartsbemessung: Die Bemessungsperiode ist identisch mit der Steuerperiode.

11.4.1 Einkommenssteuer

Die Steuersätze der Einkommenssteuer sind in allen Kantonen **progressiv ausgestaltet,** d. h., der Steuersatz erhöht sich bei steigendem Einkommen bis zu einer gewissen Grenze.

Der Grundsatz der **Familienbesteuerung** (s. Kap. 3.5, S. 37) gilt auch für die Kantons- und Gemeindesteuern (StHG 3 Abs. 3). Da die Familienbesteuerung aber infolge der progressiven Ausgestaltung der Steuertarife zu einer ungerechtfertigten Erhöhung der Steuerbelastung führt, werden unterschiedliche Korrekturmassnahmen angewendet. Die bekanntesten beiden sind das Splitting und der Doppeltarif:

- **Splitting:** Die Einkommen der Ehegatten werden zwar nach wie vor zusammengerechnet. Das Gesamteinkommen der Familie wird aber durch einen bestimmten Divisor geteilt und zu diesem tieferen Steuersatz besteuert; dieser beträgt je nach Kanton zwischen 1.6 und 2.0: AG, AI, BL, FR, GE, GL, GR, NE, NW, SG, SH, SO, SZ und TG. Der Kanton VD wendet ein variables Splitting an; der Divisor ist abhängig von der Anzahl Familienangehöriger.
- **Doppeltarif,** d. h. unterschiedliche Tarife für Verheiratete und für Alleinstehende: AR, BE, BS, JU, LU, TI, ZG und ZH.

11.4.2 Vermögenssteuer

Die Steuersätze der Vermögenssteuer sind in den meisten Kantonen **progressiv** ausgestaltet und werden **in Promillen vom steuerbaren Vermögen** festgelegt.

Einen proportionalen Tarif sehen lediglich die Kantone LU, NW, SZ, TG und UR an.

11.4.3 Steuermass

In der Mehrzahl der Kantone besteht das Steuermass der Einkommens- und Vermögenssteuer aus zwei Teilen: dem gesetzlichen **Steuersatz** und dem **Steuerfuss** (s. Kap. 2.5, S. 22). Einzig die Kantone BL, TI und VS kennen für die Einkommens- und Vermögenssteuer keinen Steuerfuss, sodass sich dort die Steuerbelastung mit dem Steuertarif direkt berechnen lässt.

Bei der Berechnung der geschuldeten Steuern geht man vom steuerbaren Einkommen und Vermögen (Steuerfaktoren) aus. Diese mit dem gesetzlichen **Steuersatz** multiplizierten **Steuerfaktoren** ergeben die **einfache Staatssteuer.**

Die **effektiv zu entrichtende Steuer** ergibt sich erst durch die Multiplikation dieser einfachen Staatssteuer mit dem **Steuerfuss.** Der Steuerfuss wird als Koeffizient oder in Prozenten des Steuersatzes ausgedrückt.

Bei den Einkommens- und Vermögenssteuern verwenden die **Gemeinden** grundsätzlich die gleichen Bemessungsgrundlagen und den gleichen Tarif wie der Kanton. Die Gemeinden erheben diese Steuern als **Vielfaches des kantonalen Grundtarifs,** d. h. der einfachen Staatssteuer.

Abb. [11-2]   Einkommens- und Vermögenssteuer in Kantonen mit Steuerfuss

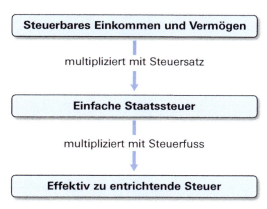

In den Kantonen AG, BE, BS, GE, LU, VD und VS gibt es eine **Begrenzung der maximalen Steuerbelastung**. Die Belastung des Vermögens durch die Vermögenssteuer bzw. die Gesamtsteuerbelastung von Einkommen und Vermögen im Kanton und in der Gemeinde darf einen bestimmten Wert nicht überschreiten.

11.5 Interkantonale Steuerausscheidung

Eine **interkantonale Doppelbesteuerung** würde vorliegen, wenn das gleiche Steuersubjekt für das gleiche Steuerobjekt in der gleichen Steuerperiode mit einer gleichen oder gleichartigen Steuer von zwei oder mehreren Kantonen besteuert wird. Zur Vermeidung einer solchen interkantonalen Doppelbesteuerung gibt es die interkantonale Steuerausscheidung. Dabei sind die Steuerdomizile, die Kollisionsnormen und die Ausscheidungsmethoden besonders wichtig.

Den Kantonen dürfen keine Besteuerung vornehmen, zu der sie nach den **Kollisionsnormen** nicht befugt sind (s. Kap. 2.1.3, S. 18). Um eine Doppelbesteuerung zu verhindern, kommt deshalb bei der interkantonalen Steuerausscheidung die sog. **«Befreiungsmethode mit Progressionsvorbehalt»** zur Anwendung.

Damit ist folgendes Vorgehen gemeint:

- Ein Kanton muss die steuerbaren Einkünfte und Vermögenswerte von der Besteuerung ausnehmen («befreien»), die durch einen anderen Kanton besteuert werden können.
- Der Steuersatz basiert jedoch immer auf dem steuerbaren Gesamteinkommen und -vermögen des Steuerpflichtigen. Damit wird sichergestellt, dass jemand, der an verschiedenen Orten steuerpflichtig ist, nicht bessergestellt wird als jemand, der nur an einem Ort steuerpflichtig ist («Progressionsvorbehalt»).

11.5.1 Steuerdomizile

Eine natürliche Person kann aufgrund der persönlichen und der wirtschaftlichen Zugehörigkeit in mehreren Kantonen steuerpflichtig sein. Dabei unterscheidet man zwischen Hauptsteuer- und Nebensteuerdomizilen:

- Das **Hauptsteuerdomizil** befindet sich am Wohnsitz bzw. am Ort des Lebensmittelpunkts. Dort ist der Steuerpflichtige aufgrund **persönlicher Zugehörigkeit** unbeschränkt steuerpflichtig.
- Ein **Nebensteuerdomizil** wird aufgrund **wirtschaftlicher Zugehörigkeit** zusätzlich begründet, z. B. durch Grundeigentum, den Geschäftssitz oder eine Betriebsstätte.

Beispiel

Tim Locher wohnt mit seiner Familie in Stans NW und betreibt als Einzelfirma ein Malergeschäft in Zofingen AG mit einer Betriebsstätte in Luzern. Seine Ehefrau besitzt in Airolo TI eine Eigentumswohnung.

Ort	Steuerdomizil		Zugehörigkeit		Umfang Steuerpflicht	
	Haupt	Neben	Persönlich	Wirtschaftlich	Unbeschränkt	Beschränkt
Stans	☒	☐	☒	☐	☒	☐
Zofingen	☐	☒	☐	☒	☐	☒
Luzern	☐	☒	☐	☒	☐	☒
Airolo	☐	☒	☐	☒	☐	☒

11.5.2 Ausscheidungsverfahren

Jeder an einer interkantonalen Steuerausscheidung beteiligte Kanton ermittelt das **Gesamteinkommen und -vermögen** eines Steuerpflichtigen nach seinem kantonalen Recht. Der Steuerpflichtige muss also in jedem Kanton eine Steuererklärung ausfüllen, in dem er steuerpflichtig ist. Weil die interkantonale Doppelbesteuerung unzulässig ist, müssen die Einkünfte und Vermögenswerte nun auf die verschiedenen Steuerdomizile aufgeteilt werden.

Diese Aufteilung erfolgt aufgrund der im **interkantonalen Steuerrecht** geltenden Grundsätze: Die verschiedenen Einkünfte und Vermögenswerte werden objektmässig zugewiesen, die Gewinnungskosten, Schuldzinsen, Abzüge sowie Schulden teils objektmässig, teils quotenmässig.

A] Objektmässige Ausscheidung

Bei der objektmässigen Ausscheidung werden die einzelnen Einkommens- oder Vermögenswerte **vollumfänglich** einem Kanton zugewiesen.

Die Zuweisung erfolgt gemäss den **Kollisionsnormen.** Diese regeln die Aufteilung der steuerbaren Werte nach Steuerdomizilen aufgrund der Rechtsprechung des Bundesgerichts so, wie in Abb. 11-3 aufgelistet.

Abb. [11-3] Kollisionsnormen

Einkommen	Besteuerung am
aus unselbstständiger Erwerbstätigkeit	Hauptsteuerdomizil (Wohnsitz / Lebensmittelpunkt)
aus selbstständiger Erwerbstätigkeit	Nebensteuerdomizil (Geschäftsort)
aus beweglichem Vermögen	Hauptsteuerdomizil (Wohnsitz / Lebensmittelpunkt)
aus unbeweglichem Vermögen	Nebensteuerdomizil (Ort der gelegenen Sache)
Übrige Einkünfte	Hauptsteuerdomizil (Wohnsitz / Lebensmittelpunkt)
Vermögen	**Besteuerung am**
Kapital selbstständige Erwerbstätigkeit	Nebensteuerdomizil (Geschäftsort)
Bewegliches Privatvermögen	Hauptsteuerdomizil (Wohnsitz / Lebensmittelpunkt)
Unbewegliches Privatvermögen	Nebensteuerdomizil (Ort der gelegenen Sache)

B] Quotenmässige Ausscheidung

Bei der quotenmässigen Ausscheidung werden die einzelnen Werte nach bestimmten Schlüsseln **prozentual** auf die Steuerdomizile aufgeteilt. So werden z. B. die Schulden und Schuldzinsen nach Lage der Aktiven aufgeteilt.

Bei **Grundstücken** kommt dabei noch der **Repartitionswert** zum Tragen. Es handelt sich dabei um einen gesamtschweizerisch **einheitlichen Vermögenssteuerwert,** der notwendig ist, weil die kantonalen Bewertungsrichtlinien stark voneinander abweichen. Der Repartitionswert ist ein vorgegebener Umrechnungsfaktor für den jeweiligen kantonalen Vermögenssteuerwert. Er verhilft zu einer möglichst «objektiven» interkantonalen Ausscheidung.

Hinweis Im Kreisschreiben Nr. 22 vom 22.03.2018 der SSK sind die für jeden Kanton geltenden Repartitionswerte als Prozentsätze aufgeführt.

Das nach der Ausscheidung ermittelte steuerbare Vermögen besteuert jeder Kanton nach seinen Bewertungsgrundsätzen und Steuertarifen.

Beispiel Max Kessler, wohnhaft in Uster ZH, deklariert folgende Beträge in seiner Steuererklärung:

	CHF
Einfamilienhaus in Uster, Vermögenssteuerwert	700 000
Hypothek Einfamilienhaus Uster ZH	400 000
Eigentumswohnung in Zermatt VS, Vermögenssteuerwert	300 000
Hypothek Eigentumswohnung Zermatt	150 000
Wertschriften, Vermögenssteuerwert	100 000
Übrige Aktiven	30 000
Eigenmietwert EFH Uster	26 000
Schuldzinsen Hypothek EFH Uster	12 000
Eigenmietwert Ferienwohnung Zermatt	15 750
Schuldzinsen Hypothek Eigentumswohnung Zermatt	6 000
Lohn aus unselbstständiger Erwerbstätigkeit	78 000
Wertschriftenerträge	3 000

Interkantonale Steuerausscheidung ZH und VS:

(Hinweis: Repartitionswert ZH: 90% / VS: 145%)

Vermögen	Total CHF	ZH CHF	VS CHF
Einfamilienhaus Uster	700 000	700 000	0
Eigentumswohnung Zermatt	300 000	0	300 000
Repartitionswert ZH: 90% v. 700 000, VS: 145% v. 300 000	1 065 000	630 000	435 000
Wertschriften (objektmässig)	100 000	100 000	0
Übrige Aktiven (objektmässig)	30 000	30 000	0
Total Aktiven (in %)	**1 195 000** (100%)	**760 000** (63.6%)	**435 000** (36.4%)
Hypotheken (quotenmässig, nach Lage der Aktiven)	–550 000 (100%)	–349 800 (63.6%)	–200 200 (36.4%)
Steuerbares Vermögen	**645 000**	**410 200**	**234 800**

Einkommen	Total CHF	ZH CHF	VS CHF
Eigenmietwert EFH Uster	26 000	26 000	0
Eigenmietwert WHG Zermatt	15 750		15 750
Wertschriftenerträge	3 000	3 000	0
Schuldzinsen Hypotheken (quotenmässig, nach Lage der Aktiven)	−18 000 (100%)	−11 450 (63.6%)	−6 550 (36.4%)
Lohn (objektmässig)	78 000	78 000	0
Steuerbares Einkommen	104 750	95 550	9 200

Zusammenfassung

Alle Kantone wenden für natürliche Personen das System der allgemeinen Einkommenssteuer mit **ergänzender Vermögenssteuer** an.

Die **unbeschränkte und beschränkte Steuerpflicht** richtet sich bei der Einkommenssteuer auf Kantons- bzw. Gemeindeebene nach denselben Kriterien wie bei der direkten Bundessteuer: unbeschränkte Steuerpflicht bei persönlicher Zugehörigkeit (Wohnsitz oder Aufenthalt im Kanton), beschränkte Steuerpflicht bei wirtschaftlicher Zugehörigkeit.

Bei einem interkantonalen **Wohnsitzwechsel** während einer Steuerperiode bleibt der Steuerpflichtige für das ganze Jahr in dem Kanton steuerpflichtig, in dem er am **31.12.** dieses Jahres seinen Wohnsitz hat.

Bei den kantonalen **Einkommenssteuern** gelten dieselben Prinzipien wie bei der direkten Bundessteuer bezüglich der zu versteuernden Einkünfte und Abzüge. Insbesondere bei der Höhe der Abzüge gibt es jedoch grosse kantonale Unterschiede.

Die **Deklaration des Vermögens** hat zwei Aufgaben: Einerseits ist die Vermögenssteuer für die Kantons- und Gemeindesteuern geschuldet, andererseits dient die Angabe des Vermögens zur Kontrolle der Einkommensdeklaration (angemessene Vermögensentwicklung).

Steuerobjekt der Vermögenssteuer ist das **Reinvermögen,** d. h. das um die **Schulden- und Sozialabzüge** verminderte steuerbare Vermögen im Eigentum und zur Nutzniessung.

Gewisse Vermögenswerte sind von der Vermögenssteuer ausdrücklich ausgenommen (z. B. Hausrat, Vorsorgevermögen, Anwartschaften und verschiedene Stammrechte). Für Wertpapiere, Forderungen, Lebens- und Rentenversicherungen, Mitarbeiterbeteiligungen und Grundstücke gelten spezielle Bewertungsvorschriften.

Bei der Einkommens- und bei der Vermögenssteuer werden mehrheitlich **progressive Steuertarife** eingesetzt. Einzelne Kantone legen einen **Maximalbetrag** für die Steuerbelastung fest.

Der Grundsatz der **Familienbesteuerung** gilt auch für die Kantons- und Gemeindesteuern. Als Korrekturmassnahmen gegen die durch die Progression verursachte hohe Steuerbelastung werden vor allem das **Splitting** und der **Doppeltarif** angewendet.

In den meisten Kantonen wird die effektiv zu entrichtende Steuer **mehrstufig** berechnet:

1. **Einfache Staatssteuer** = Steuerfaktoren (steuerbares Einkommen und Vermögen) multipliziert mit dem Steuersatz
2. **Effektive Steuerbelastung** = einfache Staatssteuer multipliziert mit dem Steuerfuss

Die Steuerschuld bei der **Gemeinde** berechnet sich als **ein Vielfaches** der einfachen Staatssteuer.

Das schweizerische Steuersystem

Die **interkantonale Steuerausscheidung** dient zur Vermeidung der interkantonalen Doppelbesteuerung, wenn eine natürliche Person aufgrund persönlicher oder wirtschaftlicher Zugehörigkeit in mehreren Kantonen steuerpflichtig ist. Dabei unterscheidet man zwischen dem **Hauptsteuerdomizil** und den **Nebensteuerdomizilen.**

Im Ausscheidungsverfahren werden die einzelnen Steuerwerte je nach Art objekt- oder quotenmässig den beteiligten Kantonen zugewiesen:

- **Objektmässige Ausscheidung:** vollumfänglich einem Kanton zugewiesen (Einkünfte, Vermögenswerte). Die Kollisionsnormen regeln diese Zuteilung
- **Quotenmässige Ausscheidung:** prozentuale Aufteilung unter den Kantonen (z. B. Hypotheken, Schuldzinsen) anhand von Schlüsseln (z. B. Lage der Aktiven)

Für eine möglichst einheitliche Bewertung von Liegenschaften im Ausscheidungsfall sorgen die **Repartitionswerte,** die für jeden Kanton verbindlich sind.

Repetitionsfragen

49 Welcher Wert wird für die Besteuerung der folgenden Vermögensteile beigezogen?

A] Einfamilienhaus

B] Studiendarlehen an den Neffen

C] Nicht rückkaufsfähige Risikoversicherung

D] Aktien der UBS AG

E] Freie börsenkotierte Mitarbeiteroption

50 Weshalb bezeichnet man die Vermögenssteuer auch als Ergänzungssteuer?

51 A] Sind die folgenden Aussagen zur interkantonalen Ausscheidung richtig (R) oder falsch (F)?

R	F	Aussage
☐	☐	Die Kollisionsnormen regeln u. a. die Zuweisung der übrigen Einkünfte zu einem Steuerdomizil.
☐	☐	Ob es zu einer quoten- oder zu einer objektmässigen Ausscheidung kommt, kann der einzelne Kanton selbst festlegen.
☐	☐	Jeder an der Ausscheidung beteiligte Kanton errechnet das Gesamteinkommen und -vermögen gemäss den Bewertungsrichtlinien der direkten Bundessteuer.
☐	☐	Unbewegliches Privatvermögen ist am Ort der gelegenen Sache zu versteuern.

B] Begründen Sie kurz, falls Sie die Aussage für falsch halten.

52 Stefanie Müller hat bei der «Patria» zwei Versicherungen abgeschlossen: eine rückkaufsfähige Versicherung und eine reine Risikoversicherung.

- Rückkaufsfähige Versicherung: versicherte Summe CHF 120 000, Abschlussjahr 2002, Ablaufjahr 2029
- Reine Risikoversicherung: versicherte Summe CHF 500 000

Sind diese Versicherungen als Vermögen zu deklarieren?

53 Laut Kreisschreiben Nr. 22 beläuft sich der Repartitionswert für den Kanton TI auf 70%. Was bedeutet dies?

12 Gewinn- und Kapitalsteuer juristischer Personen

Lernziele

Nach der Bearbeitung dieses Kapitels können Sie …

- die Grundsätze der Berechnung der Gewinn- und Kapitalsteuer auf Kantonsebene erläutern.
- Massnahmen zur Entlastung der Besteuerung juristischer Personen nennen.

Schlüsselbegriffe

Beschränkte Steuerpflicht, Eigenfinanzierung, Eigenkapital, Forschungs- und Entwicklungsaufwand, Minimalsteuer, Patentbox, politische Parteien, privilegierte Besteuerung, Stiftungen, unbeschränkte Steuerpflicht, Vereine, Wirtschaftsförderung

Gesetzliche Grundlagen der Gewinn- und Kapitalsteuer juristischer Personen sind das Bundesgesetz über die Harmonisierung der direkten Steuern der Kantone und Gemeinden (StHG) vom 14.12.1990 als Rahmengesetz sowie die darauf aufbauenden kantonalen Steuergesetze.

Die Kantone und die Gemeinden sehen für juristische Personen eine Steuer vom Reingewinn (StHG 24 ff.) sowie eine Kapitalsteuer vom einbezahlten Kapital und den Reserven vor (StHG 29 ff.). Die Kapitalsteuer wird nur von den Kantonen und Gemeinden erhoben, jedoch nicht vom Bund.

In diesem Kapitel gehen wir auf die ordentliche Gewinn- und Kapitalbesteuerung sowie auf die besonderen Bestimmungen bei der Besteuerung von juristischen Personen (insbesondere von Kapitalgesellschaften) auf Kantonsebene ein.

12.1 Steuerpflicht

Wie bei der Gewinnsteuer auf Bundesebene (s. Kap. 3.2, S. 33) unterscheidet man auch bei der Gewinn- und Kapitalsteuer auf Kantons- und Gemeindeebene zwischen der **persönlichen** und der **wirtschaftlichen Zugehörigkeit** bzw. zwischen der unbeschränkten und der beschränkten Steuerpflicht:

- **Unbeschränkt steuerpflichtig** sind juristische Personen, die im Kanton ihren Sitz oder ihre tatsächliche Verwaltung haben (StHG 20).
- **Beschränkt steuerpflichtig** sind juristische Personen mit Sitz und tatsächlicher Verwaltung ausserhalb des Kantons oder im Ausland aufgrund einer wirtschaftlichen Beziehung zum Steuergebiet (StHG 21). Dies ist der Fall, wenn sie z. B. im Kanton eine Betriebsstätte unterhalten oder eine Liegenschaft besitzen.

In ihrem Sitzkanton bzw. Sitzland ist die beschränkt steuerpflichtige Person allerdings unbeschränkt steuerpflichtig. Für die wirtschaftliche Zugehörigkeit zum Kanton gelten sinngemäss dieselben Kriterien wie bei der Gewinnsteuer auf Bundesebene.

Bei einer **Verlegung des Sitzes** oder **der tatsächlichen Verwaltung** von einem Kanton in einen anderen bleibt die unbeschränkt steuerpflichtige juristische Person **in beiden Kantonen für die gesamte Steuerperiode** steuerpflichtig. Sie wird jedoch in dem Kanton veranlagt, in dem der Sitz oder die tatsächliche Verwaltung am **Ende der Steuerperiode** ist, d.h. am Ende des Geschäftsjahrs (StHG 22 Abs. 1). Um eine Doppelbesteuerung zu vermeiden, werden die steuerbaren Faktoren nach der jeweiligen Dauer der Ansässigkeit aufgeteilt (pro rata temporis).

Die **beschränkte Steuerpflicht** einer juristischen Person bleibt auch dann für die **gesamte Steuerperiode** bestehen, wenn sie während einer solchen begründet, verändert oder aufgehoben wird (StHG 22 Abs. 2).

In Anwendung der Grundsätze über das Verbot der interkantonalen **Doppelbesteuerung** werden der Gewinn und das Kapital zwischen den beteiligten Kantonen **ausgeschieden** (StHG 22 Abs. 3).

Beispiel	• **Unbeschränkte Steuerpflicht:** Die X-Tech AG verlegt ihren Sitz am 30.6.20_1 von Lugano TI nach Olten SO. Ihr Geschäftsjahr endet am 31.12.20_1. Die X-Tech AG ist für die gesamte Steuerperiode 20_1 sowohl im Kanton TI als auch im Kanton SO steuerpflichtig. Die Veranlagung 20_1 erfolgt durch den Kanton SO. • **Beschränkte Steuerpflicht:** Obwohl die Logo SA mit Sitz in Glarus ihre Betriebsstätte in Kreuzlingen TG per 30.6.20_1 schliesst, bleibt sie für die gesamte Steuerperiode 20_1 im Kanton TG beschränkt steuerpflichtig. In beiden Fällen wird für die Steuerperiode 20_1 eine interkantonale Steuerausscheidung vorgenommen, in der Regel nach der Dauer der Zugehörigkeit zum jeweiligen Kanton (pro rata temporis).

Auf Kantonsebene gelten sinngemäss dieselben Kriterien für die **Steuerbefreiung** wie auf Bundesebene (s. Kap. 3.2.3, S. 35). Daneben gibt es aber weitere Steuererleichterungen für ausgewählte juristische Personen.

12.2 Gewinnsteuer

Die **Ermittlung des steuerbaren Gewinns** beruht bei der Gewinnsteuer auf Kantonsebene auf vergleichbaren Bestimmungen wie bei jener auf Bundesebene (s. Kap. 5.1, S. 69): Vom Saldo der Erfolgsrechnung ausgehend wird dieser um die geschäftsmässig nicht begründeten Aufwendungen, Abschreibungen und Rückstellungen, verdeckten Gewinnausschüttungen sowie um die der Erfolgsrechnung nicht gutgeschriebenen Erträge korrigiert.

Einzelne Bestimmungen weichen in den einzelnen Kantonen ab, z. B. jene der steuerlich erlaubten Rückstellungen und freiwilligen Zuwendungen.

12.3 Kapitalsteuer

Die Kapitalsteuer wird nur von den Kantonen und Gemeinden erhoben, nicht vom Bund.

Ausnahme: Der Kanton UR erhebt auf Kantonsebene keine Kapitalsteuer, jedoch auf Gemeindeebene.

12.3.1 Steuerobjekt

Steuerobjekt der Kapitalsteuer ist das **gesamte investierte Eigenkapital** der Gesellschaft, mindestens der einbezahlte Teil des Grund- oder Aktienkapitals. Das Eigenkapital umfasst neben dem Grundkapital alle offenen und die als Gewinn versteuerten stillen Reserven sowie das verdeckte Eigenkapital (StHG 29 und 29a). Massgebend ist das steuerbare Kapital **am letzten Tag der Steuerperiode** bzw. des Geschäftsjahrs.

Das steuerbare Kapital setzt sich somit aus folgenden Positionen zusammen:

- **Einbezahltes Aktienkapital bzw. Grundkapital**
- **Offene Reserven:** gesetzliche Reserven, statutarische Reserven, Agio und Gewinnvortrag
- **Versteuerte stille Reserven:** jene stillen Reserven, die von der Steuerverwaltung nicht zugelassen und deshalb als Ertrag versteuert wurden
- **Verdecktes Eigenkapital:** derjenige Teil des Fremdkapitals von Anteilsinhabern, dem wirtschaftlich die Bedeutung von Eigenkapital zukommt

12.4 Steuerberechnung

12.4.1 Gewinnsteuer

Eine Mehrheit der Kantone setzt für die Gewinnsteuer einen **proportionalen Steuersatz** ein (Kantone AR, AI, BS, FR, GE, GL, GR, JU, LU, NE, NW, OW, SG, SH, SZ, TG, TI, UR, VD, ZG und ZH). Ein gemischtes System oder einen **progressiven Steuersatz,** abhängig vom steuerbaren Reingewinn, kennen die Kantone AG, BE, BL, SO und VS.

12.4.2 Kapitalsteuer

Der in Promille ausgedrückte **Kapitalsteuersatz** ist in fast allen Kantonen **proportional;** nur die Kantone GR und VS kennen einen progressiven Tarif.

Beispiel

Steuersätze der Kantonssteuer für die Gewinn- und Kapitalsteuer:

	Kanton	Vom steuerbaren Reingewinn	Vom steuerbaren Kapital
Proportionale Gewinnsteuer	LU	1.5%	0.5‰
	JU	1.837%	0.375‰
Progressive Gewinnsteuer	AG	5.5% auf den ersten CHF 200 000 8.5% auf dem übrigen Reingewinn	0.75‰, wobei Gewinnsteuer angerechnet
	SO	5% auf den ersten CHF 100 000 8.5% ab CHF 100 000	0.8‰, wobei Gewinnsteuer angerechnet

Das Steuerharmonisierungsgesetz (StHG) erlaubt den Kantonen, die **Gewinnsteuer an die Kapitalsteuer anzurechnen** (StHG 30 Abs. 2). Sie können auf die Kapitalsteuer verzichten, sofern sie eine Gewinnsteuer erheben. Aktuell wenden die Kantone AG, AI, BE, BL, GE, NE, SG, SO, SZ, TG und VD dieses System an.

Beispiel

Eine GmbH mit Sitz im Kanton NE müsste eine Gewinnsteuer von CHF 6 400 und eine Kapitalsteuer von CHF 750 entrichten.

Die Kapitalsteuer wird dieser GmbH erlassen; sie bezahlt lediglich die CHF 6 400 Gewinnsteuer.

Ein Grossteil der Kantone kennt bei der Kapitalsteuer eine **Minimalsteuer** für **Kapitalgesellschaften und Genossenschaften.** Diese beträgt je nach Kanton zwischen CHF 100 und CHF 500. Zusätzlich werden allenfalls Gemeindesteuern erhoben.

Die Kantone AR, BS, FR, LU, NW, OW, SH, SO, TG, TI, VD und VS unterwerfen gewisse juristische Personen einer **Minimalsteuer auf Umsätzen, Grundeigentum oder investiertem Kapital.** Sie betrifft auch die nicht gewinnstrebigen Unternehmen. Diese Minimalsteuer wird anstelle der ordentlichen Gewinn- und Kapitalsteuer erhoben, sofern sie diese übersteigt.

12.4.3 Steuermass

In der Mehrzahl der Kantone setzt sich das Steuermass auch bei der Gewinn- und Kapitalsteuer aus dem **Steuersatz** und dem **Steuerfuss** zusammen (s. auch Kap. 2.5, S. 22). Das Berechnungsprinzip der geschuldeten Steuer in diesen Kantonen ist dasselbe wie bei Einkommens- und Vermögenssteuer (s. Kap. 11.4.3, S. 146).

Die Kantone AI, BS, NE, NW, OW und TI kennen bei der Gewinn- und Kapitalsteuer keinen Steuerfuss, sodass sich dort die Steuerbelastung mit dem Steuertarif direkt berechnen lässt.

Eine Besonderheit bei der Besteuerung von juristischen Personen betrifft die **Kirchensteuer:** Juristische Personen sind in den meisten Kantonen kirchensteuerpflichtig (ausser in den Kantonen AG, AR, BS, GE, SH und VD).

12.5 Steuererleichterungen für Unternehmen, Vereine und Stiftungen

Die Steuererleichterungen für Holding- und Verwaltungsgesellschaften (sog. Statusgesellschaften) wurden mit dem Bundesgesetz über die Steuerreform und die AHV-Finanzierung (STAF) per 01.01.2020 abgeschafft.

Gleichzeitig wurden auf Kantonsebene (StHG) neue Massnahmen geschaffen, die zu einer Entlastung der Besteuerung von Unternehmen führen und damit der steuerlichen Mehrbelastung durch den Wegfall der Statusgesellschaften entgegenwirken sollen. Die Einführung dieser Massnahmen ist entweder obligatorisch oder optional. Zudem werden die meisten Kantone den Steuersatz für juristische Personen senken.

Die sog. **Entlastungsbegrenzung** bestimmt, dass die gesamten **steuerlichen Ermässigungen** dieser Massnahmen **max. 70% des steuerbaren Gewinns vor Verlustverrechnung** betragen dürfen. Ausserdem dürfen weder aus den einzelnen Ermässigungen noch aus der Summe Verlustvorträge resultieren.

Die Steuererleichterungen für Vereine und Stiftungen, für politische Parteien sowie im Zusammenhang mit der Wirtschaftsförderung gelten unverändert.

12.5.1 Patente und vergleichbare Rechte (Patentbox)

Mit der Patentbox werden **Gewinne aus Patenten und vergleichbaren Rechten reduziert besteuert** (StHG 24b). Diese Massnahme ist für die Kantone obligatorisch. Das Gesetz sieht eine präzise Definition vor, welche Patente oder vergleichbaren Rechte für die ermässigte Besteuerung qualifizieren (StHG 24a).

Gewinne aus Patenten und vergleichbaren Rechten werden von den übrigen Gewinnen des Unternehmens getrennt; sie kommen in eine sog. «Box». Für die Steuerermässigung auf dem Gewinn der Box gilt der sog. **Nexusquotient,** d. h. das Verhältnis des qualifizierenden inländischen Forschungs- und Entwicklungsaufwands zum gesamten Forschungs- und Entwicklungsaufwand für das Patent oder Recht.

Zum **qualifizierenden Forschungs- und Entwicklungsaufwand** gehören im Wesentlichen der eigene Forschungs- und Entwicklungsaufwand sowie der Aufwand für inländische Auftragsforschung von Dritten. Beträgt der berechnete Nexusquotient z. B. 80%, werden nur 20% des Gewinns aus dem Patent / Recht für die Berechnung des steuerbaren Reingewinns berücksichtigt.

Die Höhe der Ermässigung durch die Patentbox können die Kantone selbst festlegen, wobei die Ermässigung höchstens 90% betragen darf.

12.5.2 Erhöhter Abzug für Forschung und Entwicklung

Als Forschung und Entwicklung gelten die **wissenschaftliche Forschung** und die **wissensbasierte Innovation** gemäss dem Bundesgesetz über die Förderung der Forschung und Innovation vom 14.12.2012.

Die Kantone können einen höheren Abzug für Forschung und Entwicklung vorsehen (StHG 25a). Diese Massnahme ist optional.

Falls im kantonalen Steuergesetz vorgesehen, können Unternehmen **auf Antrag** zusätzlich **höchstens 50% der Kosten** vom steuerbaren Reingewinn abziehen, die sie tatsächlich für Forschung und Entwicklung in der Schweiz ausgegeben haben. Berücksichtigt wird der Forschungs- und Entwicklungsaufwand, der durch das Unternehmen direkt oder indirekt durch Dritte im Inland entstanden ist.

Der erhöhte Abzug ist zulässig auf

- dem Personalaufwand für Forschung und Entwicklung plus einem Zuschlag von 35%, höchstens aber bis zum gesamten Aufwand.
- 80% des Aufwands für durch Dritte in Rechnung gestellte Forschungs- und Entwicklungsleistungen.

12.5.3 Abzug auf Eigenfinanzierung

Die Kantone können einen Abzug für eine angemessene **Verzinsung des Sicherheitseigenkapitals** in ihren Steuergesetzen vorsehen (StHG 25a^{bis}). Diese Bestimmung darf lediglich von Kantonen mit einem kantonalen und kommunalen Steuersatz am Hauptort von mindestens 13.5% umgesetzt werden. Aktuell erfüllt lediglich der **Kanton Zürich** diese Voraussetzung und hat den Abzug für Eigenfinanzierung per 01.01.2020 eingeführt.

Als **Sicherheitseigenkapital** gilt das in der Schweiz steuerbare Eigenkapital, das das für die Geschäftstätigkeit langfristig benötigte Eigenkapital übersteigt (StHG 25a^{bis} Abs. 2 und 3).

Der **kalkulatorische Zinssatz** richtet sich nach der Rendite von zehnjährigen Bundesobligationen. Ein höherer Zinssatz kann geltend gemacht werden, sofern dieser einem Drittvergleich standhält und kein verdecktes Eigenkapital vorhanden ist.

12.5.4 Entlastung bei der Kapitalsteuer

Die Kantone können für **Eigenkapital,** das auf Beteiligungen, immaterielle Vermögenswerte (Patente und vergleichbare Rechte) sowie Darlehen an Konzerngesellschaften entfällt, eine **Steuerermässigung** vorsehen (StHG 29 Abs. 3).

12.5.5 Wirtschaftsförderung

Einzelne Kantone sehen für **neu gegründete Unternehmen** im Rahmen der Wirtschaftsförderung eine **ganze oder teilweise Steuerbefreiung** vor. Diese ist jedoch auf **max. 10 Jahre** zeitlich begrenzt. Eine wesentliche Änderung der Betriebstätigkeit kann dabei einer Neugründung gleichgestellt werden (StHG 23 Abs. 3).

12.5.6 Vereine und Stiftungen

Vereine und Stiftungen entrichten in der Regel eine Gewinn- und eine Kapitalsteuer, sofern sie nicht aufgrund ihres gemeinnützigen, humanitären, kirchlichen, kulturellen oder ähnlichen **Zwecks** von der Steuerpflicht befreit sind.

Steuerpflichtige Vereine und Stiftungen können auch wegen ihres **geringen steuerbaren Gewinns** und / oder **Kapitals** steuerbefreit sein. Alle Kantone ausser GE sehen ein solches steuerfreies Minimum vor.

12.5.7 Politische Parteien

Die **politischen Parteien** sind gemäss geltender Praxis in der Regel **steuerbefreit**.

In den Kantonen AG, BE, SH und ZG ist dies ausdrücklich bestimmt, in den Kantonen LU, NW und ZH grundsätzlich nur für die im Kantonsrat bzw. im Grossen Rat vertretenen Parteien.

Zusammenfassung

Juristische Personen entrichten auf Kantonsebene eine Gewinn- und eine Kapitalsteuer.

Die **unbeschränkte und beschränkte Steuerpflicht** richtet sich bei der Gewinn- und Kapitalsteuer auf Kantons- bzw. Gemeindeebene nach denselben Kriterien wie bei der direkten Bundessteuer: unbeschränkte Steuerpflicht bei persönlicher Zugehörigkeit (Sitz der Gesellschaft oder der tatsächlichen Verwaltung) im Kanton, beschränkte Steuerpflicht bei wirtschaftlicher Zugehörigkeit (z. B. Betriebsstätte, Grundeigentum).

Bei einem **interkantonalen Wechsel** der Steuerpflicht während einer Steuerperiode (z. B. durch Sitzverlegung, Betriebsschliessung) bleibt die unbeschränkte und beschränkte Steuerpflicht für die gesamte Steuerperiode in allen involvierten Kantonen bestehen. Es kommt jedoch zu einer interkantonalen Steuerausscheidung zwischen den betroffenen Kantonen.

Das Steuerobjekt der **Gewinnsteuer** ist der steuerbare Reingewinn. Es gelten dieselben Prinzipien bei der Ermittlung des steuerbaren Gewinns wie bei der direkten Bundessteuer.

Objekt der **Kapitalsteuer** ist das **einbezahlte Aktien-/Grundkapital** und alle offenen, statutarischen sowie die als Gewinn **versteuerten stillen Reserven**. Zudem unterliegt auch das verdeckte Eigenkapital der Kapitalsteuer. Massgebend ist das steuerbare Kapital am letzten Tag der Steuerperiode.

Für die **Steuerberechnung** werden bei der Gewinn- und Kapitalsteuer mehrheitlich **proportionale** Steuersätze eingesetzt. Bei der Gewinnsteuer wenden einige Kantone progressive Steuersätze in Abhängigkeit vom steuerbaren Reingewinn an. Einzelne Kantone rechnen die Gewinnsteuer der Kapitalsteuer an oder erheben eine Minimalsteuer für Kapitalgesellschaften und Genossenschaften bzw. auf Umsätzen, Grundeigentum oder investiertem Kapital.

In der Mehrheit der Kantone wird die effektive Steuerbelastung mittels **Steuerfuss** mehrstufig ermittelt. Ebenso sind die juristischen Personen meist auch der Kirchensteuer unterworfen.

Im Zuge der Unternehmenssteuerreform müssen die Kantone in ihren Gesetzen eine ermässigte Besteuerung für **Gewinne aus Patenten und vergleichbaren Rechten** vorsehen, wobei die maximale Ermässigung 90% betragen darf.

Den Kantonen steht es frei, einen zusätzlichen **Abzug für Forschungs- und Entwicklungsaufwand** zu gewähren. Dieser Abzug darf 50% des massgebenden Forschungs- und Entwicklungsaufwands in der Schweiz nicht übersteigen.

Die Einführung eines **steuerlichen Abzugs für eine angemessene Verzinsung auf dem Eigenkapital** ist nur für Kantone mit einem Mindeststeuersatz von 13.5% möglich.

Die **Ermässigung der Kapitalsteuer** für Eigenkapital auf Beteiligungen, Patenten und Rechten sowie Darlehen im Konzern ist für die Kantone optional.

Die **privilegierte Besteuerung** juristischer Personen auf Kantonsebene betrifft:

- Neu gegründete Unternehmen: im Rahmen der Wirtschaftsförderung in einigen Kantonen ganz oder teilweise steuerbefreit in den ersten 10 Jahren
- Steuerpflichtige Vereine und Stiftungen: steuerfreies Minimum
- Politische Parteien: steuerbefreit (Steuerpraxis)

Repetitionsfragen

54 Auszug aus dem Steuertarif für die Kapitalsteuer des Kantons AG:

- Die Kapitalgesellschaften und Genossenschaften entrichten als Kapitalsteuer 0.75‰ des steuerbaren Eigenkapitals.
- Die Mindeststeuer für Kapitalgesellschaften beträgt CHF 500 und für Genossenschaften CHF 100.
- Die Gewinnsteuer wird der Kapitalsteuer angerechnet.

Wie hoch ist die einfache Kapitalsteuer im Kanton AG für eine steuerpflichtige GmbH mit einem steuerbaren Kapital von CHF 2 100 000?

55 Die Verinox AG weist für die Steuerperiode 20_1 einen Gewinn von CHF 120 000 aus. Die Steuerbehörden nehmen noch folgende Aufrechnungen vor:

Aufrechnungen der Steuerbehörden	CHF
Abschreibungen auf div. Aktiven	60 000
Rückstellungen nicht zugelassen	100 000
Steuerbarer Gewinn nach Aufrechnungen	280 000

Per Ende 20_1 weist die Gesellschaft folgendes Eigenkapital aus:

Eigenkapital	CHF
Aktienkapital	500 000
Gesetzliche Reserven	200 000
Offene Reserven	1 200 000
Gewinnvortrag	42 000
Stille Reserven (nicht versteuert)	2 000 000

Wie hoch ist das steuerbare Kapital der Verinox AG für die Staats- und Gemeindesteuern 20_1?

13 Erbschafts- und Schenkungssteuer

Lernziele Nach der Bearbeitung dieses Kapitels können Sie ...

- den Unterschied zwischen der Erbanfall- und der Nachlasssteuer erklären.
- die Besteuerung von Erbschaften und Schenkungen anhand von Beispielen bestimmen.

Schlüsselbegriffe Arbeitsentgelte, Erbanfallsteuer, Erblasser, Kapital-Lebensversicherungen, Nacherbeneinsetzung, Nachlasssteuer, Rentenversicherung, Schenkung, Vermächtnisnehmer, Vermögensübergang, Versicherungsleistungen, Zuwendungen

Der **Erbschaftssteuer** unterliegt der **Vermögensübergang im Todesfall**. Sie ist die wichtigste indirekte Steuer, die von den Kantonen erhoben wird.

Der **Schenkungssteuer** unterliegen **unentgeltliche Zuwendungen unter Lebenden**. Das Merkmal der Unentgeltlichkeit ist wichtig, denn es grenzt die Schenkung vom Einkommen ab. Zuwendungen, die im Hinblick auf eine Gegenleistung gemacht wurden, erfolgen nicht unentgeltlich und gelten daher als Einkommen.

Erbschafts- und Schenkungssteuern werden von den Kantonen (mit Ausnahme der Kantone OW und SZ) erhoben, vereinzelt auch von den Gemeinden (z. B. im Kanton GR), nicht aber auf Bundesebene.

Der Kanton LU kennt grundsätzlich keine Schenkungssteuer. Schenkungen und Erbvorbezüge, die innert fünf Jahren vor dem Tod einer Person ausgerichtet wurden, unterliegen jedoch der Erbschaftssteuer, falls diese Person im Zeitpunkt der Schenkung ihren Wohnsitz im Kanton LU hatte oder ein im Kanton LU gelegenes Grundstück verschenkt wurde.

13.1 Steuerhoheit

Zur Erhebung der **Erbschaftssteuer** ist grundsätzlich derjenige **Kanton** berechtigt,

- bei beweglichem Vermögen: in dem der **Erblasser** seinen letzten **Wohnsitz** hatte.
- bei unbeweglichem Vermögen: in dem die vererbten **Grundstücke** liegen (Ort der gelegenen Sache).

Die gleichen Bestimmungen gelten auch für die **Schenkungssteuer:**

- Bei beweglichem Vermögen ist der Kanton zur Erhebung der Schenkungssteuer berechtigt, in dem der **Schenkende** im **Zeitpunkt der Zuwendung** seinen Wohnsitz hat.
- Die Schenkung von **Grundstücken** wird in dem Kanton versteuert, in dem sie liegen.

13.2 Erbschaftssteuer

Die Erbschaftssteuer ist eine indirekte Steuer, weil das Steuerobjekt ein Verkehrsvorgang ist, nämlich der **Rechtsübergang von Vermögenswerten** vom Erblasser an die gesetzlichen und eingesetzten Erben sowie an die Vermächtnisnehmer.

Vermächtnisse müssen aus einem Testament oder Erbvertrag des Erblassers hervorgehen. **Vermächtnisnehmer** erhalten ihre Zuwendung nicht durch Erbanfall, sondern lediglich als **Forderung gegenüber den Erben.**

Zuwendungen aus **Versicherungsleistungen,** die infolge des Todes fällig werden, sind in der Regel erbschaftssteuerpflichtig, in einzelnen Kantonen jedoch nur dann, wenn sie nicht der Einkommenssteuer unterliegen.

Bei der **Nacherbeneinsetzung** bestimmt der Erblasser zwei aufeinanderfolgende Erben oder Vermächtnisnehmer. Der Vorerbe ist verpflichtet, bei seinem Tode die Erbschaft an den Nacherben weiterzugeben. In diesem Fall wird die Erbschaftssteuer in den meisten Kantonen zweimal erhoben, nämlich zunächst beim Übergang vom Erblasser auf den Vorerben und dann auch beim Übergang vom Vorerben auf den Nacherben. Für die Steuerbemessung ist das Verwandtschaftsverhältnis des Vor- und Nacherben zum ursprünglichen Erblasser massgebend.

13.2.1 Besteuerung und Steuerobjekt

Die Besteuerung der Erbschaften erfolgt in den Kantonen entweder als Erbanfall- oder als Nachlasssteuer oder durch Kumulation beider Steuerarten.

A] Die Erbanfallsteuer

Steuerobjekt der Erbanfallsteuer ist der **Vermögensübergang** auf den Erben oder Vermächtnisnehmer. Die Besteuerung erfolgt nach der **Höhe der einzelnen Erbanfälle,** d. h. auf dem jeweiligen Erbteil jedes einzelnen Erben oder Vermächtnisnehmers. Dies hat den Vorteil, dass die Steuer nach bestimmten Kriterien abgestuft werden kann, z. B. nach dem Verwandtschaftsgrad, nach der Höhe des Erbanfalls oder nach weiteren Kriterien.

Mit Ausnahme des Kantons GR wenden alle Kantone die Erbanfallsteuer an.

B] Die Nachlasssteuer

Steuerobjekt der Nachlasssteuer ist der **Übergang des Nachlasses** auf die Gesamtheit der Erben. Die Nachlasssteuer wird somit auf dem **gesamten hinterlassenen Vermögen** des Verstorbenen erhoben, ohne Rücksicht auf die Zahl der Erben oder Vermächtnisnehmer und auf das Verwandtschaftsverhältnis zwischen diesen und dem Erblasser.

Die Nachlasssteuer wenden nur die Kantone GR und SO an (SO kumulativ zur Erbanfallsteuer). Im Kanton GR können die Gemeinden als fakultative Gemeindesteuer zusätzlich eine Erbanfallsteuer erheben.

13.2.2 Steuersubjekt

Steuerpflichtig sind grundsätzlich die Empfänger der Vermögensanfälle und Zuwendungen, d. h. die **Erben** und die **Vermächtnisnehmer.**

13.2.3 Ausnahmen von der Steuerpflicht

Die Erbschaftssteuergesetze sehen eine Reihe von Ausnahmen von der Steuerpflicht vor. Die Voraussetzungen für das Vorliegen von Ausnahmetatbeständen sind in den verschiedenen Kantonen unterschiedlich geregelt.

Einzelne Kantone sehen für den **überlebenden Ehegatten** sowie für **Blutsverwandte** in auf- und absteigender Linie **steuerfreie Beträge** oder persönliche Abzüge vor. Andere befreien sie ganz von der Erbschaftssteuer.

Beispiel	Typische von der Erbschaftssteuer befreite Zuwendungen sind: • an Ehegatten • an Nachkommen • für öffentliche oder ausschliesslich gemeinnützige Zwecke • an Personalvorsorgeeinrichtungen • Gelegenheitsgeschenke

Güterrechtliche Ansprüche des überlebenden Ehegatten sind nicht gleichzusetzen mit Vermögensansprüchen von Todes wegen. Sie unterliegen daher nicht der Erbschaftssteuer. Das gilt auch dann, wenn der überlebende Ehegatte aufgrund eines Ehevertrags mehr als den gesetzlichen Anteil erhält.

A] Arbeitsentgelte

Arbeitsentgelte müssen abgegrenzt werden. Ein Entgelt für geleistete Arbeit, das jemand zu Lebzeiten oder auf den Todesfall hin erhält, gilt als **steuerbares Einkommen**.

B] Zuwendungen aus Lebensversicherungen

Man muss zwischen den reinen Risikoversicherungen und den rückkaufsfähigen Kapitalversicherungen (z. B. gemischte Versicherungen) unterscheiden.

Reine Risiko-Lebensversicherungen

Es handelt sich dabei um Versicherungen, bei denen der Eintritt des versicherten Ereignisses nicht sicher ist und für die das Kapital nur fällig wird, wenn der **Versicherte während der Versicherungsdauer stirbt.**

In den meisten Kantonen wie auch beim Bund ist die von einer reinen Risiko-Lebensversicherung infolge Tod des Versicherten ausgerichtete Kapitalleistung der **Einkommenssteuer** unterstellt.

Fehlt eine Begünstigung, fällt die Kapitalleistung in den Nachlass und wird in einzelnen Kantonen, in denen die Kapitalleistung nicht der Einkommenssteuer unterliegt, mit der **Erbschaftssteuer** erfasst. Das ist aber nur dann der Fall, wenn der Anspruchsberechtigte nicht der Kategorie der befreiten Erben (z. B. des überlebenden Ehegatten) angehört.

Rückkaufsfähige Kapitalversicherungen

Bei rückkaufsfähigen Versicherungen steht fest, dass das versicherte Ereignis eintreten wird. Die Versicherungssumme wird im Erlebensfall an den **Versicherten** bezahlt, bei einem vorherigem Tod des Versicherten an die in der Police genannten **Begünstigten.**

Alle Kantone unterstellen die **im Todesfall** der versicherten Person ausgerichteten Kapitalleistungen aus solchen Lebensversicherungen der **Erbschaftssteuer.**

Zu berücksichtigen ist noch, dass Erträge aus rückkaufsfähigen Kapitalversicherungen, wenn sie nicht der Vorsorge dienen, sowohl im Erlebensfall als auch bei Rückkauf gemäss StHG 7 1ter mit der Einkommenssteuer erfasst werden und deshalb in einzelnen Kantonen nicht zusätzlich noch der Erbschaftssteuer unterliegen.

Private Rentenversicherung

Das Bundesgericht hatte in einem interkantonalen Doppelbesteuerungsfall zu entscheiden, welcher Kanton den Rückgewährsbetrag aus einer privaten Rentenversicherung besteuern kann.

Der beim **Tod des Versicherten** ausbezahlte **Rückgewährsbetrag** wurde als Kapitalleistung sowohl vom Wohnsitzkanton des Erblassers mit der Erbschaftssteuer als auch vom Wohnsitzkanton der Erben mit der Einkommenssteuer erfasst. In Anwendung von StHG 7 Abs. 2 hat das Bundesgericht 40% der Rückgewährsleistung dem Einkommen und 60% der Erbschaft zugewiesen.

13.2.4 Abzüge bei der Erbschaftssteuer

Die Erbschaftssteuer wird auf dem **Nettovermögen des Erblassers,** d.h. nach Abzug der Schulden gegenüber Dritten berechnet. Neben den eigentlichen **Erbschaftsschulden,** d.h. den Schulden des Erblassers im Zeitpunkt des Todes, können auch **Todesfall- und Teilungskosten** abgezogen werden, wie z. B. die Kosten für die Beerdigung, Inventuraufnahme, Testamentseröffnung, Erbschaftsverwaltung usw.

13.3 Schenkungssteuer

13.3.1 Steuerobjekt

Steuerobjekt der Schenkungssteuer ist der **Übergang des geschenkten Vermögens** auf den Beschenkten. Schenkungen sind **Zuwendungen unter Lebenden,** durch die jemand aus dem Vermögen eines anderen ohne entsprechende Gegenleistung bereichert wird. Die **Unentgeltlichkeit** ist das zentrale Merkmal der Schenkung. In einzelnen Kantonen wird bereits der Schenkungswille als Merkmal einer Schenkung angesehen.

Als Schenkungen werden in der Regel betrachtet:

- Vorempfänge auf Anrechnung an die Erbschaft (Erbvorbezug)
- Zuwendungen aus Erbauskauf
- Einräumung von dinglichen Rechten (z. B. Wohn- oder Nutzniessungsrechten)
- Zuwendungen durch Erlass von Schulden
- Zuwendungen an Stiftungen
- Zuwendungen von Versicherungsleistungen, die zu Lebzeiten des Versicherungsnehmers fällig werden

Schenkungen auf den Todesfall unterliegen dagegen der Erbschaftssteuer.

13.3.2 Steuersubjekt

Auch bei der Schenkungssteuer sind grundsätzlich die **Beschenkten** als Empfänger der Vermögensanfälle und Zuwendungen steuerpflichtig.

13.4 Bemessungsgrundlage und Steuermass

Die Erbschafts- und die Schenkungssteuer sind **einmalige Steuern**. Bei Erbschaften wird diese in der Regel zum Wert des Erbanfalls im Zeitpunkt des Todes des Erblassers berechnet, bei Schenkungen zum Wert des Vermögensanfalls im Zeitpunkt des Vermögensübergangs.

13.4.1 Bewertungsgrundsätze

Grundsätzlich ist für die Steuerberechnung bei beiden Steuern der **Verkehrswert** massgebend. Von diesem Grundsatz abweichende Regelungen gelten für Wertpapiere, Grundstücke und Versicherungsleistungen.

Abb. 13-1 zeigt die Bewertungsgrundsätze für die verschiedenen Vermögensarten.

Abb. [13-1] **Bewertungsgrundsätze**

Vermögensart	Bewertungsgrundsatz
Kotierte Wertschriften	Kurswert
Nicht kotierte Wertschriften	Innerer Wert gemäss der Wegleitung zur Bewertung von Wertpapieren ohne Kurswert für die Vermögenssteuer (vgl. S. 143)
Nicht landwirtschaftliche Grundstücke	Verkehrswert / Bewertung in der Regel analog Vermögenssteuererklärung des Erblassers bzw. Schenkers
Landwirtschaftliche Grundstücke	In der Regel Ertragswert
Hausrat	In vielen Kantonen steuerfrei, in einigen Kantonen gibt es Steuerfreibeträge
Nutzniessung	Kapitalisierter Wert der Leistung
Rückkaufsfähige Versicherungen	Einige Kantone stellen auf den gegenüber dem Begünstigten ausgerichteten Wert (Versicherungssumme) ab, andere auf den Rückkaufswert

13.4.2 Steuersatz

Alle Kantonen – ausser GE – verwenden **dieselben Steuersätze** für die Erbschafts- und die Schenkungssteuer. Allerdings gibt es **grosse kantonale Unterschiede** in der Höhe dieser Steuersätze und demzufolge stark voneinander abweichende Steuerbelastungen auf Erbschaften und Schenkungen.

In der Regel gilt ein **progressiver Steuersatz,** abhängig vom Verwandtschaftsgrad und von der Höhe des Vermögensanfalls. Einzelne Kantone (FR, GR, VD) kennen auch kommunale Zuschläge.

Beispiel Steuerbeträge der Erbschaftssteuer bei einem Erbanfall von CHF 100 000:

Kanton	Geschwister	Neffen / Nichten	Onkel / Tanten	Nichtverwandte
AR	20 900	30 400	30 400	30 400
BE	5 280	9 680	9 680	14 080
NE	15 000	18 000	20 000	45 000
NW	4 000	4 000	8 000	12 000
TG	6 000	9 000	9 000	12 000
VS	10 000	10 000	15 000	25 000

Quelle: ESTV-Publikation «Steuerbelastung in der Schweiz, Kantonshauptorte – Kantonsziffern 2018»

Zusammenfassung

Merkmale der Erbschafts- und Schenkungssteuern:

	Erbschaften	Schenkungen
Steuerhoheit	Kanton: • Wohnsitz des Erblassers (bewegliches Vermögen) • Ort der gelegenen Sache (unbewegliches Vermögen)	Kanton: • Wohnsitz des Schenkungsgebers (bewegliches Vermögen) • Ort der gelegenen Sache (unbewegliches Vermögen)
Steuerobjekt	Übertragung von Vermögenswerten aufgrund von Erbschaft oder Vermächtnis	Unentgeltliche Übertragung von Vermögenswerten unter Lebenden
Steuersubjekt	Erbberechtigte (Erben, Vermächtnisnehmer)	Schenkungsempfänger (Beschenkte)
Zeitpunkt	Vermögensanfall (Tod)	Vermögensanfall (Schenkung)
Bemessungsgrundlage	• Vermögenssteuerwert • Verkehrswert	• Vermögenssteuerwert • Verkehrswert
Steuersatz	• Progressiver Steuersatz	• Progressiver Steuersatz (in der Regel identisch mit Erbschaftssteuer)

Repetitionsfragen

56 Ruth Faivre hat ihren Wohnsitz im Kanton JU. Sie schenkt ihrer Enkelin Novartis-Aktien im Wert von CHF 30 000 sowie ein Einfamilienhaus im Kanton BE mit einem Verkehrswert von CHF 400 000. Der Wohnsitz der Enkelin ist im Kanton FR.

A] Wo ist die Schenkungssteuer zu bezahlen?

B] Wer ist steuerpflichtig für diese Schenkung?

57 Worin unterscheiden sich die Erbanfallsteuer und die Nachlasssteuer?

58 Nennen Sie zwei Arten von Zuwendungen, die typischerweise von der Erbschaftssteuerpflicht ausgenommen sind.

59 Wie werden die reine Risiko-Lebensversicherung und die rückkaufsfähige Lebensversicherung im Todesfall besteuert?

14 Grundstückgewinn- und Handänderungssteuer

Lernziele Nach der Bearbeitung dieses Kapitels können Sie ...

- die Hauptunterschiede zwischen den beiden Besteuerungssystemen bei der Grundstückgewinnsteuer nennen.
- die Besteuerung von Handänderungen durch die Handänderungs- und die Grundstückgewinnsteuer erläutern.

Schlüsselbegriffe Anlagekosten, Besitzdauer, dualistisches System, Eigentumsübergang, Erwerbspreis, Grundstück, Handänderung, monistisches System, Präponderanzmethode, Rechtsverkehrssteuer, Sondersteuer, Steueraufschub, unbewegliches Vermögen, Veräusserungsgewinn, werterhaltende Aufwendungen, wertvermehrende Aufwendungen

Kapitalgewinne auf privatem Vermögen sind beim Bund (DBG 16 Abs. 3) und in allen Kantonen (StHG 7 Abs. 4 lit. b) steuerfrei. Eine Ausnahme bilden **Veräusserungsgewinne auf unbeweglichem Vermögen:** Alle Kantone erheben darauf die **Grundstückgewinnsteuer** (StHG 12). Der Bund dagegen erhebt keine Grundstückgewinnsteuer.

Die **Handänderungssteuer** belastet den **Veräusserungsvorgang,** d.h. den im Grundbuch beglaubigten Eigentumsübergang von Grundstücken.

In diesem Kapitel beschränken wir uns auf die wichtigsten Grundlagen der Grundstückgewinn- und der Handänderungssteuer. Bei beiden Steuern gibt es zahlreiche kantonale und kommunale Sonderbestimmungen, auf die wir hier nicht näher eingehen.

14.1 Grundstückgewinnsteuer

In der Schweiz werden viele Grundstücke mit beträchtlichem Gewinn veräussert. Ein Hauptgrund dafür ist, dass gut erschlossener Boden äusserst knapp und daher zur eigenen Nutzung oder zu Anlagezwecken sehr begehrt ist. So hat in den letzten Jahren der Immobilienmarkt vielerorts einen regelrechten «Boom» erlebt: Die Nachfrage übertraf bei Weitem das Angebot. Dementsprechend sind die Grundstückpreise laufend gestiegen; beim Verkauf lässt sich diese Wertvermehrung als Gewinn realisieren.

Bei der Grundstückgewinnsteuer handelt es sich um eine direkte **Sondersteuer** mit eigenem Tarif, um eine sog. Spezialeinkommenssteuer. Sie wird von den Gewinnen erhoben, die sich bei **Handänderungen an Grundstücken oder Anteilen an solchen** ergeben (StHG 12).

Die **Steuerhoheit** der Grundstückgewinnsteuer ist **meistens bei den Kantonen.** In der Regel partizipieren die Gemeinden dann am Steuerertrag. In den Kantonen BE, BS, FR, GR, JU, OW und SH erheben sie der Kanton wie auch die Gemeinden und in den Kantonen ZG und ZH ausschliesslich die Gemeinden.

In jedem Fall erfolgt die Besteuerung der Grundstückgewinne aber am **Ort der gelegenen Sache,** d.h. in der Gemeinde bzw. im Kanton, wo das betreffende Grundstück liegt.

14.1.1 Besteuerungssysteme

Während Grundstückgewinne von privaten Liegenschaften von allen Kantonen mit der Grundstückgewinnsteuer erfasst werden, können Grundstückgewinne im Geschäftsvermögen ebenfalls mit der Grundstückgewinnsteuer oder aber mit der ordentlichen Einkommens- und Gewinnsteuer erfasst werden.

Man bezeichnet diese beiden Systeme als monistisches System (bzw. «Zürcher System») oder als dualistisches System (bzw. «St. Galler System»).

A] Monistisches System

In den Kantonen mit dem monistischen System (BE, BL, BS, NW, SZ, TI, UR und ZH) wird die Grundstückgewinnsteuer als **Sondersteuer** auf **allen Grundstückgewinnen** erhoben, unabhängig davon, ob eine natürliche oder eine juristische Person steuerpflichtig ist und ob es sich bei den Grundstücken um Privat- oder Geschäftsvermögen handelt.

In den Kantonen GE und JU kommen zusätzliche Sonderregelungen zur Anwendung.

B] Dualistisches System

Die übrigen Kantone (AG, AI, AR, FR, GL, GR, LU, NE, OW, SG, SH, SO, TG, VD, VS und ZG) wenden das dualistische System an. Die Grundstückgewinne des Privatvermögens und des Geschäftsvermögens werden unterschiedlich besteuert:

- Der **Sondersteuer** unterliegen nur Gewinne aus der Veräusserung von Grundstücken des **Privatvermögens** natürlicher Personen.
- Mit der ordentlichen **Einkommens- bzw. Gewinnsteuer** werden Veräusserungsgewinne aus Grundstückverkäufen des **Geschäftsvermögens** natürlicher oder juristischer Personen und aus dem **gewerbsmässigen Immobilienhandel** belastet.

Abb. [14-1]   Monistisches / dualistisches System bei der Grundstückgewinnsteuer

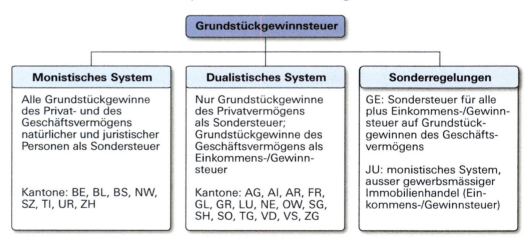

Gemischt genutzte Grundstücke

Besonders beim dualistischen System ist die Zuteilung des Grundstücks zum Privat- oder zum Geschäftsvermögen entscheidend für die Steuerfolgen. Probleme stellen sich bei Grundstücken, die gemischt genutzt werden, d. h. teilweise geschäftlich, teilweise privat. Es wird nach der **Präponderanzmethode** entschieden, ob ein gemischt genutztes Grundstück steuerlich zum Privat- oder zum Geschäftsvermögen gehört. Demnach gelten als Geschäftsvermögen nur jene Vermögenswerte, die ganz oder vorwiegend der geschäftlichen Tätigkeit dienen.

Beispiel

Die selbstständige Psychotherapeutin Aline Besse nutzt das Erdgeschoss ihrer Liegenschaft in Sion VS als Praxisraum, vermietet in den oberen Geschossen zwei Mietwohnungen an Private und bewohnt selbst das Dachgeschoss.

Nach der Präponderanzmethode wird das gesamte Grundstück dem Privatvermögen zugeschlagen, da es zum kleineren Teil der geschäftlichen Tätigkeit von Aline Besse dient. Der Gewinn aus dem Verkauf dieser Liegenschaft unterliegt somit auch im dualistischen System der Grundstückgewinnsteuer.

14.1.2 Steuerobjekt

Das Steuerobjekt der Grundstückgewinnsteuer setzt drei Elemente voraus:

1. einen Gewinn,
2. ein Grundstück und
3. eine Handänderung.

Der Grundstückgewinn ist der **steuerbare Gewinn,** der bei einer Handänderung des Grundstücks realisiert wird. Dieser ergibt sich aus der Differenz zwischen dem Verkaufserlös und den Anlagekosten abzüglich der gesetzlich erlaubten Abzüge.

Als **Grundstück** nach ZGB 655 gelten:

- Liegenschaften
- In das Grundbuch aufgenommene selbstständige und dauernde Rechte (z. B. Baurecht)
- Bergwerke
- Miteigentumsanteile an Grundstücken

Unter einer **Handänderung** versteht man alle Rechtsvorgänge, die zu einer **Übertragung** oder **Aufspaltung** des Eigentums oder der tatsächlichen bzw. wirtschaftlichen Verfügungsgewalt an einem Grundstück führen.

Abb. [14-2] Handänderung

Art	Typische Vorgänge
Privatrechtlich	• Verkauf • Tausch • Erbgang oder Schenkung
Wirtschaftlich	• Abtretung von Kauf- oder Vorkaufrechten an Grundstücken (sog. Kettengeschäft) • Veräusserung von Mehrheitsbeteiligungen an Immobiliengesellschaften • Entgeltliche dingliche Belastung mit Dienstbarkeiten (Bau-, Ausbeutungsrechte usw.)
Amtliche Verfügung	• Enteignung • Zwangsverwertung (z. B. Versteigerung im Konkursfall) • Güterzusammenlegungen oder Quartierplanung

In Kantonen mit dem dualistischen System unterliegt auch die Überführung von Liegenschaften des Privatvermögens in das Geschäftsvermögen der Grundstückgewinnsteuer, obwohl dabei keine Handänderung vorliegt.

Die Kantone gewähren für bestimmte Tatbestände einen **Steueraufschub**. Die Besteuerung wird **bis zur nächsten steuerpflichtigen Handänderung** aufgeschoben. Der neue Eigentümer übernimmt dadurch eine **latente Steuerschuld.** Bei einer Weiterveräusserung des Grundstücks gilt dann der Preis der letzten steuerpflichtigen Veräusserung als anrechenbarer Erwerbspreis.

Beispiel	Typische Tatbestände für einen Steueraufschub sind Handänderungen infolge

- eines Erbgangs oder einer Schenkung
- einer Abgeltung bei Scheidungen oder bei güterrechtlichen Änderungen
- der Ersatzbeschaffung einer selbstgenutzten Liegenschaft oder eines selbstbewirtschafteten Landwirtschaftsgrundstücks

In den Kantonen gelten unterschiedliche Kriterien für die Gewährung eines Steueraufschubs.

14.1.3 Steuersubjekt

Steuerpflichtig ist immer der **Veräusserer** eines Grundstücks, eines Miteigentumsanteils an einem Grundstück oder eines in das Grundbuch aufgenommenen selbstständigen und dauernden Rechts. Als Veräusserer gilt grundsätzlich der im Grundbuch eingetragene zivilrechtliche Eigentümer des Grundstücks. Bei wirtschaftlichen Handänderungen (s. Abb. 14-2) wird diejenige Person als Veräusserer betrachtet, die über das Grundstück verfügt.

Alle kantonalen Steuergesetze weisen **Ausnahmen von der Steuerpflicht** auf. Von der Steuer in der Regel befreit sind (StHG 23):

- die Eidgenossenschaft und ihre Anstalten, Betriebe und unselbstständigen Stiftungen, falls es sich um Grundstücke handelt, die öffentlichen Zwecken dienen.
- der Kanton, die Gemeinden sowie die öffentlich-rechtlichen Körperschaften des kantonalen und kommunalen Rechts, weil hier der Grundsatz gilt, dass sich der Staat nicht selbst besteuern soll.
- die Landeskirchen, gemeinnützige Institutionen oder die im Kanton von der Steuerpflicht befreiten juristischen Personen für Gewinne auf Grundstücken, die z. B. für Kultus-, Unterrichts- oder gemeinnützige Zwecke gedient haben. Einige Kantone schränken jedoch die Bestimmungen für diese Ausnahmen zusätzlich ein.

14.1.4 Bemessungsgrundlage

Der steuerbare Gewinn ergibt sich aus der Differenz zwischen dem Veräusserungserlös und den Anlagekosten (d.h. dem Erwerbspreis und den wertvermehrenden Aufwendungen) abzüglich der gesetzlich vorgesehenen Abzüge.

Abb. [14-3] **Ermittlung des steuerbaren Grundstückgewinns**

Der **Veräusserungserlös** setzt sich aus dem effektiven Verkaufspreis und allfälligen weiteren Leistungen zusammen.

Beispiel

Weitere Leistungen:
- Übernahme der Grundstückgewinnsteuer durch den Käufer
- Wohnrecht zugunsten des Veräusserers
- Zusätzliche Entschädigungen an den Veräusserer für Räumung, Umzug usw.
- Übernahme von Schulden des Veräusserers

Als **Anlagekosten** gelten der ursprüngliche Erwerbspreis des Grundstücks und die wertvermehrenden Aufwendungen während der Besitzdauer. Einzelne Kantone (BL, GR und JU) berücksichtigen bei den Anlagekosten noch die Geldentwertung seit dem Grundstückerwerb.

Für den Fall, dass sich der **Erwerbspreis** aufgrund einer **sehr langen Besitzdauer** nicht oder nicht mehr genau ermitteln lässt, gelten kantonale Sonderregelungen.

Als **wertvermehrende Aufwendungen** bezeichnet man Auslagen, die den Gebrauchswert des Grundstücks nachhaltig steigern. Der Veräusserer kann dabei auch seine **Eigenleistungen** geltend machen; einige Kantone knüpfen daran jedoch spezielle Bedingungen.

Beispiel

Wertvermehrende Aufwendungen:
- Erschliessungskosten
- Neu-, An- und Umbauten
- Massnahmen zur Bodenverbesserung, zum Uferschutz usw.

Im Gegensatz dazu sind die **werterhaltenden Aufwendungen,** wie z. B. Reparaturen, Revisionen oder Ersatz ausgedienter Anlagen, in der Regel nicht anrechenbar, da der Veräusserer diese bei der Einkommenssteuer als Unterhaltskosten in Abzug bringen kann (s. Kap. 4.7.3, S. 59).

Als **Abzüge** zugelassen sind die **Gewinnungskosten:** insbesondere die Handänderungskosten und die üblichen Vermittlergebühren (d. h. in der Höhe von 2–3% des Verkaufspreises). Einzelne Kantone gewähren noch eine Reihe **weiterer Abzüge,** z. B. Grundeigentümerbeiträge an Gemeinden, Vertragskosten, Schätzungsgebühren usw.

14.1.5 Steuerberechnung

Zwei Faktoren bestimmen den Steuertarif der meisten Kantone: die Höhe des steuerbaren Gewinns und die Besitzdauer. Dafür werden zwei verschiedene Tarifsysteme angewendet:

A] Progressiver Steuersatz

Die Mehrheit der Kantone wendet einen progressiven Tarif an, der von der **Höhe des Gewinns** abhängt: AI, BE, BL, GL, GR, JU, LU, NE, OW, SG, SH, SO, SZ, VS, ZG und ZH.

Die **Besitzdauer** wird in der Regel mit **Zu- oder Abschlägen** berücksichtigt: Bei kurzfristig erzielten Gewinnen wird der Tarif erhöht, bei Gewinnen nach langer Besitzdauer ermässigt.

Beispiel

Im Kanton ZH berechnet sich die geschuldete Grundstückgewinnsteuer wie folgt:

10%	für die ersten	CHF	4 000	30%	für die weiteren	CHF	20 000
15%	für die weiteren	CHF	6 000	35%	für die weiteren	CHF	50 000
20%	für die weiteren	CHF	8 000	40%	für Gewinne über	CHF	100 000
25%	für die weiteren	CHF	12 000				

Die Grundstückgewinnsteuer erhöht sich um

50%	bei einer anrechenbaren Besitzdauer von weniger als 1 Jahr
25%	bei einer anrechenbaren Besitzdauer von weniger als 2 Jahren

Die Grundstückgewinnsteuer verringert sich um

5%	bei einer anrechenbaren Besitzdauer von mehr als 5 Jahren
3%	für jedes weitere Jahr der Besitzdauer
50%	ab einer Besitzdauer von 20 Jahren

Grundstückgewinne unter CHF 5 000 werden nicht besteuert.

B] Proportionaler Steuersatz

Die Kantone AG, AR, BS, FR, GE, NW, OW, TG, TI, UR und VD wenden einen proportionalen Steuertarif an: Der Gewinn wird – unabhängig von seiner Höhe – zum **gleichen Steuersatz** besteuert.

Die **Besitzdauer** wird in der Regel mit einem **degressiven Steuersatz** berücksichtigt: Je länger die Besitzdauer, desto tiefer ist der anwendbare Steuersatz und umgekehrt.

Beispiel Im Kanton AG berechnet sich die geschuldete Grundstückgewinnsteuer wie folgt:

40%	bis zum vollendeten 1. Besitzjahr		19%	bis zum vollendeten 12. Besitzjahr
38%	bis zum vollendeten 2. Besitzjahr		18%	bis zum vollendeten 13. Besitzjahr
36%	bis zum vollendeten 3. Besitzjahr		–1%	für jedes weitere vollendete Besitzjahr
–2%	für jedes weitere vollendete Besitzjahr		6%	bis zum vollendeten 25. Besitzjahr
20%	bis zum vollendeten 11. Besitzjahr		5%	ab dem vollendeten 25. Besitzjahr

Die meisten Kantone besteuern sog. **«Bagatellgewinne»** (Minimalgewinne) nicht; die Freibeträge betragen zwischen CHF 500 (BS) und CHF 13 000 (LU).

Beispiel Eine Liegenschaft wird nach 7 Jahren vollendeter bzw. anrechenbarer Besitzdauer verkauft. Der steuerbare Gewinn beläuft sich auf CHF 80 000.

Vergleich der Berechnung der geschuldeten Grundstückgewinnsteuer in den Kantonen AG und ZH:

AG (proportionaler Tarif)	CHF
Steuersatz nach 7 Jahren: 28%	
Geschuldete Steuer	**22 400**

ZH (progressiver Tarif)			CHF
10%	auf	4 000	400
15%	auf	6 000	900
20%	auf	8 000	1 600
25%	auf	12 000	3 000
30%	auf	20 000	6 000
35%	auf	30 000	10 500
Total	**für**	**80 000**	**22 400**
Besitzdauerabzug für 7 Jahre: 11%			–2 464
Geschuldete Steuer			**19 936**

14.2 Handänderungssteuer

Handänderungen werden in fast allen Kantonen besteuert. Einzig in den Kantonen AR, GR und SG ist die Handänderungssteuer als Gemeindesteuer ausgestaltet, während sie in den Kantonen FR, VD und VS durch den Kanton und die Gemeinden erhoben wird.

In den Kantonen GL, SH, UR, ZG und ZH gibt es Handänderungs- bzw. Grundbuchgebühren anstelle der Handänderungssteuer, und der Kanton SZ erhebt keine Handänderungs- bzw. Grundbuchgebühren und keine Handänderungssteuer.

14.2.1 Steuerobjekt

Die Handänderungssteuer ist eine **Rechtsverkehrssteuer,** die den **Eigentumsübergang von Grundstücken** belastet. Als Handänderung gelten die Vorgänge gemäss Abb. 14-2.

Die kantonalen oder kommunalen Steuergesetze befreien einzelne Vorgänge von der Steuer, z. B. Handänderungen infolge Erbgang, Tausch, Schenkung, Zwangsverwertungsverfahren. Andere gewähren für gewisse Handänderungen einen reduzierten Steuersatz.

14.2.2 Steuersubjekt

Die Handänderungssteuer schuldet in der Regel der **Erwerber** des Grundstücks, vereinzelt auch der Erwerber und der Veräusserer je zur Hälfte (z. B. in den Kantonen OW, BL und AR), es sei denn, die Parteien hätten eine andere Vereinbarung getroffen.

Steuerpflichtig sind sowohl natürliche als auch juristische Personen. Bestimmte Institutionen sind – aufgrund derselben Kriterien wie bei der Grundstückgewinnsteuer – grundsätzlich **von der Steuerpflicht befreit** (s. Kap. 14.1.3, S. 168), wobei es auch hier abweichende kantonale Bestimmungen gibt.

14.2.3 Bemessungsgrundlage und Steuersatz

Die Handänderungssteuer wird grundsätzlich vom **Kaufpreis** erhoben. Für die Berechnung der Steuer wird in der Regel ein **proportionaler Steuersatz zwischen 1% und 3.3%** angewendet.

Wenn kein Kaufpreis festgesetzt wird (z. B. bei Tausch, Schenkung, Erbgang) oder wenn dieser vom amtlichen Verkehrswert stark abweicht, kann auch der Verkehrswert zum Zeitpunkt der Veräusserung als Bemessungsgrundlage gelten. In einzelnen Kantonen kommen noch weitere Bemessungsgrundlagen für die Handänderungssteuer infrage.

Zusammenfassung

Alle Kantone besteuern den Gewinn beim Verkauf von Grundstücken. Zwei Steuersysteme werden dabei eingesetzt:

- **Monistisches System:** Sondersteuer auf Grundstückgewinnen des Privat- und Geschäftsvermögens.
- **Dualistisches System:** Sondersteuer nur auf Grundstückgewinnen des Privatvermögens; ordentliche Einkommens- bzw. Gewinnsteuer auf Grundstückgewinnen des Geschäftsvermögens und des gewerblichen Liegenschaftenhandels. Die Kantone wenden mehrheitlich dieses System an.

Das **Steuerobjekt** der Grundstückgewinnsteuer besteht aus drei Elementen:

1. **Gewinn:** Differenz zwischen dem Verkaufserlös und den Anlagekosten abzüglich der gesetzlich erlaubten Abzüge
2. **Grundstück:** Liegenschaften, in das Grundbuch aufgenommene selbstständige und dauernde Rechte, Bergwerke oder Miteigentumsanteile an Grundstücken (ZGB 655)
3. **Handänderung:** privatrechtliche, wirtschaftliche Handänderung oder eine durch amtliche Verfügung bewirkte

Auf bestimmten Übertragungsvorgängen wird ein **Steueraufschub** gewährt, der zu einer latenten Steuerschuld beim Erwerber führt.

Steuersubjekt der Grundstückgewinnsteuer ist der **Veräusserer** des Grundstücks.

Bemessungsgrundlage und Steuerberechnung der Grundstückgewinnsteuer:

Gewinn-berechnung	Veräusserungserlös	• Verkaufspreis • Weitere Leistungen
	– Anlagekosten	• Erwerbspreis • Wertvermehrende Aufwendungen
	– Abzüge	• Gewinnungskosten • Weitere Abzüge
Steuertarif	Progressiv (Mehrheit der Kantone)	• Steuersatz abhängig vom Gewinn • Besitzdauer mit Zu-/Abschlägen berücksichtigt
	Proportional	• Gleicher Steuersatz unabhängig vom Gewinn • Besitzdauer mit degressivem Steuersatz berücksichtigt

Jede Art von Eigentumsübertragung von Grundstücken wird mit der **Handänderungssteuer** belastet.

Steuersubjekt ist in der Regel der **Erwerber,** evtl. auch je zur Hälfte der Erwerber und der Veräusserer.

Bemessungsgrundlage ist grundsätzlich der **Kaufpreis.** Es wird in der Regel ein **proportionaler Steuertarif** angewendet, der sich je nach Kanton zwischen 1% und 3.3% des Kaufpreises bewegt.

Repetitionsfragen

60 Monika Hänggi erbt von ihrem verstorbenen Ehemann eine Liegenschaft in Davos GR mit einem Verkehrswert von CHF 650 000. Darauf lastet eine Hypothek von CHF 300 000.

Welche Steuerfolgen hat dieser Erbgang

A] bei der Grundstückgewinnsteuer?

B] bei der Handänderungssteuer?

61 Welchen Einfluss hat die Besitzdauer

A] auf die Grundstückgewinnsteuer?

B] auf die Handänderungssteuer?

62	Olaf Meier verkauft sein Wohnhaus im Kanton ZH und erzielt einen steuerbaren Grundstückgewinn von CHF 400 000. Er hat die Liegenschaft vor 32 Jahren gekauft.
	A] Berechnen Sie den geschuldeten Steuerbetrag.
	B] Berechnen Sie den geschuldeten Steuerbetrag für denselben Fall (Gewinnhöhe, Besitzdauer), aber in der Annahme, das verkaufte Wohnhaus stünde im Kanton AG.
	Hinweis: für die Berechnung gültige Steuertarife s. Kapitel 14.1.5, S. 169.
63	Was versteht man unter dem monistischen Steuersystem bei der Grundstückgewinnsteuer?
64	Welche der folgenden Aufwendungen gelten als wertvermehrend?
	A] Ausbau des Estrichs (Dachgeschosses) in eine Attikawohnung
	B] Ersatz des Heizkessels
	C] Reparatur der Haustüre
	D] Anbau eines bedachten Auto-Einstellplatzes
	E] Gebühren des Kabelnetzbetreibers

15 Weitere Kantons- und Gemeindesteuern

Lernziele Nach der Bearbeitung dieses Kapitels können Sie …

- weitere Steuern nennen, die von den Kantonen und Gemeinden erhoben werden.

Schlüsselbegriffe Billettsteuer, Feuerwehrersatzabgabe, Haushaltungssteuer, Hundesteuer, Kirchensteuer, Kopfsteuer, Kurtaxe, Lotteriesteuer, Motorfahrzeugsteuer, Personalsteuer, Registerabgaben, Spielbankenabgabe, Stempelsteuer, Steuer auf Geldspielgewinnen, Vergnügungssteuer, Wasserzinsen

Die **Kantone** sind ermächtigt, jede Steuer zu erheben, die der Bund nicht ausschliesslich für sich beansprucht (ursprüngliche Steuerhoheit; BV 3 und 134). Die **Gemeinden** dürfen dagegen nur im Rahmen der ihnen vom Kanton erteilten Ermächtigungen Steuern erheben (abgeleitete Steuerhoheit).

Die von den Gemeinden erhobenen Steuern sind teils in eigenen Gemeindereglementen, teils in den kantonalen Gesetzen geregelt.

15.1 Kopf-, Personal- oder Haushaltungssteuer

In einigen Kantonen, nämlich LU, NW, SH, SO, TI, UR, VD, VS, GE und ZH, wird von natürlichen Personen eine Personalsteuer **zusätzlich zur Einkommenssteuer** erhoben. Ihr Zweck war ursprünglich die Verwirklichung des Grundsatzes der Allgemeinheit der Besteuerung. Die Steuerpflicht beginnt grundsätzlich mit dem Jahr, in dem der Steuerpflichtige das 18. Altersjahr erreicht hat.

Beispiel Im Kanton ZH wird gestützt auf das kantonale Steuergesetz jährlich eine Personalsteuer von CHF 24 von volljährigen Personen erhoben.

15.2 Kirchensteuer

Die Kirchensteuern sind als **kantonale Steuern** einzuordnen. Gemäss BV 3 ist es Sache der Kantone, das Verhältnis zwischen Staat und Kirche zu ordnen und insbesondere die rechtliche Stellung der Religionsgemeinschaften zu bestimmen. Die kantonalen Kirchensteuersysteme sind sehr unterschiedlich ausgestaltet. Im Prinzip hat jeder Kanton seine eigenen Regelungen, sogar innerhalb einzelner Kantone gibt es Unterschiede.

Die Kirchgemeinden der drei **Landeskirchen** (reformierte, römisch-katholische und je nach Kanton auch die christkatholische Kirche) erheben in allen Kantonen – mit Ausnahme des Kantons VD – von ihren Mitgliedern eine Kirchensteuer. In den Kantonen GE, NE und TI ist die Entrichtung der Kirchensteuer für die Steuerpflichtigen allerdings freiwillig. Der israelitischen Kultusgemeinschaft wird diese Möglichkeit in den Kantonen BS, FR und SG ebenfalls eingeräumt.

Die Grundlage für die Kirchensteuer ist in den meisten Kantonen die **einfache Staatssteuer**. Die Kirchensteuer berechnet sich dann als ein **in Prozent** dieser einfachen Steuer berechneter Betrag (Kantone AG, AI, FR, GL, BR, SG, SH, SZ, TG, ZG und ZH) oder aber als ein **Vielfaches** davon (Kantone AR, BE, LU, NW und OW).

In den Kantonen BS, JU, NE und TI entspricht die Kirchensteuer einem prozentualen Anteil der geschuldeten Kantonssteuern, die Kantone BL, UR und VS haben noch andere Sonderbestimmungen.

In der Mehrheit der Kantone unterstehen auch die juristischen Personen der Kirchensteuerpflicht; lediglich in den Kantonen BS, SH, AR, AG und GE sind sie nicht kirchensteuerpflichtig.

15.3 Feuerwehrersatzabgabe

In der Mehrheit der Kantone – mit Ausnahme der Kantone BS, GE, TI, VD und ZH – wird vom Kanton oder von der Gemeinde eine Feuerwehrersatzabgabe von Personen erhoben, die grundsätzlich feuerwehrpflichtig sind, aber **keinen Feuerwehrdienst leisten.**

15.4 Motorfahrzeugsteuer

Alle Motorfahrzeuge und Anhänger mit Standort in der Schweiz müssen **immatrikuliert** sein. Die Zulassung der Fahrzeuge und die Aushändigung der Immatrikulationspapiere (Fahrzeugausweis) sowie der Kontrollschilder erfolgt durch die Kantone, in der Regel durch das Strassenverkehrsamt im Wohnsitzkanton des Besitzers. Diese Motorfahrzeuge und Anhänger unterliegen der jährlichen Motorfahrzeugsteuer.

Die Motorfahrzeugsteuer ist eine **Besitzsteuer**. Steuerpflichtig ist der **Halter des Fahrzeugs,** auf dessen Namen der Fahrzeugausweis und die Kontrollschilder ausgestellt sind. Die Höhe der Steuer variiert je nach **Fahrzeugtyp** und Kanton erheblich. Bemessungskriterien sind technische Merkmale (z. B. Hubraum, Steuer-PS, Nutzlast etc.).

15.5 Hundesteuer

In allen Kantonen wird jährlich eine Hundesteuer erhoben: Auch dabei handelt es sich um eine **Besitzsteuer,** für die der Hundehalter steuerpflichtig ist. Als Bemessungsgrundlage gilt vor allem **Grösse und Gewicht** des Hundes. In den meisten Kantonen bestehen Steuererleichterungen oder Steuerbefreiungen für Blinden-, Rettungs- oder Diensthunde.

15.6 Kurtaxe

In den meisten Kantonen wird eine **Beherbergungstaxe** erhoben, in der Regel durch die örtlichen Verkehrsvereine.

Die Kantone ZH und TG kennen keine Kurtaxe.

15.7 Lotteriesteuer

Die meisten Kantone erheben bei der **Durchführung** von öffentlichen, nicht gewerbsmässig organisierten Lotterien, Tombolas etc. eine Abgabe. In der Regel erfolgt die Erhebung durch den Kanton, ausnahmsweise durch die Gemeinden.

Die Lotteriesteuer ist in den meisten Kantonen als **Bewilligungsgebühr** ausgestaltet. Die Anlässe, die gebühren- bzw. abgabepflichtig sind, und die Abgaben sind unterschiedlich geregelt. Mehrheitlich richtet sich die Abgabe nach der Höhe der Los- oder Plansumme.

Die Kantone BS, NE, SH, TG und ZH kennen keine Lotteriesteuer.

15.8 Steuer auf Geldspielgewinnen

Per 01.01.2019 ist das **Bundesgesetz über Geldspiele (BGS)** in Kraft getreten. In diesem Zusammenhang wurde auch für die Kantone die Besteuerung von Geldspielgewinnen angepasst (StHG 7 Abs. 4 lit. l–m).

Steuerfrei sind Gewinne

- die in **Schweizer Casinos** mit Spielbankenspielen erzielt werden, sofern keine selbstständige Erwerbstätigkeit vorliegt (StHG 7 Abs. 4 lit. l).
- aus **Grossspielen** sowie Gewinne aus **Online-Spielbankenspielen** bis zu einem Betrag von CHF 1 Mio. (StHG 7 Abs. 4 lit. l^{bis}). Als Grossspiele gelten Lotterien, Sportwetten und Geschicklichkeitsspiele, die automatisiert, interkantonal oder online durchgeführt werden (z. B. Swiss Lotto, EuroMillions, Swisslos usw.).
- aus **Kleinspielen,** die nach dem BGS zugelassen sind (StHG 7 Abs. 4 lit. l^{ter}). Als Kleinspiele gelten Lotterien, Sportwetten und Pokerturniere, die weder automatisiert noch interkantonal noch online durchgeführt werden.
- aus **Lotterien und Geschicklichkeitsspielen zur Verkaufsförderung,** sofern die Freigrenze von CHF 1 000 nicht überschritten wird (StHG Abs. 4 lit. m).

Sämtliche Gewinne aus einer selbstständigen Erwerbstätigkeit unterliegen der Einkommenssteuer.

15.9 Kantonale Spielbankenabgabe

Die Kantone BE, FR, GE, GR, JU, NE, SG, SH, SZ, TI und VS verfügen über Spielcasinos mit einer **Konzession B** (Kursäle). Diese Kantone erheben neben der eidgenössischen Spielbankenabgabe auch eine kantonale Spielbankenabgabe auf dem in den Spielbanken erzielten **Bruttospielertrag**. Die kantonale Abgabe ist auf max. 40% der eidgenössischen Spielbankenabgabe beschränkt.

15.10 Vergnügungssteuer

Die Vergnügungssteuer wird in einigen Kantonen als Kantons- oder als (meist fakultative) Gemeindesteuer erhoben (AR, FR, JU, LU, NE, SO, TI und VD). Sie ist eine Abgabe auf entgeltlichen **öffentlichen Veranstaltungen** und wird entweder in Form einer **Billettsteuer** (in der Regel 10% der Eintrittspreise oder der Bruttoeinnahmen) oder einer **Pauschalabgabe** erhoben.

15.11 Stempelsteuern und Registerabgaben

Neben den eidgenössischen Stempelabgaben werden in vier Kantonen (GE, TI, VD und VS) kantonale Stempelsteuern erhoben. Gegenstand dieser Steuern sind Urkunden (Urteile, Ausweisschriften, Registerauszüge), die von Gerichts- oder Verwaltungsbehörden an Private ausgestellt werden, Akten und Eingaben (Prozessschriften, Gesuche, Rekurse), die von Privaten bei den genannten Behörden eingereicht werden, sowie Urkunden über Rechtsgeschäfte aller Art (Verträge, Testamente, Quittungen).

Der Kanton VS erhebt zusätzlich auch Stempelsteuern auf Spielkarten.

Der Kanton GE erhebt Registerabgaben. Diese sind ähnlich den Stempelsteuern und werden bei der obligatorischen und fakultativen Eintragung von öffentlichen und privaten Urkunden in ein amtliches Register erhoben.

15.12 Wasserzinsen

Für die Ausnützung der Wasserkraft von Wasserkraftwerken ab einer bestimmten Bruttoleistung werden Wasserzinsen von den Kantonen AG, AI, AR, BE, GE, GL, GR, JU, LU, NE, NW, OW, SG, SZ, UR, VD, VS und ZG und / oder von deren Gemeinden erhoben.

Zusammenfassung

Als weitere Kantons- und Gemeindesteuern werden erhoben:

- **Kopf-, Personal- oder Haushaltungssteuer:** Pro-Kopf-Steuer zusätzlich zur Einkommenssteuer natürlicher Personen
- **Kirchensteuer** der Landeskirchen: mehrheitlich als ein Vielfaches auf der Basis der einfachen Staatssteuer für natürliche Personen, die Mitglied der betreffenden Kirche sind, und für juristische Personen
- **Feuerwehrersatzabgabe:** für feuerwehrpflichtige Personen, die keinen Feuerwehrdienst leisten
- **Motorfahrzeugsteuer:** Besitz von Motorfahrzeugen und Anhängern
- **Hundesteuer:** für das Halten von Hunden
- **Kurtaxe:** für die Beherbergung
- **Lotteriesteuer:** Bewilligungsgebühr für Lotterie- und Tombola-Veranstaltungen usw.
- **Steuer auf Geldspielgewinnen:** Gewinne aus Grossspielen und Online-Spielbankenspielen ab einer Gewinnsumme von CHF 1 Mio., Gewinne aus Lotterien und Geschicklichkeitsspielen zur Verkaufsförderung ab einer Gewinnsumme von CHF 1 000
- Kantonale **Spielbankenabgabe:** auf in Spielbanken mit Konzession B erzielten Bruttospielerträgen
- **Vergnügungssteuer:** für entgeltliche öffentliche Veranstaltungen (Billettsteuer oder Pauschalabgabe)
- **Stempelsteuern / Registerabgaben:** kantonale Ergänzungssteuer zu den eidgenössischen Stempelabgaben
- **Wasserzinsen:** für die Ausnützung der Wasserkraft

Teil E Anhang

Antworten zu den Repetitionsfragen

1 Seite 15

Bei den Kausalabgaben besteht ein Zusammenhang zwischen der Abgabe und einer Gegenleistung des Gemeinwesens. Nimmt jemand eine bestimmte Leistung des Gemeinwesens in Anspruch, hat er dafür eine Abgabe zu entrichten (Entschädigung für staatliche Dienstleistungen oder Sondervorteile).

Steuern dagegen sind voraussetzungslos geschuldet. Untersteht eine Person der Gebietshoheit, so ist die Steuer grundsätzlich geschuldet, unabhängig von den in Anspruch genommenen Dienstleistungen des Gemeinwesens.

2 Seite 15

A] Eigentumsgarantie

B] Willkürverbot

C] Rechtsgleichheit

3 Seite 15

Die direkte Bundessteuer erfüllt sozialpolitische Grundsätze, d. h. die Umverteilung von Einkommen. Die niedrigen Einkommen sind steuerfrei oder unterliegen einem tiefen Steuersatz. Bei mittleren und höheren Einkommen dagegen gibt es einen stark steigenden Steuersatz. Aus diesem Grund kann man von einer «Reichtumssteuer» sprechen.

4 Seite 15

Eine Grenzsteuerbelastung von 8% bei der direkten Bundessteuer bedeutet, dass das Mehreinkommen eines Steuerpflichtigen zu 8% besteuert wird, d. h., pro CHF 100 steuerbares Mehreinkommen sind CHF 8 direkte Bundessteuer zu entrichten.

5 Seite 26

A] Steuerobjekt

B] Bemessungsgrundlage

C] Steuersubjekt

D] Steuerhoheit

E] Steuermass

6 Seite 27

Steuerhoheit:

	Bund	Kanton / Gemeinde	Direkte Steuer	Indirekte Steuer
Grundstückgewinnsteuer	☐	☒	☒	☐
Hundesteuer	☐	☒	☐	☒
Mehrwertsteuer	☒	☐	☐	☒
Einkommenssteuer	☒	☒	☒	☐
Vermögenssteuer	☐	☒	☒	☐
Verrechnungssteuer	☒	☐	☒	☐

7 Seite 27

A] Das Steuermass setzt sich grundsätzlich aus dem Steuersatz und dem Steuerfuss zusammen. Bei der Handänderungssteuer ist das Steuermass identisch mit dem Steuersatz und beträgt 0.5% des verurkundeten Kaufpreises. Es wird kein Steuerfuss angewendet.

B] Das Steuermass ist proportional ausgestaltet.

C] Berechnungsgrundlage ist der verurkundete Kaufpreis von CHF 970 000.

D] Der geschuldete Steuerbetrag beträgt CHF 4 850.

8 Seite 27	A]	Überschiessende Progression
	B]	Progression auf dem ganzen Betrag (Klassen)
	C]	Proportionaler Steuersatz
	D]	Progression auf dem ganzen Betrag (Steuerzuschlag)

9 Seite 27 — Als Steuerüberwälzung bezeichnet man die Übertragung einer Steuer vom Steuerzahler bzw. Steuersubjekt auf den Steuerträger. Sie erfolgt z. B. bei der Mehrwertsteuer.

10 Seite 39

A] Beschränkte Steuerpflicht in Laax GR durch wirtschaftliche Zugehörigkeit (Liegenschaftsbesitz).

B] Beschränkte Steuerpflicht in Spreitenbach AG durch wirtschaftliche Zugehörigkeit (Unterhalt einer Betriebsstätte).

C] Keine Steuerpflicht in St. Gallen, solange keine Erwerbstätigkeit vorliegt; der Wohnsitz bleibt bei den Eltern in Berlin.

D] Unbeschränkte Steuerpflicht in Lugano TI aufgrund persönlicher Zugehörigkeit (Wohnsitznahme).

E] Unbeschränkte Steuerpflicht in Luzern aufgrund persönlicher Zugehörigkeit (Sitz).

11 Seite 39

Die Technochrom AG hat in BS nur den statutarischen Sitz ohne geschäftliche Aktivitäten. Gemäss DBG ist sie dennoch in Basel-Stadt aufgrund des Sitzes unbeschränkt steuerpflichtig.

Da die tatsächliche Verwaltung jedoch in Lörrach (DE) wahrgenommen wird, schränkt das zwischen der Schweiz und Deutschland abgeschlossene Doppelbesteuerungsabkommen die schweizerische Besteuerungskompetenz ein.

12 Seite 39

Nach dem Grundsatz der Familienbesteuerung ist auch das Einkommen minderjähriger Kinder steuerbar. In diesem Fall sowohl die Dividenden (Vermögensertrag) als auch das Schauspielhonorar (Erwerbseinkommen).

Steuerpflichtig sind die Mutter von Lars Hug für die Dividenden und Lars Hug selbst für das Honorar (DBG 9 Abs. 2).

13 Seite 65

Kuno Renner hat einen Arbeitsvertrag abgeschlossen und erhält ein garantiertes Fixum. Folglich ist er als Arbeitnehmer zu qualifizieren, d. h., es liegt eine unselbstständige Erwerbstätigkeit vor. Die Abmachung, zusätzlich auf Provisionsbasis zu arbeiten, ändert daran nichts.

14 Seite 65

A] Erhält ein Arbeitnehmer Mitarbeiteraktien, ist in der Differenz zwischen dem Preis, den er zu bezahlen hat, und dem effektiven Wert (Verkehrswert) ein zusätzlicher Lohnbestandteil anzunehmen (DBG 17 Abs. 1 und DBG 17b Abs. 1). – Weil Larissa Caprez frei über die Aktien verfügen kann, ist die volle Differenz $(3\,800 - 1\,200) \cdot 2 = $ CHF 5 200 als Lohn zu qualifizieren (DBG 17b).

B] Dienstalters- und Jubiläumsgeschenke gehören grundsätzlich auch zum steuerbaren Einkommen aus unselbstständiger Erwerbstätigkeit (DBG 17 Abs. 1).

15 Seite 66

Lohnbestandteile und folglich auch steuerbares Einkommen sind:

- Der Lohn von CHF 120 000 abzüglich die Beiträge für die 1. und 2. Säule.
- Die Übernahme der Krankenkassenprämien durch den Arbeitgeber.
- Die Motorfahrzeugsteuer und die Prämie der Fahrzeugversicherung.
- Stellt der Arbeitgeber seinen Angestellten ein Ferienhaus unentgeltlich zur Verfügung, handelt es sich grundsätzlich um einen Lohnbestandteil. In der Praxis ergeben sich jedoch Probleme bei dessen Erfassung und Bewertung.

Weiterbildungskosten, die durch den Arbeitgeber übernommen werden, bilden grundsätzlich keinen Lohnbestandteil (DBG 17 Abs. 1bis).

16 Seite 66

Gewinnungs- oder Lebenshaltungskosten:

	Gewinnungskosten	Lebenshaltungskosten
Fahrkosten zur Arbeit	☒	☐
Staatssteuern	☐	☒
Kosten für Liegenschaftsverwaltung	☒	☐
Wohnungsmiete	☐	☒
Schulgeld der Kinder	☐	☒
AHV-Beiträge	☐	☐
Fahrzeugkosten	☐	☒
Schuldzinsen für Konsumkredit	☐	☐

Die Beiträge an die AHV und die Schuldzinsen für den Konsumkredit können zwar abgezogen werden, gelten aber weder als Gewinnungskosten noch als Lebenshaltungskosten, sondern gehören zu den Allgemeinen Abzügen.

17 Seite 66

Sofern die Steuerpflicht nicht für das ganze Jahr besteht, ist für die Satzbestimmung das regelmässig fliessende Einkommen aus dem Haupterwerb auf ein Jahr umzurechnen. Das unregelmässig fliessende Einkommen aus dem Nebenerwerb wird nicht umgerechnet.

Steuerfaktoren (CHF)	20_1	steuerbar	satzbestimmend
Haupterwerb 01.04.–31.12. netto	90 000	90 000	120 000
Nebenerwerb netto	7 200	7 200	7 200
Fahrkosten	–4 050	–2 250	–3 000
Auswärtige Verpflegung (Jahrespauschale)	–3 200	–2 400	–3 200
Übrige Berufsauslagen (effektiv)[1]	–4 600	–4 600	–4 600
Weiterbildungskosten	–12 000	–12 000	–12 000
Gewinnungskosten Nebenerwerb (20%)	–1 440	–1 440	–1 440
Einkauf 2. Säule	–30 000	–30 000	–30 000
Beitrag Säule 3a	–6 000	–6 000	–6 000
Total Einkommen	35 910	38 510	66 960

[1] Hinweis: Bei Anwendung der Pauschalen für die übrigen Berufsauslagen von 3% des Nettolohns (nur vom Haupterwerb von CHF 90 000) wäre eine Umrechnung für die Satzbestimmung vorzunehmen (steuerbar CHF 2 700, satzbestimmend CHF 3 600).

18 Seite 66

An den Abzug eines Arbeitszimmers als Gewinnungskosten werden strenge Anforderungen gestellt. Franz Zumkehr muss zunächst den Beweis antreten, dass er ein Zimmer ausschliesslich für seine berufliche Tätigkeit nutzt. Dies dürfte in einer 4-Zimmer-Wohnung schwierig sein, in der eine Familie mit zwei Kindern lebt.

Zudem muss Franz Zumkehr den Nachweis erbringen, dass er tatsächlich gezwungen ist, für seinen Arbeitgeber zu Hause zu arbeiten und dass er am Arbeitsplatz kein Büro zur Verfügung hat. Ist dies der Fall, kann er die zusätzlichen Kosten für dieses Arbeitszimmer als Gewinnungskosten geltend machen, sofern der Pauschalabzug überschritten ist.

Wenn ihm am Arbeitsplatz jedoch ein Büroarbeitsplatz zur Verfügung steht und er lediglich aus persönlichen Gründen von zu Hause aus arbeitet, sind die Kosten für das Arbeitszimmer nicht abzugsfähig.

19 Seite 67

Als Gewinnungskosten gelten die Kosten, die unmittelbar zur Erzielung des Erwerbseinkommens notwendig sind, z. B. die Fahrkosten und die auswärtige Verpflegung (DBG 26).

Fahrkosten sind die Kosten vom Wohnsitz zum Arbeitsort. Wenn dem Steuerpflichtigen nicht zugemutet werden kann, die öffentlichen Verkehrsmittel zu benützen, kann er die effektiven Fahrzeugkosten abziehen. Diesen Nachweis muss er erbringen.

Die Verbindungen der öffentlichen Verkehrsmittel zwischen Olten und Zürich Oerlikon dürften derart gut sein, dass die Steuerbehörden nur die Kosten für den öffentlichen Verkehr zulassen. Seit dem 01.01.2016 ist der Abzug für die Fahrkosten bei der direkten Bundessteuer jedoch auf CHF 3 000 begrenzt (DBG 26 Abs. 1 lit. a). Bei einem Generalabonnement 1. Klasse z. B. könnten nicht mehr die gesamten Kosten in der Steuererklärung geltend gemacht werden, sondern nur der Maximalbetrag von CHF 3 000.

Sofern Anna Engeler am Arbeitsort die Möglichkeit einer vergünstigten Kantinenverpflegung hat, darf sie nur die reduzierte Pauschale für auswärtige Verpflegungskosten geltend machen.

20 Seite 67

Einkommen von Boris Ledergerber:

	CHF
Ausgewiesener Gewinn	89 000
Lohn (CHF 9 000 · 12)	108 000
Steuern	28 300
Privatanteil Fahrzeuge	3 600
Eigenmietwert Liegenschaft	18 000
Krankenkasse	7 600
Ferien	12 400
Fahrzeug VW	8 400
Total	275 300

21 Seite 67

Die Steuerfaktoren betragen:

Einkünfte (CHF)	20_1	20_2	20_3
Selbstständige Erwerbstätigkeit		–45 000	110 000
Übriges Einkommen	22 000	27 000	32 000
Verlustvortrag aus 20_2			–18 000
Total	22 000	–18 000	124 000

Der verbleibende Verlust der Steuerperiode 20_2 kann vorgetragen werden.

Wird im Gründungsjahr kein Geschäftsabschluss erstellt, sind auf dem Einkommen aus selbstständiger Erwerbstätigkeit in der Steuerperiode 20_1 keine Steuern geschuldet.

22 Seite 80

Ermittlung des steuerbaren Gewinns:

Steuerbarer Gewinn	CHF
Ausgewiesener Gewinn	26 000
+ Aufrechnung Fahrzeug	24 000
= Steuerbarer Gewinn	50 000

Zum ausgewiesenen Gewinn von CHF 26 000 ist nur die Privatentnahme des Fahrzeugs zum Buchwert hinzuzurechnen. Es ist daher eine Aufrechnung von CHF 24 000 vorzunehmen. Geht man von der Annahme aus, dass der Kapitalgewinn von CHF 70 000 aus dem Verkauf der Beteiligung an die Rex AG bereits verbucht worden ist, ist keine Aufrechnung mehr vorzunehmen. Die Aufwertung auf der Liegenschaft und die Bildung der Rückstellung sind ebenfalls bereits verbucht, sodass keine Korrekturen mehr vorgenommen werden müssen. Der steuerbare Gewinn beträgt CHF 50 000.

23 Seite 80

Zuwendungen können nur an steuerbefreite juristische Personen mit öffentlichem oder gemeinnützigem Zweck und mit Sitz in der Schweiz oder an internationale Institutionen wie das Rote Kreuz usw. gemacht werden.

Damit sind die Zuwendungen an das Rote Kreuz und die eigene Personalvorsorgestiftung zulässig (DBG 59 Abs. 1 lit. c bzw. lit. b), nicht aber jene an die Compendio Bildungsmedien AG. Dabei handelt es sich nicht um eine steuerbefreite juristische Person.

24 Seite 80

Steuerbarer Gewinn der Muster AG:

Steuerfaktoren (CHF)	20_1	20_2
Ausgewiesener Gewinn	80 000	25 000
Korrektur Abschreibungen: • Maschinen: zulässig 30%[1] • Fahrzeuge: zulässig 40%[2]	90 000 24 000	57 000 19 200
Steuerbarer Gewinn	194 000	101 200

[1] 20_1: vorgenommen 180 000, zulässig 90 000
20_2: vorgenommen 120 000, zulässig 63 000 (30% v. Buchwert CHF 210 000)
[2] 20_1: vorgenommen 72 000, zulässig 48 000
20_2: vorgenommen 48 000, zulässig 28 800 (40% v. Buchwert CHF 72 000)

25 Seite 80

Übernimmt eine Aktiengesellschaft für ihre Aktionäre einen Teil der Lebenshaltungskosten, handelt es sich um eine verdeckte Gewinnausschüttung mit folgenden steuerlichen Konsequenzen:

Aufrechnung (CHF)	Ako AG	B. Gnehm	H. Fischli
Wohnungsmieten	60 000	30 000	30 000
Weitere geldwerte Leistungen	40 900	19 600	21 300
Aufrechnung beim steuerbaren Gewinn bzw. beim steuerbaren Einkommen	100 900	49 600	51 300

Die verdeckte Gewinnausschüttung an die Aktionäre unterliegt zudem der Verrechnungssteuer.

26 Seite 84

Das Arbeitseinkommen von total CHF 98 400 (CHF 90 000 + 12 · CHF 700) ist der Quellensteuer unterworfen. Das übrige Einkommen von total CHF 55 000 (Eigenmietwert Scuol und Wertschriftenertrag) ist im ordentlichen Verfahren zu besteuern.

Für die Satzbestimmung ist das gesamte Einkommen von Marco Hoop heranzuziehen: CHF 98 400 + CHF 55 000 = CHF 153 400.

27 Seite 85	Als Ausländer ohne Niederlassungsbewilligung wird Bobby Brown im Quellensteuerverfahren besteuert.
	Im Jahr 20_1 erzielt Bobby Brown einen Jahresbruttolohn von CHF 108 000 und überschreitet damit die Limite von CHF 120 000 für die nachträgliche ordentliche Veranlagung nicht. Es handelt sich somit bei der Quellensteuer um seine definitive Besteuerung.
	Im Jahr 20_2 fliesst neben dem ordentlichen Jahreseinkommen von CHF 108 000 ein Bonus in der Höhe von CHF 27 000 zu. Dadurch überschreitet er die Jahreslohngrösse von CHF 120 000 und wird im Jahr 20_2 nachträglich ordentlich veranlagt. Bei der gezahlten Quellensteuer handelt es sich somit um eine reine Sicherungssteuer.
28 Seite 85	Heiko Noll ist lediglich aufgrund seiner wirtschaftlichen Zugehörigkeit (Arbeitseinkommen) in der Schweiz beschränkt steuerpflichtig. Aufgrund seines Wohnsitzes in Deutschland ist er primär in Deutschland steuerpflichtig. In einem solchen Fall ist eine nachträgliche ordentliche Veranlagung in der Schweiz ausgeschlossen, und zwar unabhängig von der Höhe des Bruttoeinkommens in der Schweiz.
29 Seite 107	Bei der versuchten Steuerhinterziehung ist dem Pflichtigen der Vorsatz nachzuweisen. Dies dürfte hier nicht der Fall sein.
	Bei der vollendeten Steuerhinterziehung genügt für den Nachweis blosse Fahrlässigkeit. Dies dürfte hier zutreffen.
30 Seite 107	A]

R	F	Aussage
☒	☐	Die Veranlagung für die direkte Bundessteuer wird von den kantonalen Behörden durchgeführt.
☒	☐	Die letzte Instanz bei Meinungsverschiedenheiten und Rechtsstreitigkeiten ist das Bundesgericht.
☐	☒[1]	Erhält der Steuerpflichtige keine Steuererklärung, muss er keine Steuererklärung einreichen.
☐	☒[2]	Eine Revision ist die Abänderung einer Veranlagung zuungunsten des Steuerpflichtigen.
☒	☐	Die Verjährungsfrist ist bei der vollendeten Steuerhinterziehung höher als bei der versuchten Steuerhinterziehung.

B]

[1] Er muss in diesem Fall von sich aus eine Steuererklärung einreichen.

[2] Eine Revision ist die Abänderung einer Veranlagung zugunsten des Steuerpflichtigen.

31 Seite 107	Laut DBG 113, Abs. 3 gelten Rechtsmittel als korrekt erhoben, wenn ein Ehegatte fristgerecht handelt. Demnach ist die Einsprache mit der alleinigen Unterschrift von Anton Berger formell richtig, sofern auch die übrigen Kriterien erfüllt sind (Schriftlichkeit, Antrag und Begründung).
32 Seite 107	Gemäss dem Legalitätsprinzip kann nur besteuert werden, was im Gesetz geregelt ist, und die Steuerbehörden müssen das Gesetz richtig anwenden. Dabei sind die Steuerbehörden verpflichtet, die Veranlagung vorzunehmen (Offizialmaxime); sie sind aber nicht an die Angaben des Steuerpflichtigen gebunden und können sie überprüfen (Untersuchungsmaxime).
33 Seite 107	Eine Verwirkungsfrist bedeutet, dass sie nach Ablauf nicht erstreckbar ist. Nach Ablauf der Einsprachefrist von 30 Tagen erlischt das Recht zur Einsprache, und eine verspätete Einsprache wird deshalb nicht mehr behandelt.

34 Seite 107	Nein, die Steuerrekurskommission entscheidet, ob dem Rückzugsgesuch von Lukas Troxler stattgegeben wird.	

Sie fordert die Parteien (insbesondere die Steuerveranlagungsbehörde als Gegenpartei) zu einer Stellungnahme auf, um das Einverständnis mit dem Rückzug abzuklären.

35 Seite 107

Das Verhalten der Steuerbehörden verstösst gegen den Grundsatz von Treu und Glauben. Der Pflichtige kann sich auf die bisherige Praxis berufen, wonach er keinen Nachweis der effektiven Spesen erbringen musste.

36 Seite 122

A] Lebensmittel werden zu 2.5% besteuert:
CHF 500 (500.00 · 100% / 102.5%) = CHF 12.20.

B] Der Softwarelieferant rechnet für seine Dienstleistung 7.7% MWST ab. Dabei ist unerheblich, zu welchem Satz die Apotheke ihre Produkte versteuern muss.
Berechnung der Mehrwertsteuer: CHF 50 000 · 7.7% = CHF 3 850.

37 Seite 122

Die Bezugsteuer verhindert eine potenzielle Steuerlücke und folglich auch einen steuerbedingten Wettbewerbsnachteil für inländische Leistungsanbieter. Der Leistungsempfänger soll Dienstleistungen aus dem Ausland nicht steuerfrei beziehen können, während diese bei inländischen Anbietern steuerbelastet würden.

38 Seite 122

A] Nein. Es gilt das Empfängerortsprinzip. Die Steuerberatungsdienstleistung ist daher nicht mehrwertsteuerpflichtig, wenn sie an eine GmbH mit Sitz in München (DE) erbracht wird, die in der Schweiz nicht mehrwertsteuerpflichtig ist.

B] Ja. Für gastgewerbliche Leistungen gilt der Ort der Tätigkeit, also Zürich.

C] Ja. Bei der Vermittlung von Grundstücken gilt der Ort der gelegenen Sache, also Neuchâtel.

D] Ja. Bei Dienstleistungen für Gebäude gilt der Ort der gelegenen Sache, also Schaan (FL). Das Fürstentum Liechtenstein gilt bei der Mehrwertsteuer als Inland.

39 Seite 122

Die Rechnung an den Bauherrn ist nicht korrekt.

Der Saldosteuersatz gilt nur für die Steuerabrechnung mit der ESTV. Gegenüber dem Bauherrn muss die Kaiser & Von Bergen AG ihre Architekturleistungen mit dem Normalsatz von 7.7% in Rechnung stellen. Die MWST beträgt in diesem Fall CHF 5 775.

40 Seite 122

A] Ja. Der Vorsteuerabzug ist möglich, weil die Vorsteuer im Rahmen der unternehmerischen Tätigkeit angefallen ist.

B] Nein. Es ist kein Vorsteuerabzug möglich, weil die Vorsteuer durch die Erbringung einer von der Steuer ausgenommenen Leistung angefallen ist, nämlich der Vermietung von Wohnungen an Privatpersonen.

C] Nein. Es ist kein Vorsteuerabzug möglich, weil die Entrichtung von Pauschalspesen an die Angestellten nicht MWST-pflichtig ist. Falls jedoch anstelle von Pauschalspesen die effektiven Spesen (mit Belegen) vergütet werden, ist der Vorsteuerabzug möglich.

41 Seite 132

Steuerträger bei der Verrechnungssteuer sind die Aktionäre als Empfänger der Dividende, die eine steuerbare Leistung darstellt; sie müssen die Verrechnungssteuer effektiv tragen (Überwälzungspflicht). Die Aktiengesellschaft als Schuldnerin der Dividende ist Steuersubjekt und somit für die Entrichtung der Verrechnungssteuer an die ESTV verantwortlich.

Die Überwälzungspflicht bedeutet, dass die Aktiengesellschaft die von ihr an die ESTV abgelieferte Verrechnungssteuer dem Aktionär zwingend belasten muss. Sie darf ihm folglich nur 65% der Dividende auszahlen.

Die Verrechnungssteuer dient grundsätzlich als Sicherungssteuer, d. h. als Hilfsmittel für eine korrekte Deklaration des Einkommens bzw. gegen eine mögliche Steuerhinterziehung. Mit der Überwälzungspflicht wird sichergestellt, dass der Aktionär als Steuerträger auf jeden Fall besteuert wird. Wenn er die steuerpflichtigen Einkünfte nicht deklariert, kann er die Verrechnungssteuer auch nicht zurückfordern.

42 Seite 132

A] Nein, Gewinne aus Spielbankenspielen in Schweizer Casinos sind nicht verrechnungssteuerpflichtig.

B] Nein, bei einer Gratisteilnahme am Jubiläumswettbewerb sind Gewinne aus Lotterien nicht verrechnungssteuerpflichtig.

C] Ja, die jährliche Pensionszahlung übersteigt CHF 500. Die Verrechnungssteuer beträgt 15% des Gesamtbetrags von CHF 4 800 bzw. CHF 720.

D] Nein, Kapitalleistungen sind erst ab CHF 5 000 verrechnungssteuerpflichtig.

43 Seite 133

A] Verrechnungssteuerpflichtige Erträge und Belastung der Verrechnungssteuer 20_1:

Ertrag	CHF	VSt-pflichtig	VSt CHF
Sparkonto Walliser Kantonalbank	214.30	Ja	75.00
Sparkonto CS	12.10	Nein; Zinsen < CHF 200	0.00
Privatkonto CS	3.30	Nein; Zinsen < CHF 200	0.00
Aktiendividende	460.00	Ja	161.00
Kapitalgewinn aus Aktienverkauf	7 250.00	Nein; Kapitalgewinn steuerfrei	0.00
Zinsertrag Obligationen	150.80	Ja	52.80
Total	8 090.50		288.80

B] Roger Werlen muss sämtliche Erträge in seiner Steuererklärung 20_1 deklarieren, mit Ausnahme des Kapitalgewinns aus dem Aktienverkauf, der für natürliche Personen einkommenssteuerfrei ist. Summe der zu deklarierenden Erträge 20_1: CHF 840.50.

44 Seite 133

Als Inländer gilt eine juristische Person, wenn sie folgende Voraussetzungen erfüllt (VStG 9):

- Die Gesellschaft ist im schweizerischen Handelsregister eingetragen.
- Die Gesellschaft hat ihren statutarischen Sitz in der Schweiz.
- Die Gesellschaft hat ihren statutarischen Sitz zwar im Ausland, wird aber tatsächlich in der Schweiz geleitet und übt in der Schweiz eine Geschäftstätigkeit aus.

45 Seite 138

Nein, es fehlt am Erfordernis des Entgelts.

46 Seite 138

Ja, es handelt sich hier um einen abgabepflichtigen Zuschuss, da der Aktionär Stefan Baum der Baum AG eine Leistung ohne Gegenleistung zukommen lässt.

Die Abgabe beträgt 1% vom Zuschuss von CHF 100 000, also CHF 1 000. Die Freigrenze kommt bei Zuschüssen nicht zur Anwendung, da es sich dabei nicht um eine entgeltliche Ausgabe von Beteiligungsrechten handelt.

47 Seite 138

Ja, die Abgabe auf Versicherungsprämien ist geschuldet.

Norbert Meier als inländischer Versicherungsnehmer schliesst eine Versicherung mit einer nicht der FINMA unterstellten ausländischen Versicherungsgesellschaft ab. Demzufolge wird Norbert Meier als inländischer Versicherungsnehmer abgabepflichtig.

Die Versicherungsabgabe beträgt 5% von CHF 3 000 = CHF 150.

48 Seite 138

A] Ja, die Emissionsabgabe ist zwar grundsätzlich geschuldet bei der Ausgabe von inländischen Beteiligungsrechten, doch gilt bei der Gründung ein Freibetrag von CHF 1 Mio. Somit muss die X-Tec AG mit einem Gründungskapital von CHF 100 000 keine Emissionsabgabe entrichten.

B] Nein, der Verkauf von Beteiligungsrechten durch einen Effektenhändler unterliegt nicht der Emissionsabgabe, jedoch der Umsatzabgabe, da die UBS als inländische Effektenhändlerin vermittelt.

49 Seite 151

A] Einfamilienhaus: Steuerwert (in der Regel Ertrags- oder Verkehrswert)

B] Studiendarlehen an den Neffen: Nennwert

C] Nicht rückkaufsfähige Risikoversicherung: nicht vermögenssteuerpflichtig

D] Aktien der UBS AG: Kurswert am 31.12.

E] Freie börsenkotierte Mitarbeiteroption: Verkehrswert

50 Seite 151

Die Vermögenssteuer wird als Ergänzungssteuer zur Einkommenssteuer bezeichnet, weil sie nur rund 10% der Gesamtsteuereinnahmen der Kantone und Gemeinden ausmacht und somit eine untergeordnete Rolle spielt.

Die Deklaration des Vermögens erleichtert es den Steuerbehörden, die korrekte Deklaration des Einkommens nachzuvollziehen. In diesem Zusammenhang erfüllt die Vermögenssteuer eine wichtige Funktion.

51 Seite 151

A]

R	F	Aussage
☒	☐	Die Kollisionsnormen regeln u. a. die Zuweisung der übrigen Einkünfte zu einem Steuerdomizil.
☐	☒[1]	Ob es zu einer quoten- oder zu einer objektmässigen Ausscheidung kommt, kann der einzelne Kanton selbst festlegen.
☐	☒[2]	Jeder an der Ausscheidung beteiligte Kanton errechnet das Gesamteinkommen und -vermögen gemäss den Bewertungsrichtlinien der direkten Bundessteuer.
☒	☐	Unbewegliches Privatvermögen ist am Ort der gelegenen Sache zu versteuern.

B]

[1] Der einzelne Kanton kann dies nicht festlegen; die Ausscheidungsmethode ist für alle Kantone verbindlich und hängt vom jeweiligen Einkommens- oder Vermögensbestandteil ab.

[2] Jeder an der Ausscheidung beteiligte Kanton errechnet das Gesamteinkommen und -vermögen gemäss seinen kantonalen Bewertungsrichtlinien.

52 Seite 151

Rückkaufsfähige Versicherung: zum Rückkaufswert zuzüglich dem aufgelaufenen Überschussanteil. Der steuerbare Rückkaufswert ist von der Versicherungsgesellschaft jährlich zu bescheinigen.

Reine Risikoversicherungen haben keinen Rückkaufswert und unterliegen somit auch nicht der Vermögenssteuer.

53 Seite 151

Der Repartitionswert ist der verbindliche Umrechnungsprozentsatz für kantonal festgelegte Steuerwerte von Grundstücken, wenn es zu einer interkantonalen Ausscheidung kommt. Er glättet die unterschiedlichen kantonalen Bestimmungen.

Der Repartitionswert von 70% für den Kanton TI bedeutet, dass der Steuerwert eines Tessiner Grundstücks lediglich zu 70% in eine interkantonale Ausscheidung einfliesst, also z. B. der Steuerwert eines Grundstücks von CHF 500 000 nur zu CHF 350 000.

54 Seite 158	Gemäss Tarif des Kantons AG würde die einfache Kapitalsteuer 0.75‰ von CHF 2 100 000 betragen, also CHF 1 575.
Falls die betreffende GmbH aber einen steuerbaren Gewinn für das betreffende Jahr erreicht, der zu einer höheren einfachen Gewinnsteuer führt als die CHF 1 575 Kapitalsteuer, wird ihr die Gewinnsteuer im Kanton AG angerechnet. In diesem Fall schuldet die GmbH keine Kapitalsteuer.
55 Seite 158	Steuerbares Kapital 20_1 der Verinox AG:

	CHF
Aktienkapital, Reserven und Gewinnvortrag	1 942 000
Als Ertrag versteuerte stille Reserven (Aufrechnungen)	160 000
Total steuerbares Kapital	2 102 000

Nur die als Ertrag versteuerten stillen Reserven (nicht zugelassene Abschreibungen und Rückstellungen) sind bei der Ermittlung des steuerbaren Kapitals zusätzlich zu berücksichtigen. Unversteuerte stille Reserven unterliegen nicht der Kapitalsteuer. |
| **56** Seite 164 | A] Die Aktien im Kanton JU (am Wohnsitz der Schenkenden), die Liegenschaft im Kanton BE (Grundstücke werden immer am Ort der gelegenen Sache versteuert).
B] Steuerpflichtig ist die Beschenkte, d. h. Ruth Faivres Enkelin. |
| **57** Seite 164 | Die Erbanfallsteuer wird einzeln auf dem Erbteil jedes Erben erhoben, die Nachlasssteuer auf dem hinterlassenen, nicht aufgeteilten Gesamtvermögen. |
| **58** Seite 164 | Folgende Zuwendungen sind von der Erbschaftssteuerpflicht ausgenommen:

- Zuwendungen an Ehegatten
- Zuwendungen an Nachkommen
- Zuwendungen für öffentliche oder ausschliesslich gemeinnützige Zwecke
- Zuwendungen an Personalvorsorgeeinrichtungen |
| **59** Seite 164 | Reine Risikoversicherungen unterliegen in den meisten Kantonen der Einkommenssteuer. Fehlt eine Begünstigung, fällt die Kapitalleistung in den Nachlass und wird in einzelnen Kantonen mit der Erbschaftssteuer erfasst.
Die im Todesfall der versicherten Person ausgerichteten Kapitalleistungen aus rückkaufsfähigen Lebensversicherungen unterstellen alle Kantone der Erbschaftssteuer. |
| **60** Seite 172 | A] Im Erbfall gibt es einen Steueraufschub bei der Grundstückgewinnsteuer bis zur nächsten steuerpflichtigen Handänderung. Monika Hänggi übernimmt die latente Steuerschuld.
B] Handänderungen infolge Erbgang sind in der Regel steuerbefreit. |
| **61** Seite 172 | A] Auf Grundstückgewinnsteuer: Höhe des Steuersatzes (je länger die Besitzdauer, desto tiefer der Steuersatz sowohl bei progressiven als auch bei proportionalen Tarifen).
B] Auf Handänderungssteuer: kein Einfluss. Die Handänderungssteuer wird grundsätzlich vom Kaufpreis erhoben. |

62 Seite 173

A] Steuerbetrag Kanton ZH:

Progressiver Tarif		Berechnung	CHF
10%	für die ersten 40 000 Gewinn	10% von 40 000	4 000
15%	für die weiteren 6 000 Gewinn	15% von 6 000	900
20%	für die weiteren 8 000 Gewinn	20% von 8 000	1 600
25%	für die weiteren 12 000 Gewinn	25% von 12 000	3 000
30%	für die weiteren 20 000 Gewinn	30% von 20 000	6 000
35%	für die weiteren 50 000 Gewinn	35% von 50 000	17 500
40%	für Gewinnanteile über 100 000	40% von 300 000	120 000
Total			149 400
Besitzdauerabzug für 32 Jahre: 50%		50% von 149 400	−74 700
Geschuldete Steuer			74 700

B] Steuerbetrag Kanton AG:

Proportionaler Tarif	Berechnung	CHF
Steuersatz nach 32 Jahren Besitz: 5%	5% von 400 000	20 000

63 Seite 173

Die Kantone mit monistischem System erheben eine Sondersteuer auf allen Grundstückgewinnen des Privat- und Geschäftsvermögens, d. h., sie unterscheiden bei der Besteuerung des Grundstückgewinns nicht zwischen natürlichen und juristischen Personen oder zwischen Vermögens- und Kapitalgewinnen.

64 Seite 173

A] Ausbau: ja, wertvermehrend

B] Ersatz des Heizkessels: nein, werterhaltend

C] Reparatur der Haustüre: nein, werterhaltend

D] Anbau: ja, wertvermehrend

E] Kabelnetz: nein, Betriebskosten

Stichwortverzeichnis

A

Abgabe auf Versicherungsprämien	137
Abgangsentschädigung	55
Abrechnungsmethoden MWST	119
Abschreibungen	57, 71, 74
Abzüge	
– allgemeine Abzüge	59, 141
– Beteiligungsabzug Gewinnsteuer	78
– Eigenfinanzierung	156
– Erbschaftssteuer	162
– Forschung und Entwicklung	156
– Gewinnungskosten	56, 57, 59, 169
– Quellensteuer	82
– Schuldenabzug	145
– Sozialabzüge	60, 145
À-fonds-perdu-Zuwendungen	73
Agio	73
AHV / IV	53
AIA-Abkommen	128, 130
Akteneinsicht	89
Aktivierung Vermögenswerte	73
Allphasen-Nettoumsatzsteuer	111
Amtspflichten	88
Anschaffungen	73
Anwartschaften	83
Anwartschaftliche Schulden	145
Aufenthalt	125
Aus- und Weiterbildungskosten	56, 60
Ausbeutung (Boden)	53
Auskunftspflicht	93
Ausnahmen Steuerpflicht	
– Emissionsabgabe	135
– Erbschaftssteuer	160
– Gewinnsteuer	35
– Grundstückgewinnsteuer	168
Ausscheidungsverfahren	148
Ausserordentliche Erträge	69
Auswärtige Verpflegung	56

B

Baurechtsverträge	52
Beginn der Steuerpflicht	36
Behinderungsbedingte Kosten	60
Bemessungsgrundlage	21
– direkte Bundessteuer	40
– Erbschafts- und Schenkungssteuer	163
– Grundstückgewinnsteuer	168
– Handänderungssteuer	171
– MWST	117
– Pauschalbesteuerung	62
Berufsauslagen	56
Berufsorientierte Aus- und Weiterbildung	60
Bescheinigungspflicht	92
Beschränkte Steuerpflicht	19, 37, 140, 152
Beschwerde	99, 120, 131
Beschwerdeentscheid	100
Beschwerdeverfahren	97
Besitzdauer	169
Besitzsteuer	175
Besteuerung Lebensaufwand	62
Bestimmungsort MWST	114
Beteiligungen	10, 34, 48, 135
Beteiligungsabzug Gewinnsteuer	78
Betriebsstätte	32, 34, 37
Beweisabnahme	89
Beweislast	90
Bezugsteuer	110, 115
Bezugsverjährung	101, 120
Billettsteuer	176
Buchführungspflicht	46
Bundesgericht	86
Bundesverfassung (BV)	16

D

Delkredere	58
Direkte Bundessteuer	29
Direkte Steuern	20
Dividenden	50, 69, 70, 78, 124, 128
Doppelbesteuerung	18, 35, 147, 153
Doppelbesteuerungsabkommen (DBA)	128
Doppelbesteuerungsverbot	14
Doppeltarif	146
Drittbetreuungskosten (Kinder)	60
Dualistisches System (Grundstückgewinnsteuer)	166

E

Effektenhändler	135, 136
Effektive Abrechnungsmethode MWST	119
Ehegatte (Verfahrensrecht/-pflicht)	92
Eidgenössische Steuerverwaltung (ESTV)	86
Eidgenössisches Finanzdepartement (EFD)	86
Eigenkapital	153
Eigenmietwert	52
Eigentum	142
Eigentumsgarantie	14
Einfuhrsteuer	110, 116
Einkommen	
– Anlagefonds	50
– Beteiligungen im Geschäftsvermögen	48
– bewegliches Vermögen	48, 141
– Erwerbseinkommen Kinder	37
– selbstständige Erwerbstätigkeit	44, 141
– übrige Einkünfte	56
– unbewegliches Vermögen	51, 141
– unselbstständige Erwerbstätigkeit	41, 141
– Vermietung, Verpachtung	52
– Vorsorge	141
Einkommenssteuer	30, 40, 141
Einnahmequellen des Staats	10
Einsprache	120, 131
Einspracheentscheid	96
Einspracheverfahren	94
Einzelunternehmen	46
Elterntarif	61
Emissionsabgabe	73, 135
Emissionsdisagio	49
Empfängerort	114
Ende Steuerpflicht	36
Erbanfallsteuer	160
Erbringerort	114
Erbschaftssteuer	159
Erfolgsrechnung	69
Ermessenseinschätzung	120

Ermessensweise Veranlagung	46
Ersatzabgaben	11
Ersatzeinkommen	55

F

Fahrkosten	56
Familienbesteuerung	37, 146
Festsetzungsverjährung	120
Feuerwehrersatzabgabe	175
Finanzausgleich	11
Finanzwirtschaftliche Grundsätze	12
Forderungen	143
Forschung und Entwicklung	156
Freiwillige Trennung	38
Freiwillige Zuwendungen	60, 70
Friststillstand	99
Fürstentum Liechtenstein	112, 126, 134
Fusion	75

G

Gebietshoheit	11
Gebühren	11
Geldspiele	125, 176
Geldspielgewinne	60
Geldstrafen	11
Geldwerte Leistungen	50, 124, 129
Gemischt genutzte Grundstücke	166
Genossenschaften	77
Genussschein	135
Geschäftsbetrieb	32
Geschäftsführung	83
Geschäftsmässig nicht begründete Aufwendungen	69
Geschäftsort	37
Geschicklichkeitsspiele	125, 176
Gewinnanteile	50, 124
Gewinnsteuer	68, 152, 153
Gewinnungskosten	56, 141, 169
– Nebenerwerb	56
– Quellensteuer	82
– selbstständige Erwerbstätigkeit	57
– unselbstständige Erwerbstätigkeit	56
– Vermögenserträge	59
Gewinnvorwegnahmen	74
Glaubens- und Gewissensfreiheit	14
Gratisaktien	50, 124
Grenzgänger	83
Grenzsteuerbelastung	12
Grundsätze Steuersystem	12
Grundstück	32, 35, 51, 167
Grundstückgewinnsteuer	165

H

Handänderung	167
Hauptsteuerdomizil	31, 147
Haushaltungssteuer	174
Heirat	38
Hundesteuer	175

I

Indirekte Steuern	20
Inland (MWST)	112
Inländer-(Verrechnungssteuer)	125
Inlandsteuer (MWST)	110, 115
Instanzenzug	93
Interkantonale Doppelbesteuerung	18, 35
Invaliditätskosten	60

J

Juristische Personen	33, 68, 152

K

Kapitalabfindungen	55
Kapitaleinlagen	72
Kapitaleinlageprinzip	50, 124
Kapitalgesellschaften	33, 77, 154
Kapitalgewinne	47, 69, 78
Kapitalsteuer	153
Kausalabgaben	11
Kirchensteuer	155, 174
Kollektive Kapitalanlagen	50
Kollisionsnormen	147, 148
Konzerninterne Vermögensübertragung	75
Kopfsteuer	174
Krankheits-, Unfallkosten	60
Künstler	83
Kurtaxe	175

L

Landwirtschaftliche Grundstücke	144
Lebenshaltungskosten	56, 59, 62
Lebensversicherungen	144, 161
Leibrenten	54, 60
Liegenschaften	32, 35, 59, 144
Liquidation	36
Liquidationsüberschüsse	124
Lohn	42
Lotterien	125, 176
Lotteriesteuer	175

M

Mantelhandel	124, 135
Marchzinsen	49
Meldepflicht	93
Meldeverfahren	119, 127
Minimalsteuer	154
Mitarbeiterbeteiligungen	43, 144
Mitarbeiteroptionen	83
Mitwirkungspflichten	90, 92
Monistisches System (Grundstückgewinnsteuer)	166
Motorfahrzeugsteuer	175

N

Nachbesteuerung in Erbfällen	103
Nacherbeneinsetzung	160
Nachlasssteuer	160
Nachsteuerverfahren	101
Naturalleistungen	42, 52
Natürliche Personen	140
Nebeneinkünfte	141
Nebenerwerb	42, 56
Nebensteuerdomizil	33, 147
Nexusquotient	155
NFA	11
Nichtlandwirtschaftliche Grundstücke	144
Nutzniessung	51, 52, 142, 145

O

Objektmässige Ausscheidung	148
Objektsteuer	126
Öffentliche Abgaben	11
Offizialmaxime	88, 91, 95, 98
Option	112
Ordentliche Erträge	69
Ordentliche Veranlagung (Quellensteuer)	82, 141

Organisation Steuerbehörden	86
Ort	
– Dienstleistung	114
– gelegene Sache	114, 159, 165
– Lieferung	113
– Tätigkeit	114
– zurückgelegte Strecke	114

P

Parteispenden	60
Patentbox	155
Pauschalabzug	59
Pauschalbesteuerung	62
Personalsteuer	174
Personengesellschaften	46
Persönliche Zugehörigkeit	19, 31, 34, 87, 140, 152
Politische Parteien	157
Postnumerandosystem	146
Präponderanzmethode	166
Privataufwand	58
Privatwirtschaftliche Einkünfte	10
Progressive Besteuerung	23
Progressiver Steuersatz	146, 154, 163, 169
Proportionale Besteuerung	22
Proportionaler Steuersatz	154, 170, 171
Provisionen	43
Prüfungsverfahren	91

Q

Qualifizierte Beteiligungen	50
Qualifizierter Aufenthalt	32
Quasifusion	75
Quellensteuer	81, 104, 123, 141
Quotenmässige Ausscheidung	148

R

Realisationstatbestände Kapitalgewinn	47
Rechnungsstellung Mehrwertsteuer	118
Rechtliches Gehör	88
Rechtsfähigkeit	19
Rechtsgleiche Behandlung	88
Rechtsgleichheit	14
Rechtsmittelverfahren	93, 120, 131
Rechtsstaatliche Grundsätze	13
Rechtsverkehrssteuern	134
Referenten	83
Reine Risiko-Lebensversicherungen	161
Reinvermögen	142
Rekursverfahren	97
Rentenversicherung	162
Rentner	83
Repartitionswert	149
Revision (Steuerverfahren)	100
Revisionsverfahren	101
Rückerstattung Verrechnungssteuer	129
Rückkaufsfähige Kapitalversicherungen	161
Rückkaufsfähige Versicherungen (Einmalprämie)	51
Rückstellungen	58, 72
Rückzug	
– Beschwerde	98
– Einsprache	96

S

Scheidung	38
Schenkungssteuer	162
Schuldenabzug	145
Schuldzinsen	60
Selbstständige Erwerbstätigkeit	44
Selbstveranlagungssteuern	134
Sicherheitseigenkapital	156
Sitzverlegung	36, 152
Sofortabschreibung	71
Sozialabzüge	60, 141, 145
Sozialversicherungsbeiträge	60
Spaltung	75
Spesen	43
Spielbankenabgabe	176
Splitting	146
Sportler	83
Staatseinkünfte	10
Stempelabgaben	134
Stempelsteuer	177
Steuerabrechnung MWST	117
Steueramnestie	103
Steueraufschub	167
Steuerausscheidung	147
Steuerbehörden	86
Steuerberechnung	
– Einkommenssteuer	61, 146
– Gewinnsteuer	77, 154
– Grundstückgewinnsteuer	169
– Kapitalsteuer	154
– Vermögenssteuer	146
Steuerbetrug	104
Steuerdelikte	101
Steuerdomizil	147
Steuererklärung	90
Steuerfuss	24, 146, 154
Steuerhinterziehung	102
Steuerhoheit	16
Steuermass	22
Steuern	
– Bund	17, 29, 109
– Kantone und Gemeinden	17, 139
Steuerobjekt	20
– Emissionsabgabe	135
– Erbschaftssteuer	160
– Grundstückgewinnsteuer	167
– Handänderungssteuer	171
– Kapitalsteuer	153
– Schenkungssteuer	162
– Umsatzabgabe	135
– Vermögenssteuer	142
– Verrechnungssteuer	123
Steueroptimum	12
Steuerperiode	118
Steuerrechtliche Zugehörigkeit	19, 30
Steuerrechtsverhältnis	16
Steuersatz	
– Einkommenssteuer	146
– Erbschafts-/Schenkungssteuer	163
– Gewinnsteuer	77, 154
– Grundstückgewinnsteuer	169
– Handänderungssteuer	171
– Kapitalsteuer	154
– Mehrwertsteuer	117
– Verrechnungssteuer	126
Steuersubjekt	18
– Einkommenssteuer	140
– Emissionsabgabe	135
– Erbschaftssteuer	160
– Gewinnsteuer	152

– Grundstückgewinnsteuer	168
– Handänderungssteuer	171
– Mehrwertsteuer	114
– Schenkungssteuer	162
– Verrechnungssteuer	125
Steuersubstitution	81
Steuersystem	9, 12
Steuerträger	18
Steuerverfahren	120, 127
Steuervergehen	104
Steuerzuschlag	24
StG	134
StHG	17
Stiftungen	77, 155, 157
Stille Reserven	71
Straflose Selbstanzeige	103

T

Tarif	61, 82
Tatsächliche Verwaltung	34, 152
Taxe occulte	111
Todesfall- und Invaliditätsversicherungen	55
Transport	83
Treu und Glauben	88

U

Überschiessende Progression	23
Überwälzungspflicht	127
Übrige juristische Personen	33, 77
Umfang der Steuerpflicht	35
Umsatzabgabe	135
Umsatzarten MWST	112
Umschulungskosten	56
Umstrukturierungen	75
Umverteilung	13
Umwandlung	75
Unbeschränkte Steuerpflicht	19, 36, 140, 152
Unbewegliches Vermögen	51, 165
Unechte Mitarbeiterbeteiligungen	83
Unselbstständige Erwerbstätigkeit	41
Unterhaltsleistungen	60
Untersuchungsmaxime	88, 91

V

Veranlagungsverfahren	90
Veranlagungsverfügung	91
Veräusserungsgewinn	165
Verbrauchssteuer	110
Verdeckte Gewinnausschüttung	70, 129
Vereine	77, 155, 157
Verfahrensgrundsätze	88
Verfahrensrechte	89
Vergnügungssteuer	176
Verhältnismässigkeit	88
Verheiratetentarif	61
Verjährungsfristen	100, 104, 120, 131
Verkehrswert	143
Verletzung Verfahrenspflichten	101
Verluste ausländischer Betriebsstätten	35
Verlustverrechnung	58, 76
Vermächtnisnehmer	159
Vermietung	51, 52
Vermögensbewertung	143
Vermögensstandsgewinn	46
Vermögensstandvergleich	141
Vermögenssteuer	141

Verpachtung	51, 52
Verrechnungssteuer	123
Versandhandelsregelung	116
Versicherungsabzug	59, 60
Versicherungsleistungen	125, 127, 160
Versicherungsprämien	44, 137
Vertretung	89
Veruntreuung Quellensteuern	104
Verwaltungskosten	59
Verwaltungsräte	83
Verwirkungsfrist	95
Volkswirtschaftliche Grundsätze	13
Vollendete Steuerhinterziehung	102
Vorsorge	53, 60, 83, 93, 136
Vorsteuerabzug	111, 118
Vorzugslasten	11

W

Warendrittel	58
Wasserzinsen	177
Wechselpauschale	59
Wertberichtigungen	58
Werterhaltende Aufwendungen	74, 169
Werterhaltende Kosten Liegenschaften	59
Wertpapiere	136, 143
Wertvermehrende Aufwendungen	74, 169
Wertvermehrende Kosten Liegenschaften	59
Wertvermehrungen	73
Willkürverbot	14
Wirtschaftliche	
– Doppelbelastung Kapitalgesellschaften	76
– Zugehörigkeit	19, 32, 83, 87, 140, 152
Wirtschaftsförderung	156
Wirtschaftsfreiheit	14
Wochenaufenthalter	83
Wohnrecht	52, 64
Wohnsitz	31, 140
Wohnsitzwechsel	140

Z

Zeitliche Bemessung	61, 77, 118
Zinsen	48, 49, 69, 83, 124
Zollschuldner	116
Zweitverdienerabzug	60